本书由苏州大学优势学科或重点学科资助出版
本书系江苏高校哲学社会科学研究基金项目"促进大学生4C能力发展的混合学习模式建构及其实证研究"阶段性成果(项目编号:2017SJB1341)

大学混合学习模式的建构与实证研究

孙冀宁　著

苏州大学出版社

图书在版编目(CIP)数据

大学混合学习模式的建构与实证研究 / 孙冀宁著
. —苏州:苏州大学出版社,2018.12
ISBN 978-7-5672-2722-4

Ⅰ.①大… Ⅱ.①孙… Ⅲ.①大学生-学习方法-研究 Ⅳ.①G642.46

中国版本图书馆 CIP 数据核字(2018)第283442号

大学混合学习模式的建构与实证研究

孙冀宁 著

责任编辑 征 慧

苏州大学出版社出版发行
(地址:苏州市十梓街1号 邮编:215006)
镇江文苑制版印刷有限责任公司印装
(地址:镇江市黄山南路18号润州花园6-1号 邮编:212000)

开本 787mm×1 092mm 1/16 印张 12.75 字数 287 千
2018年12月第1版 2018年12月第1次印刷
ISBN 978-7-5672-2722-4 定价:45.00元

苏州大学版图书若有印装错误,本社负责调换
苏州大学出版社营销部 电话:0512-67481020
苏州大学出版社网址 http://www.sudapress.com
苏州大学出版社邮箱 sdcbs@suda.edu.cn

Preface / 前言

混合学习模式既为大学生提供了在线学习的方便性，又没有丢失传统教学的联系性。因此，这种模式引起了教育家的广泛关注。但是，目前混合学习模式界定比较含糊，其教学设计与实践相对复杂。同时，笔者注意到国内混合学习设计与实践领域存在四大问题：理论基础不清楚；学习者高水平认知目标与情感目标缺失；混合策略不具体；对混合学习模式的研究不够规范。为了呈现一个真正的大学混合学习模式，首先，要明确大学混合学习模式的理论基础是社会性建构理论；其次，要突出大学混合学习模式的学习目标指向了大学生批判性思维能力发展；再次，要探究大学混合学习模式的具体实施策略；最后，要检验大学混合学习模式的教学实践效果。当然，大学混合学习模式的检验需要符合量化研究和质性研究的基本规范。总之，本文的研究内容是大学混合学习模式的建构研究、大学混合学习模式的教学适应性研究和大学混合学习模式与传统教学模式的比较研究。

整合教学适应性研究和比较研究的相关成果，笔者最终获得三点结论：

（1）大学混合学习模式应该包括课程引入、课堂讲授、个性化成果设计、小组同步在线讨论、小组临时成果生成、小组临时成果评价、小组面对面讨论、小组系列成果整合和小组系列成果评价这九个阶段的学习活动。

（2）大学混合学习模式在国内的本土化发展受制于三个问题：大学生自主学习能力的缺乏；在共同体学习中，大学生学术身份的缺失；大学生对于面对面讨论的偏好。

（3）大学生作品成绩和批判性思维水平可能受到多种因素的影响，例如，大学生推理能力影响了他们的作品成绩，大学生自我调节学习能力和网络效能感可能影响了他们在同步在线讨论环境下的批判性思维水平。

孙冀宁

Contents / 目录

第1章 绪论 ·· (1)
  1.1 混合学习的提出 ··· (1)
    1.1.1 传统教学 ·· (1)
    1.1.2 在线学习 ·· (2)
    1.1.3 混合学习 ·· (3)
  1.2 国内外混合学习研究现状 ··· (6)
    1.2.1 总体分析 ·· (6)
    1.2.2 比较分析 ·· (8)
  1.3 研究目的、意义与创新 ··· (20)
    1.3.1 研究目的 ·· (20)
    1.3.2 研究意义与创新 ··· (21)
  1.4 研究问题 ·· (22)
    1.4.1 大学混合学习模式的建构研究 ·································· (22)
    1.4.2 大学混合学习模式的教学适应性研究 ························ (22)
    1.4.3 大学混合学习模式与传统教学模式的比较研究 ············ (23)
  1.5 研究方法 ·· (23)
    1.5.1 文献研究法 ··· (23)
    1.5.2 实验研究法 ··· (24)
    1.5.3 质性研究法 ··· (24)

第2章 混合学习的理论基础 ··· (25)
  2.1 社会性建构理论与混合学习 ··· (25)
    2.1.1 三大学习理论 ·· (25)
    2.1.2 社会性建构理论 ··· (26)
    2.1.3 社会性建构的理论发展与混合学习 ··························· (28)
  2.2 学习目标分类理论与批判性思维发展 ································ (30)
    2.2.1 学习目标分类理论 ·· (30)

2.2.2　批判性思维发展 ………………………………………………… (32)
　2.3　合作学习理论与混合学习 ……………………………………………… (39)
　　2.3.1　合作学习理论 …………………………………………………… (39)
　　2.3.2　合作学习策略 …………………………………………………… (43)
　2.4　交互学习理论与混合学习 ……………………………………………… (51)
　　2.4.1　交互学习理论 …………………………………………………… (51)
　　2.4.2　交互学习策略 …………………………………………………… (52)

第3章　大学混合学习模式的建构 …………………………………………… (57)
　3.1　Nemiro 模型与 Esperanza 序列任务 …………………………………… (57)
　3.2　Esperanza 关键序列任务 ……………………………………………… (58)
　　3.2.1　序列任务1与任务2 ……………………………………………… (58)
　　3.2.2　序列任务5 ………………………………………………………… (59)
　　3.2.3　序列任务7与任务9 ……………………………………………… (59)
　3.3　大学混合学习模式 ……………………………………………………… (60)
　　3.3.1　大学混合学习模式简图 …………………………………………… (60)
　　3.3.2　大学混合学习模式的教学要素 …………………………………… (61)
　　3.3.3　大学混合学习模式的学习活动 …………………………………… (65)

第4章　大学混合学习模式的教学适应性研究 ……………………………… (67)
　4.1　教学适应性研究的研究方法 …………………………………………… (67)
　　4.1.1　教学设置 …………………………………………………………… (67)
　　4.1.2　量化研究的研究方法 ……………………………………………… (68)
　　4.1.3　质性研究的研究方法 ……………………………………………… (82)
　4.2　教学适应性研究的数据分析 …………………………………………… (87)
　　4.2.1　量化研究的数据分析 ……………………………………………… (87)
　　4.2.2　质性研究的数据分析 ……………………………………………… (98)
　4.3　教学适应性研究的研究结论 …………………………………………… (113)
　　4.3.1　量化研究的研究结果 ……………………………………………… (113)
　　4.3.2　质性研究的研究结果 ……………………………………………… (119)
　　4.3.3　最后的研究结论 …………………………………………………… (129)

第5章　大学混合学习模式与传统教学模式的比较研究 …………………… (131)
　5.1　比较研究的研究方法 …………………………………………………… (131)
　　5.1.1　教学设置 …………………………………………………………… (131)
　　5.1.2　研究设计 …………………………………………………………… (132)

5.1.3 控制变量、自变量和因变量 …………………………………… (135)
5.1.4 研究问题 …………………………………………………………… (135)
5.1.5 研究工具 …………………………………………………………… (135)
5.1.6 研究参与者 ………………………………………………………… (137)
5.1.7 数据收集与处理方法 ……………………………………………… (137)
5.1.8 数据分析方法 ……………………………………………………… (138)
5.2 比较研究的数据分析 ………………………………………………………… (139)
5.2.1 描述性数据分析 …………………………………………………… (139)
5.2.2 推断性数据分析 …………………………………………………… (140)
5.3 比较研究的研究结论 ………………………………………………………… (143)

第6章 结论与展望 ……………………………………………………………… (146)

6.1 总结与发展 …………………………………………………………………… (146)
6.1.1 研究总览 …………………………………………………………… (146)
6.1.2 研究发现与讨论 …………………………………………………… (150)
6.2 研究现存问题 ………………………………………………………………… (162)
6.2.1 教学适应性研究的现存问题 ……………………………………… (162)
6.2.2 比较研究的现存问题 ……………………………………………… (162)
6.3 未来研究展望 ………………………………………………………………… (163)

参考文献 …………………………………………………………………………… (164)
附录 ………………………………………………………………………………… (174)

第1章 绪 论

1.1 混合学习的提出

计算机、智能电话、高速网络以及社会网络软件等的出现与发展，不同程度地扩展了教育实施的路径选择。与技术有效整合的教学方法和多样化的学习材料，为学生提供了真实的任务，更加深刻且便于理解的内容，协作知识建构的可能性，更加活跃的学习动机，使得学习者可以输出更好的学习绩效成果和获得沉浸式的亲身体验。迄今为止，技术发展为教学提供了三种传递模式：传统教学、在线学习以及混合学习。

1.1.1 传统教学

传统教学（授导教学）受到行为主义学习理论和认知主义学习理论的指引，强调外在学习环境的作用；强调学习内容的序列化处理；要求教师组织和传递知识给学习者；要求教师通过教学事件来帮助学习者形成学习策略；重视简化后的知识在学校情景下的应用。因而，在学习者视角下，学习被解读为通过记忆而不是思考的方式来获取"静态"的知识。

1. 传统教学的界定

传统教学提供了一种非常自然的学习方式，允许教师和学生立刻进入教与学的情景。对教师而言，学生可以有很多机会得到教师的现场指导；对学生而言，在整个学习过程中，教师可以为学生随时提供帮助。

2. 传统教学的优势

传统教学的优势在于教师可以更好地了解学生。这种环境创建了一种机会，它允许学生和教师在特定的时间和同样的空间里，以知识累积和发展为目标，一起学习。同时，随着时间发展，教师还可以在这一环境中密切关注学生的成长。

3. 传统教学的不足

在这种方式中，教师负责学习材料的选择、学习方法的使用以及学习时间的制定。因而，教师被放在了一个权威和学识的高位。相对而言，学生是比较被动的。他们只是教学内容、书本以及其他媒体材料的接受者。对于学生而言，这是一种暗示，即他们只需要知道和掌握教师所教授的内容就足够了。从这样的视角出发，传统教学的问题在于教师的绝对权威、学习者的消极被动以及学习者学习的低水平目标指向。

4. 结论

综上所述，传统教学通过强制师生在课堂教学的同时出现，进而提供了一个基于情感因素来发展共同体意识的机会。但是，传统教学中教师的绝对权威、学习者的被动学习以及学习者不加批判性地接受教师的教授内容，使得这种模式与学习者思考倾向和思考能力的发展背道而驰。因此，从某种程度上说，高阶认知能力发展的缺失是传统教学模式的最大"软肋"。与这种模式相对立，在线学习则为学习者提供了更加方便和更加灵活的学习形式，增加了学习者之间对话的可能性以及允许学习者进行长时间和高水平的思考与探究。

1.1.2 在线学习

随着技术的发展，远程教育经历了三个阶段：以印刷材料交换方式为主的函授教学；无线电广播和电视支持下的开放教学；基于多媒体个人终端、网络系统以及数字化交互工具的在线学习。在不同的时代下，不同的教学媒体技术被应用于远程环境，远程教育也因此被赋予了不同的含义。在线学习作为远程教育的一种最新形式，为越来越多的学习者打开了通向高等学府的大门。这种建构在网络之上的教学方式，改变了教育、时间和空间的相关关系，因而允许学生以更加灵活的访问、更加深入的思考方式来参与课程，以期获得更大的知识分享和更为深刻的共同体体验。

1. 在线学习的界定

在线学习是一种教学模式，包括多种特征的学习，如非连续的双向交流，以及知识传送和社会交互支持下的基于技术的学习。或者我们可以这样理解，在线学习是将学习建构在网络之上的一种学习形式。网络平台为学习者提供了多样化的多媒体资源和更加开放的交互环境。这样的环境可以是一个社会化软件支持的开放系统，包括 E-mail、Discussion lists、Newsgroups、Chat、Mudrick Capital（MUDS）、I Seek You（ICQ）、Instant Messaginy（IM）等，也可以是一个专门化的 Content Management System（CMS）课程管理系统，如 Blackboard、Web Course Tools（WebCT）等。

2. 在线学习的优势

首先，相对于传统的课堂讨论，基于计算机环境下的讨论为学习者提供了更多的发言机会，特别关注了那些不善言辞的人；其次，基于 Web 的交互促进了学生学习的积极性，这种方式强调反思、学习者自我控制、学习者中心学习以及学习中不同媒体的应用；再次，它允许教师将在线讨论储备起来作为参考，以及允许那些缺席的学生有机会补上他们所缺失的对话，同时，技术支持下的学习促进了批判性思维发展和深度学习；最后，与面对面学习相比，在线学习产生了更好的学生成绩。有鉴于此，在线学习的优势在于：

（1）提供了平等对话的机会；

（2）促进了批判性思维的发展；

（3）可以获得与传统教学同样的教学成果。

3．在线学习的不足

学生在线学习中所面临的最主要的困难是时间需求、技术素养的缺乏以及教师支持系统的缺失。对于教师而言，在线学习的主要问题是机构问题、技术问题、教师中心问题、学生之间或者教师与学生之间的交互问题。与此同时，在线学习环境要求学习者是高动机的、自我指导的以及拥有强大的组织能力的。由此可见，在线学习存在的主要问题是：

（1）大量的时间消耗；

（2）学习者技术素养和自我学习能力的缺失；

（3）教师支持的缺失；

（4）情感交流的缺失。

4．结论

综上所述，在线学习作为远程教育的一种最新形式，这种建立在互联网之上的教学方式，改变了教育、时间以及空间的关系，因而允许学生以更加灵活的访问方式、更为深入的思考方式以及更加深刻的共同体体验来参与课程。正如 Kimbrough 所说："我们不要老是将在线课程和传统课程进行比较，而应该把在线学习当作一个完整的媒体。它为我们提供了新的教学和学习机会，这是以前在传统课堂上我们所见不到的方式，这种方式为师生的学习带来了无限新可能。"但是，在线学习可以跨越远程的特点，同时也让它成为一种非人性化的、缺乏深度的、方向错误的方式，因而抑制了教学价值的实现。在线学习中情感表达的缺失至少导致了两个后果：其一，人们开始质疑这种方式对于批判性思维能力发展的促进效果；其二，学习者对于自己孤立无援的远程学习情况感到倦怠和不满。

1.1.3 混合学习

传统教学和在线学习各自存在的问题，以及这些问题在对方模式中的优势发展，促使很多教育者开始转向教学方法可以是两者的混合的观点，即混合课程和混合项目提供了最好的两个世界，因为它既提供了在线的方便性，又没有丢失传统教学的联系性。

1．混合学习的界定

混合学习的定义非常多，这里只引入一个比较简单的界定。Stacey 和 Gerbic 从发展的视角，将混合学习解释为一个连续体模型。既然观念和实践不断发展，那么沿着这些变化，混合学习应该被放置在完全的在线和完全的面对面课程之间。这一教学实践连续体模型的可视化形式如图 1-1 所示。

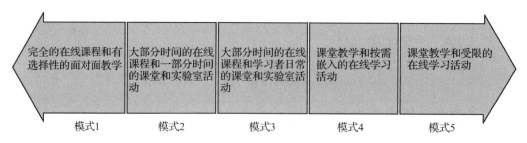

图 1-1 混合学习的连续体模型

Allen 和 Seaman 阐述了混合学习连续体模型中的四种常见变体,如表 1-1 所示。

表 1-1 混合学习连续体模型中的四种常见变体

传递内容比例（在线部分）	课程类型	类型描述
0%	传统的	没有使用在线技术,课程内容以文字为载体或通过口头方式来传递
1%~29%	Web 支持的	使用了基于 Web 的技术,目的是促进面对面课程学习。可能使用了一个 CMS 系统或者一个能够张贴课程大纲和课程作业的网页
30%~79%	混合的	混合了在线和面对面传递的课程。相当比例的课程内容是通过网络传送的,特别是使用了在线讨论,而逐渐减少了面对面的次数
80%~100%	在线的	差不多所有的课程内容都是在线传递的,基本上没有面对面的教学

对于混合学习而言,如果缺乏一个普遍性的概念界定,我们就不可能发展出一致化的理论框架来解释实证研究中的数据。因此,混合学习是面对面部件和在线部件按一定百分比相混合的学习形式。实际上,这种百分比混合为混合学习的实践研究提供了一种简易标准。但是,在现实世界里,随着新技术的不断涌现,以及越来越多不同背景的研究者不断进入这一领域,混合学习的概念变得愈加多样化。例如,混合可以被解释为:传统教学和 Web 支持学习的混合;在线学习与课堂学习的混合;教学支持技术（媒体或者环境）之间的混合;非技术因素（自定步调、合作、评估、学习材料）的混合;多种教学方法的混合;面对面方法和其他学习方法（游戏、仿真）的混合;教学方法和非教学方法的混合;教师中心方法与学生中心方法的混合。从某种程度上说,混合的多样化也未必是一件坏事,因为它允许教师以自己的想法去界定混合,并将混合用在教师所属机构、所教课程或者学生小组的特殊情境之下。

2. 混合学习的优势

混合学习相对于其他两种模式的优越性,被越来越多的国外文献所证实。在 Rivera 的研究中,三种传送模式（完全在线、传统教学、基于 WebCT 的混合学习）的学习者测试分数保持一致,但是,混合学习模式下的学生满意度最高。在 Roval 和 Jordan 的研究中,混合学习环境中的学习者比传统教学和完全在线学习环境中的学习者产生了更强的共同体意识。在 Kiser 的研究中,混合学习小组和在线学习小组实现了同样的任务,但是,与在线小组相比,混合学习小组在速度上超过 41%,在精准度上超过 30%。在 Garnham 和 Kaleta 的研究中,相对于在线课程,混合学习课程中的学生具有更好的学业表现、更高的学习热情以及贡献了一个更高水平的参与和讨论。

除此之外，一个更为广泛的调查研究来自美国教育部。美国教育部采集了1996年到2008年上千篇关于在线学习和混合学习成效研究的文献，并从中选取了176篇来进行元分析处理，分析结果如下所示：

（1）一般而言，在持有相同材料的条件下，那些在线学习环境中的学生成绩略高于那些面对面学习环境中的学生成绩；

（2）相对于面对面学习，混合学习产生了更好的学习结果；

（3）对于在线学习和混合学习两种模式而言，学生成绩是比较相似的；

（4）加入教师指导的在线学习的效果优于只有学生独立在线学习的效果；

（5）当教师允许学生自己来控制基于媒体的交互时，当教学为他们提供了更多的反思（课程材料）机会时，在线学习效果得到了增强。

综上所述，与在线学习相比，混合学习至少在以下几个方面存在优势：

（1）混合学习提供了更好的课程；

（2）混合学习产生了更强的共同体意识；

（3）基于同一任务，混合学习更加高效；

（4）混合学习产生了更高水平的学习者参与和讨论；

（5）在线学习和混合学习在学习者成绩方面比较类似，两者都优于面对面学习。

混合学习优势的产生有两个基础，即传统教学部件提供了更加自然的人际情感交流；与此同时，在线学习部件提供了可以随时访问的开放性资源，以及指向批判性反思的基于文本的讨论时间和机会。因此，混合学习模式与其他两种独立模式相比产生了更为优越的学习成效、更好的学习满意度以及更高水平上的能力发展。

3. 混合学习设计与实施的复杂性

相对于面对面课程和完全在线课程，混合课程中的学生在学习方面更加成功。然而，参与混合学习模式教学和研究的机构和教师也逐渐认识到，在重新设计课程时，一个带有意图的方法对于有意义的结果是必须的，而不能仅仅考虑教学传递方式的改变。为了获得成功的混合，教学工具和活动设计也是非常重要的。同时，所有这些内容应该在一定教学方法的指导下被适当整合。一般来说，一个混合学习模式所包含的特殊教学元素如表1-2所示。

表1-2 混合学习的教学元素

混合的教学之在线教学			混合的教学之课堂教学		
环境	活动	应用	环境	活动	应用
1. 基于计算机的在线学习 2. 同步环境 3. 异步环境 4. 单向交流 5. 双向交流	1. 讲课 2. 实践 3. 自我学习 4. 讨论 5. 任务 6. 小组工作 7. 模仿 8. 评估	1. 课程管理工具（CMT） 2. 视频 3. 音频 4. 汇报工具（PPT和Flash） 5. 交流工具	1. 课堂 2. 同步环境 3. 双向交流	1. 讲课 2. 汇报 3. 小组工作 4. 指导学习 5. 评估	每个课程都不相同

一般而言,教学可以包括正式和非正式的整合、基于技术的整合以及指导活动和发现活动的整合。为了满足教学需求而拟定相应的教学策略时,我们理应关注到正确的混合方式。事实上,这种方式依赖于教学条件和教师的个人判断和决策。当混合在线学习和课堂教学时,针对不同课程或不同班级,教师可以采用不同的整合策略。

参与者对于混合学习的参与越多,就越清楚地认识到不是所有的课程和活动都适合被混合。因此,教学设计者希望通过研究与实验找到一种能够被证实的、有效的、可以加以利用的混合学习模式。事实上,这一标准模式并不存在。同时,随着更多技术的加入,混合部件中与技术关联的部分变得更加多样化和多选择性。除此之外,教师和学习者在混合课程设计与实施过程中经常会遇到一些实际问题。例如,师生技术素养的缺乏;首次课程材料开发的时间和精力投入过大;教师与学习者交互时间过长;教师和学习者在交互促进策略和共同体意识培养方面投入了大量的时间和精力,却收获了较少的教学成效;等等。诸如此类的问题,大都与在线学习部分有关,且由来已久,不断加剧了混合学习设计与实施的复杂性。

1.2 国内外混合学习研究现状

近年来,混合学习在教育领域和企业培训方面都受到了广泛关注,并逐渐成为研究中的热点。混合学习始于 2003 年,并于 2007 年获得了较大发展。以发文数量来看,欧美在这方面一直处于世界领先。美国则是混合学习研究的"领头羊"。美国在线辅导教学机构斯隆联盟的一份研究表示,美国约有三分之二的高校提供了各种各样的在线课程,这些项目中的绝大多数是基于完全在线的。同时,约有三分之一的学院学生(超过了 560 万)已经注册了至少一门在线课程。由此可见,混合学习(在线学习)已经成为美国高等教育领域的一种常态模式。

与之相比,国内混合学习还处于起步阶段。从混合学习文献检索数量来看,截止到 2013 年 3 月 1 日,在 WOS(Web of Science)数据库中检索的中国文献只有 38 篇,其中 27 篇来自台湾地区,中国内地仅有 9 篇。同时,在这些为数不多的文献中,国内学者的研究质量还有待提高。除了语言因素外,国内混合学习设计与实践的缺乏也是文献研究数量少和质量差的一个主要原因。为了找到问题的关键,笔者借助 NVivo 定性分析工具,对国内外混合学习相关文献做了详细比较与分析。

1.2.1 总体分析

通过文献检索,笔者一共找到 182 篇混合学习相关文献。其中,国内核心期刊 40 篇,博硕士论文 47 篇;国外期刊 44 篇,博硕士论文 51 篇。笔者将 182 篇文献的题目和摘要进行汇总,按照国内和国外进行分类,生成四个 DOC 文件,分别导入 NVivo 并进行编码处理,编码结果如表 1-3 和表 1-4 所示。

表 1-3 国内大学混合学习研究分类

国内大学混合学习文献（研究方向）		参考点/个	比率/%
混合学习应用研究		49	56
混合学习综述研究		14	16
教师教育培训研究		12	14
模式构成要素研究	学习环境研究	1	14
	在线资源研究	2	
	自主学习研究	1	
	合作学习研究	1	
	教学策略研究	5	
	教学评价研究	2	
总计		87	100

表 1-4 国外大学混合学习研究分类

国外大学混合学习文献（研究方向）			参考点/个	比率/%
混合学习应用研究			28	29
混合学习综述研究			10	11
教师教育培训研究			5	5
模式构成要素研究	教师教学感知研究		3	55
	批判性思维研究		5	
	学习环境研究		1	
	在线资源研究		3	
	合作学习研究		3	
	学习共同体研究		5	
	教学策略研究		4	
	教学评价研究		1	
	对学生的研究	学习环境感知研究	1	
		学生学习责任研究	1	
		学生动机研究	1	
		自我调节研究	3	
		学生学习感知研究	5	
	交互学习研究	同步讨论学习研究	1	
		异步讨论学习研究	11	
		交互理论及实践研究	4	
总计			95	100

由表 1-3 和表 1-4 可知，笔者关注到国内"混合学习应用研究"方面的文献占到国

内文献总量的56%（文献占有率最多），而国内"模式构成要素研究"方面的文献仅仅占到国内文献总量的14%；同时，国外"混合学习应用研究"方面的文献占到国外文献总量的29%，而国外"模式构成要素研究"方面的文献占到国外文献总量的55%（文献占有率最多）。由数据可知，国内外大学混合学习研究焦点有所不同。国内的研究基本停留在模式应用层级，而国外的研究比较细致，已经开始关注到模式构成要素的方方面面。由此可见，国内大学混合学习现状具有四大特点：① 流于表面化的知识建构（忽视教师感知、忽视学生动机、忽视学习者自我调节学习以及忽视学习者学习责任）；② 存在非社会性建构倾向（忽视共同体学习和交互学习）；③ 停留在低水平认知目标层级（忽视批判性思维发展）；④ 忽视情感目标（忽视学生情感和态度）。

1.2.2 比较分析

为了讨论国内外大学混合学习的差异，笔者遍历182篇文献，从理论基础、学习目标、混合策略以及实证研究这四个方面着手进行比较。

1. 理论基础的比较

（1）国内的理论。

关于混合学习的理论，国内文献比较偏重于理论学习，也包含一些从其他领域借鉴而来的理论。

① 单一的学习理论观。

国内混合学习的理论基础是认知主义、建构主义，或者有些学者称之为基于"主导-主体"的建构主义。"主导-主体"思想是国内学术界对建构主义阐释的一大特色，其主要观点是从知识建构层面来看待教学，即强调以学生为中心，同时，也强调教师的指导或者主导作用。这一看法源于对西方激进主义建构者的质疑，认为他们以偏概全，过于强调学生个体经验的建构意义，却极力否定和排斥教师的指导和促进作用。"主导-主体"教学的倡导者将奥苏贝尔的有意义学习作为教师主导的理论基础，认为教师是教学过程的组织者，教师对整个学习过程起到促进和帮助作用。虽然，教师无法向学生灌输知识，但是，他们要为学生创设情境。同时，"主导-主体"思想有别于教学中的"双主体"概念。因为"双主体"的主体是教师和学生，而"主导-主体"的主体就是学生。前者是教师中心论，后者是学生中心论。

② 混合理论观。

国内有些研究者将混合学习的理论定位于一种混合理论。他们认为每一种理论，例如，行为主义、认知主义以及建构主义，都有它们所属的群体和情境，也有其自身的局限性。有时，为了更加有效地达成学习目标，可以将这些理论混合在一起，共同指导实践。既然为了优化的教学成效，教学方法可以是混合的，那么用于指导方法的理论也可以是混合的。

③ 其他的理论。

这些理论包括两大类，一类是与学习理论密切相关或者随同理论的发展不断明晰起来的一些观点，另一类是从其他领域借鉴而来的理论。前者包括教学设计理论、班杜拉社会学习理论、布鲁姆的掌握学习理论、学习迁移理论、认知弹性理论、Vygotsky 的最近发展区理论、协作学习理论、分布式认知理论、情境认知理论、现代远程教育理论、深度学习理论等；后者包括传播理论、媒体理论、绩效技术、成人学习理论、活动理论、能力本位理论、耗散结构理论、霍桑效应理论等。

（2）国外的理论。

就内容而言，国外混合学习的支持理论包括三个层次，它们是建构主义理论、社会性建构理论以及与社会性建构理论相关的一些学说。

① 建构主义理论。

国外很多专家和学者都同意"建构主义理论是大学混合学习的理论基础"这一说法。虽然从定义上看，大学混合学习包括两种部件：面对面学习和在线学习，但是，其实质是一种建构学习。这种观点至少有两种解释：

a. 技术（特别是网络）对建构的支持。Driscoll 认为，基于计算机的教学是建构主义的，技术建立了社会环境，便于学习者交互，参与真实的学习。计算机被看作是一个有效的媒介，用以建立一个促进交互和实施建构策略的环境，而这一环境正是建构学习所需要的。从这一视角出发，基于技术的环境或者学习情境与建构主义存在一种对应关系。同时，考虑到混合学习中在线部件的使用，笔者认为，因为强调了远程媒体材料和交互环境的使用，混合型和在线型的大学混合学习带有鲜明的建构学习色彩。

b. 学生对建构的适应。以教师为中心的教学方法总是假设学习者是被动的，需要依赖教师的输入来学习。大量的生活经验使得成年学习者拒绝被动，因此，教师中心方法不适合成年学习者。以学习者为中心的教学依靠促动而不是教授，自我管理而不是他人管理，生活中心学习而不是主题中心学习。因而，基于建构主义的学习者中心方法更加适合成年学习者。从这一观点出发，高等教育领域内的教学与学习一定是基于建构主义的。

② 社会性建构理论。

建构主义理论包括很多观点，如 Piaget 的认知与发展看法、Vygotsky 的交互和文化观点，以及 Jonassen 的社会化交互环境学习。

Piaget 认为，意义获得过程（学习）是学习者参与的一个平衡、同化和顺应的过程。当一个人遇到新现象时，一个平衡过程就发生了。这时，如果新知与先前知识和经验保持一致，那么学习者将新知同化到自己的内部结构中。如果不是这样，学习者将重组内部结构以顺应新知。与 Piaget 的个体知识建构不同，Vygotsky 发展了社会性建构理论。Vygotsky 认为，所有的学习都是社会性交互的结果，而不是简单的同化和顺应的过程。语言和文化为人们提供了可以体验和理解现实世界的结构（背景）。当人们到达了他们自己的临近发展区时，学习就发生了。为了胜任这一新的发展水平，学习者需要通过合作与同辈或者专家指导者进行交互。这样看来，两位学者都赞同知识除了隶属于个体内部，同时也存在于一个社会化的情境之中，而且知识可以与其他人分享。

将学习放到一个社会化情境中去考虑是当代建构主义者普遍持有的观点。基于 Piaget 和 Vygotsky 的理论，Jonassen 界定并具象化了建构学习的社会化环境。Jonassen 认为，在建构学习的视角下，知识建构是通过学习者与他人、学习者与环境之间的有意义的交互来实现的。学习者沉浸在那些能够支持有意义交互的环境之中，因而最终获得了既定的学习成果。在此基础上，他提出了环境建立的八种质量标准，即活跃的环境、建构的环境、合作的环境、有意图的环境、复杂的环境、情境化的环境、对话的环境以及反思的环境。

③ 社会性建构理论。

社会性建构理论的核心概念与观点包括：转化学习、批判性思维、共同体、连接主义、交互。

a. 转化学习。

转化学习理论是一种建构主义视角下的成人学习理论，由 Mezirow 于 1991 年首次提出，并在 2006 年被重新阐述。有意识学习的理性过程是一个批判性思维的元认知应用，这一应用通过对认知假设的评估，进而改变了学习者所习得的原有参考框架。这里的参考框架指的是一种卷入了价值、信仰以及概念的思想形式或者世界观。学习的过程使得参考框架更具包容性、辨别性、开放性、反思性以及情绪化。集合了这些品质的参考框架产生了更加真实的或者被认为是可以指导行动的信仰和观点。

转化学习理论将学习看作是一个批判性思考过程，即对于学习内容、学习过程以及个人认知假设的思考。对"假设"的反思是批判性反思，就转化学习而言，它是认知的精华部件。因为基于"假设"的反思所关注的不仅仅是"内容"或者"过程"，而是对整个假设、信仰以及价值所构成的思想体系的质疑、审视以及批判。基于"假设"的批判性反思最终可能导致参考框架的一次重组，或者一个直接的行动。

Mezirow 的早期理论缺乏对情感、情境以及对话的描述，他在 1997 年补充了诸如此类的、有关学习的社会化过程观点。同时，他将创建对话看作是转化学习的一个有用策略，建议教育者应该提供给学习者一些经验，以提高他们的批判性反思、基于想象的问题提出、小组的审议以及问题的解决等方面的能力。

b. 批判性思维。笔者认为批判性思维是一个过程，开始于某种说法或争论，应用推理，完成一个观点从无知、少知或者迷惑，到知道、理解或者明晰的论证过程。批判性思维和知识建构存在着密切关系，批判性思维在知识建构过程中发挥了一个重要作用，知识建构更大程度上是批判性思维的一个结果。批判性思维可以是一个独立思考的过程，也可以是一个小组对话的过程。前者与个体认知建构有关，后者涉及社会性建构。社会性建构强调了信息在学习共同体内部的分享、协商以及内化，这一过程与批判性思维的推理过程基本保持一致。同时，社会性建构为批判性思维发展提供了一个基于真实任务的、多方合作的、没有时空限制的、可以通过文本交流的深入思考环境。在这一环境下，批判性思维过程模式研究、批判性思维能力评价标准和工具研究以及专业领域内学习者批判性思维水平发展研究等，在国外方兴未艾。

c. 共同体。

　　社会性建构的关键因素是知识创建、合作以及真实的任务。其中，基于合作的学习与共同体框架下的学习保持一致。共同体是一个由有限成员组成的、能够相互理解且愿意承担共同责任的团体。

　　在网络上出现的社会性聚集被称为虚拟共同体。当足够多的人长时间地展开公共讨论，且在其中投入了充分的自我情感，他们就形成了一个在线个人关系网。然而，不是所有的随机在线交互都有助于在线共同体的存在和发展。相对于随机在线交互而言，在线共同体要求较高的交互水平、多样化的交流方式、共同的公众空间以及最低水平的成员维系。由此可知，要规划一个学习共同体，情感是首要考虑因素。其次，参与者必须认同并愿意致力于知识的建构过程。这不仅涉及个人贡献，而且要求个人必须对他人贡献承担责任。类似的贡献和责任同样存在于教师与学习者之间。在共同利益上建立互惠关系，加强师生之间的平等对话，促进更加活跃的学生参与，共同体为这一切提供了一个不可或缺的社会文化境脉。

　　d. 连接主义。

　　技术、21世纪的需求以及出现在网络之前的学习理论（如行为主义、认知主义以及建构主义）被整合在一起，统称为连接主义。随着Web 2.0应用的发展，这一理论首先被命名为学习网络。然后，Downes在2005年引入了连接知识的概念。Downes认为，连接的知识就是交互。同时，他也指出网络对于知识连接（知识的产生、传递以及分享）具有重要意义。在一个网络化的社会里，每个人都是网络成员。一个虚拟的学习共同体就是社会网络，在那里，每个参与者都是知识的提供者。因此，知识成为可以分享的，同时，成员间的连接被建立起来。此外，信息是快速发展的和可以扩散的，可利用的信息是持续改变的，所有的知识都是行动中的知识。

　　连接主义与虚拟共同体有关。从某种程度上说，连接主义和虚拟共同体的相似特质是连接。不同的是，基于社会网络的虚拟共同体呈现了以人为节点的情感或者兴趣联系，而代表着行动知识的连接主义则关注了知识的交互性和情境性连接。从Web 2.0技术应用的视角来看，两者都是基于社会网络的；从学习视角来看，虚拟共同体作为一种情感容器，为连接知识的成长和发展提供了一个必不可少的"社会-文化"境脉。

　　e. 交互。

　　交互是知识建构的一种方式。Moore认为，存在三种交互类型，即学习者与内容交互、学习者与教师交互、学习者之间交互。其中，人际交互更为关键。同时，学习者之间的交互更为频繁。从媒介视角出发，人际交互主要包括两种方式，即面对面交互和在线交互，而混合学习的交互则更像是在两者之间求得一种平衡。

　　一般认为，面对面交互是高效的和高控制性的一类学习。在同一教室和同一时间，可以直接传达情感和交流，这种方式允许教师高度关注和控制学生的学习过程，根据学习者的即时学习情况，给予教学反馈和随时改变教学进程，同时，展开学习激励和情感陪伴。相比之下，同步在线讨论和异步在线讨论显得更加灵活和方便，也对学习者的学习能力提出了更高的要求。这种方式主要面向"劣构"领域知识的学习，允许学习者自定步调，在更加开放的互联网上获取、处理以及评价那些即时更新的信息。两者最大的区别还在于，在线讨论中使用的交流语言（基于文本的写作）要比教室内的讨论语言（口头表达）更为复杂，也更加耗时。这种文本化语言支持了学习者高阶能力发展，也对学习者自我调节学习能力提出了更高要求。

考虑到网络为知识建构生成和高阶能力发展提供了一个更加有效的学习环境，笔者认为在线交互无疑比面对面交互更加优越。但是，一个无法回避的问题是，如何依据松散的课程结构，针对学习者现有学习能力，有效设计和管理人际对话和基于对话的合作，以提升和发展学习者的批判性思维能力和创新能力。对于这一问题的解决，特别是与交互学习和合作学习直接相关的教学促进策略和方法，例如，怎样促进和保持学习者之间的对话，采用教师促进还是学习者促进；如何促进基于讨论的小组合作（协作而不是分工），依然是国外社会性建构学习研究的热点。

2. 学习目标的比较

（1）国内的情况。

关于学习目标，国内的情况是以低水平认知目标为主，提及并未落实高水平认知目标以及基本忽视情感目标。

① 低水平认知目标。

国内大学混合学习一般致力于解决传统教学中的遗留问题，例如，教材内容陈旧、繁杂且课时少；学生需求不同、基础差异明显；教学方法片面强调传递、缺乏互动；学习资源匮乏、更新速度慢；学生人数过多、班级规模过大、可控性差、教师资源短缺；理论与实践严重脱节；评价与考核单一；知识关注高于能力培养；等等。通过引入混合学习，这些教学实践问题在一定程度上得到了缓解。

② 高水平认知目标。

国内很多文献明确提出了高水平认知目标的设置与实现，例如，学生现有阶段的跨越式发展、学生综合素质的提升、学生的创造性思维发展、学生的自学能力、学生的探究能力、学生的实践能力以及学生产生的创造性成果。但是，由于概念含糊、缺乏策略、忽视行动，国内教学并未落实高水平认知目标。

首先，这些提法非常含混，没有明确指出这些目标到底属于 Bloom 学习成果分类中的哪一层级。其次，有些高水平认知目标的提及仅仅出现在文献的摘要部分或者教学设计的方案部分，与目标相对应的教学策略几乎没有提及。一般而言，缺乏"脚手架"策略的自由阅读、小组讨论以及任务合作，并不能直接指向参与、交互或者真正意义上的知识建构。然后，在这些文献中，与高水平认知目标相适应的成果评价完全缺失。事实上，读者无法根据文章的只言片语来推断这些目标存在与否，也无法确认这些目标指向下的学习成效到底如何。最后，有些文献出现了与高水平认知目标指向不一致的教学设置。例如，将学生成绩作为唯一的评估内容，而完全没有考虑过程评价或者忽视了基于真实任务的绩效评估；虽然考虑了多元评价机制，但是，学习成果考评的权重设置有问题，即将闭卷考试的权重设置得过高，而将在线讨论环节中学习者参与和交互的考评指标（发帖数量）设置得过低。这些问题的出现，使得我们不得不质疑国内大学混合学习的高水平认知目标设置只是一种说法而已。

③ 情感目标。

首先，以情感目标为研究主题的文献几乎没有，而包含这些目标的国内实证研究也不多。其次，在有限几篇提及情感目标的文献中，无一例外地缺乏对情感目标的清晰界定；同时，情感目标内容比较单一，主要关注了学生对于教学实践的笼统看法，而忽视了学生的共同体意识和学习者环境感知。这类目标往往伴随着低水平认知目标的出现。最后，国内用于检测学生感知和体验的研究方法存在问题，例如量表的不规范，质性分析程序和工具的缺失，以及基于学生成绩的量化数据与基于学生感知的质性数据之间联系的缺失。

（2）国外的情况。

关于学习目标，国外的情况是普遍关注低水平认知目标，对于高水平认知目标孜孜以求，以及高度关注情感目标。

① 低水平认知目标。

国外混合学习文献对于低水平认知目标的关注主要表现在两个方面：首先，从教学革新的视角出发，混合学习强调基于技术的教学。相对于传统的耳提面授，这种方式在节约学习成本的前提下，提供了更加灵活便捷的服务。其次，考虑了传统教学所面临的现实问题。具体而言，诸如此类的内容如下所示：

a. 满足某一学科的特殊需要。在阅读课程中，为了改善认读和记忆单词的乏味枯燥，教师在教学中使用了数字游戏，目的是增加学习者的兴趣。

b. 弥平经费短缺问题。由于体育教育费用的削减，一些问题随之而来，例如，教学时间减少、学生肥胖问题、学生健康问题。为此，在教学中引入一个主题网站以代替部分教师常规教学。

c. 丰富与学习情境相关的教学资源。针对课程构建数字视频资源库，目的是为学生提供一个更加真实的、可以回忆的、现实的、丰富的、适用于各种学习风格的环境。

d. 突破时间的限制并考虑了课程的实践性问题。由于摄影课程对于操作能力和视觉素养提出了更高的要求，在教学中引入基于 Web 的活动部件。这一部件很好地支持了学生的个体在线任务，也有效指导了基于理论和实践的在线合作讨论。

e. 解决大班教学的问题，特别关注了学生对于学习的积极参与。在教育心理学课程中，当学生从 30 人激增到 60 人之后，学习者出现了消极的学习情绪。为此，在教学中引入 CMS 系统。该系统提供了更加有效的教学材料，也增强了学生对于学习过程的理解、交互、参与。

② 高水平认知目标。

早在 20 世纪初，Dewey 就提到了教育的目的是学会思考。他强调："教育要解决如何思考的问题，而不是只关注主题内容的讲授。""到了知识经济时代，发展和测量高等教育领域中的高阶思考能力仍然是美国学术界讨论的热门话题之一。"援引 Obama 的原话:"就是要发展评估的方法,从测量基本能力到高阶思考能力,这对于知识经济的成功是必要的。"批判性思维能力和创新能力等学习者高阶能力发展需要适合的培养模式,国外文献认为,这种模式就是建构主义。建构主义是教育领域的主导模式,它可以提供给学习者一个基于个人经验来建构他们自己知识的环境。

这种环境可以是 e-learning 环境、计算机辅助系统、混合课程、面对面和在线学习、基于数字仿真技术的混合课程以及基于序列化绩效任务的混合学习。环境为批判性思维发展和知识建构学习提供了三种可能的交互学习方式,即个人反思、小组合作、班级讨论。个人反思是学习者与课程内容交互;小组合作是同辈之间基于项目的分享、协商、讨论;班级讨论发生在课堂上,目的是促进整个班级交互。三种交互都有助于发展和提升学生批判性思维能力。但是,在研究中,并不是所有的学习者都保持了批判性的思考。

目前,基于技术的环境并没有产生令人期盼的批判性思维能力,一个主要原因在于学生批判性思维能力的发展需要教育者能够提供更加详细的针对批判性思维发展的教学。这样的教学关注了交互、共同体发展、知识协作建构的有关策略和方法。这些策略和方法包括:结构化学生的讨论过程和合作过程;提供详细的关于预期贡献的结束时间和讨论频次,鼓励争论,并尊重那些反对的观点;在课程之初,就开始培养学习者的共同体意识。然后,在整个课程中,不断强化和发展这种意识;允许小组自治,甚至允许他们自己选择需要讨论和分析的案例,以及允许他们自己决定小组任务的分配;提供活跃的教师参与;在小组成员之间分配角色,让他们自己负责线程讨论的部分;分配一个清晰的、真实的、分析类型或者综合类型的讨论任务,这一任务可能有多重答案;提倡改进的观点和观点的多样化,建立更高水平的概念,鼓励权威数据源的创建性使用,积极促进知识建构。

除此之外,国外混合学习研究还充分关注了批判性思维能力的评估。目前,批判性思维能力的客观测量工具主要是标准化测试,如 CCTDI 量表(California Critical Thinking Disposition Inventory Scale)、CCTST 量表(California Critical Thinking Skills Test Scale)以及 WGCTA 量表(Watson-Glaser Critical Thinking Appraisal Scale)。这种评估无法测量工业社会所期待的学习者批判性思维能力,因为批判性思维能力是不可传递的。教育的目的不是教授一般性的批判性思维能力,而是关注这些能力在某个研究领域的发展。有鉴于此,一些模型,如 Newman 模型和 IAM 模型(Interaction Analysis Model),也被用来评估不同讨论环境下基于某一合作任务的批判性思维水平。与量表相比,这些模型的优势在于它们关注了具体教学情境下(某一专业领域内)的学习者批判性思维能力,而且支持了无限次、类似任务基础上的批判性思维水平评估。

综上所述,在信息技术的背景下,多样化的社会化情境不断被植入。基于这些环境,针对学习者高水平思考,国外已发展出有效的教学策略与评估方法,例如,交互策略和合作策略、批判性思维评估工具和方法。

③ 情感目标。

首先，国外研究对于情感目标的界定比较宽泛，主要包括：学生对教学设计的态度和看法；学生的学习满意度；学生对学习环境的感知和体验；学生对在线环境下师生交互和生生交互的感知；学习者对交互的反思；学生对小组合作的看法；学习者的共同体感知；学生情感。

其次，与情感目标相对应的分析方法日趋规范、研究工具日趋完善。具体表现在：第一，以情感目标作为研究主题的文献一般采用了质性研究方法或者混合研究方法。有些文献使用了单一的基于个体访谈的质性方法，而更多的文献则基于混合方法，将质性分析结果和量化分析结果关联起来，两者互为佐证。第二，李克特量表成为情感目标研究的常用工具。规范化的程序和工具的使用增加和提高了情感目标研究成果的可信性、通用性、确定性、可借鉴性、可持续性发展。

3. 混合策略的比较

（1）国内的混合策略。

关于混合学习的策略，国内文献的基本情况是对混合的理解还停留在浅层，混合细节研究缺失，以及互动与合作还没有真正落实。

① 对混合的理解还停留在浅层。

Bonk & Graham 认为，混合可以有四个水平，即活动水平、课程水平、项目水平以及机构水平。教师创建的混合一般属于活动水平和课程水平。活动水平的混合是指在活动中同时使用了面对面和计算机调节部件；而课程水平是指面对面活动和计算机调节活动整合在一起，以支持教学。国内文献中的一些混合隶属于活动水平层级，一般不会为学生提供线上讨论和小组合作的机会。这种将基于技术的学习活动纳入面对面教学中的做法，其主要目的是为了解决传统教学中的遗留问题，以期获得优化的教学成效，而不是着眼于学习者高阶能力的发展。这些文献中混合学习的理论基础并不都是建构主义的，也可以是一种混合的理论，或者是一种客观主义的观点。言下之意，一些国内混合学习研究热衷于追逐新兴的网络技术，用数字化资源来替代以往的文字介质材料。但是，对于学习者而言，知识被灌输和被接受的单向传递本质保持不变。

② 混合细节研究缺失。

国内研究关注了面对面课堂教学和在线学习的混合，将混合学习中的学习形式界定为课堂面授、协作学习和自主学习。但是，关于如何实现混合、如何将这三种学习形式有机地整合在一起，很多文献在教学策略方面没有给出足够的细节。这些细节对于我们理解混合学习至关重要，也是同行借鉴和参照的依据。

③ 互动与合作还没有真正落实。

a. 互动问题。首先，国内很多文献都谈到了互动，却没有给出具体解释。没有回答讨论是基于在线的还是课堂的，在线讨论和课堂讨论的任务是什么，它们如何有机地进行整合。其次，国内互动学习存在两个问题：其一，在线学习中学习者与资源的交互较多，学习者之间基于合作任务的讨论较少；其二，有些研究谈到了师生互动和生生互动,但是,对于相应的交互促进策略却只字不提,也没有将讨论看作是一种可以用来评估的、有效的学习成果。最后,有些研究提到了师生互动,但是将互动解释为教师设问—学生回答—教师再点评,或者是学生质疑—教师解释,甚至是学生讲解知识—教师再总结。这样的互动方式存在两个问题:其一,不断强化了教师的主导作用。对于教师口中说出的知识,学生一般都会不假思索地接受。这种一边倒的讨论势必无法激荡出争论、批判、智慧的火花。其二,将教师淹没于工作之中。比如说,一个 50 人的大班,教师无法实现与每个学生进行频繁的讨论和交流。

b. 合作问题。合作促进策略同样缺乏细节,没有回答合作的任务是什么,合作中的分工和协作有哪些。一些国内研究提到了小组合作,却只关注了学习者之间的分工。在一个小组内,高效有序地分配任务,并不意味着真正的共同体学习或者学术框架下的合作。单纯的分工并不能带来批判性的反思,各自为政的结果也不可能产生精益求精的作品成果。考虑到学习者自我调节学习能力不高,教师疏于管理和交互促进策略的缺失等问题,笔者认为这种分片包干的合作最终可能演变成少数人干活却互不相问,而其他人则抱着"头人"的大腿,乐享其成。

(2)国外的混合策略。

国外文献中混合学习策略的基本情况是明确而清晰的混合观点、混合施行策略具体可行以及充分关注了互动与合作。

① 明确而清晰的混合观点。

国外研究大都明确了混合是两个部件(面对面和在线)各占 50% 比例的混合。这一提法至少给予我们三点启示:首先,因为课程有一半时间是发生在课堂之外和线程之上,那么社会性建构和"以学生为中心"必然会成为课程教学的理论框架和指导原则。其次,在线学习对学生的自我调节学习能力提出了更高的要求,因此,与国内学生相比,国外学生具有更好的成人化学习兴趣、自治能力和责任感。最后,鉴于一半以上的学习支持环境是网络,我们可以推想,在国外教育机构中,一个比较稳定、功能齐备、组件扩展接口完善、管理和组织高效化和便捷化的 CMS/LMS 系统(Blackboard 或者 WebCT)应该是普及化的。

② 混合施行策略具体可行。

关于材料的、教学方法的、交互方式的、学习者角色的描述对于混合模式的成功与否都是至关重要的。没有这些内容,我们很难说学习者是否真正实现了混合学习,或者在混合学习中保持了积极的态度。出现在国外文献中的混合学习支持策略不在少数,其中,一些比较典型的策略和方法如下所示:

a. 为学习者提供全方位的学习机会,如面对面的午餐、手机会议、Web 视频会议以及 CMS 系统中的论坛等。

b. 借助于 CMS 系统,将学习共同体扩展到课堂之外。通过提供超媒体案例的方式,督促学习者分享、比较以及挑战彼此的观点。

c. 为了支持有效交互和督促学习者组成探究共同体,在网页上张贴声明,以鼓励学习者的质疑精神。

d. 使用热身活动来唤醒和激发学习者的背景知识以及他们的旧有图式。

e. 在 CMS 系统中，教师通过提供介绍信息和讨论提示，来促进学习者对于教学内容的关注和反思。

f. 为学习者制定在线讨论参与指南，以建立一个友好对话环境；同时，为线程讨论提供教学脚手架（教师支持）。

g. 应用教学促进策略，以增强交互的可行性。这些促进策略包括：选取那些能够扩展课程内容的、具有挑战意义的在线讨论任务，同时，充分关注学习者讨论结果的形式，即它必须是一种产品，例如，小组关键讨论点的总结、小组决策方案或者小组推荐方案；建立一份与教学角色相适应的、带有脚本的合同，目的是督促学习者补足自己没有的知识；将每组的人数确定为 5 人，在分组时充分考虑学习者的先前经验以及他们的技术素养。

h. 提供小组自治方案，允许小组成员自己决定他们将要分析的超文本案例，以及由此而来的任务分割方式。

③ 充分关注了互动和合作。

a. 关于交互促进策略。Dewey 强调师生交互，现代学者又将学生交互提到日程上来。Garrison 和 Shale 认为，交互如此之重要，教育应该被界定为教师、学生以及内容之间的交互。关于如何促进交互，国外研究提供了如下一些具体可行的教学促进策略：教师需要提供持续不断的、对日常问题的回复，以及对反思、写作任务、考试结果的反馈；为了保证回复的即时性，最好能够提供相应工具，以方便学习者随时检视教师的在线情况；提供多次有教师和专家参与的讨论机会；为了保证交互的有效进行，需要关注其他教学活动对交互环节的辅助作用，例如，期初考试时学习者对于 CMS 系统的熟悉程度和学习者对于文本讨论形式的看法等；教师需要提供课堂讲稿的 PPT 或者 DOC 格式文档，目的是增加讨论中的反思和交互；通过将视频放在网站上，教师可以拓展课上内容，督促学习者对有关内容进行深入讨论；提供一切可能的交互机会，例如，E-mail 私密交流、讨论板留言以及基于 Chat 文本或者语音的同步讨论；设置在线导师角色，在线导师应该就学习者的决议和成果给出评论和建议，同时，通过讨论任务内容和管理教学时间来促进学习者交互；通过分配主题任务、上传课程材料、给出讨论线索、提供教学支持、关注小组讨论等方式，充分结构化基于合作任务的讨论。

b. 关于合作促进策略。关于如何开展合作，国外文献考虑了一些策略细节，例如，强化共同体意识和序列化小组学习活动。

一是强化共同体意识。

在那些在线部件超过 50% 的混合学习课程中，鉴于学习者见面的次数较少，因而，采用了异步在线讨论的方式。在网络环境下，一般采用两种方式来增强学习者之间的共同体意识。首先，可以创建一个基于班级共同体的私密社会网络联系，允许学生介绍自己、张贴照片、相互之间分享博客，以此来促进学生之间的相互了解和信任，从而达到共同发展。其次，可以邀请业界专家来评论学生的张贴和提供额外的课程资源，激发学生参与合作学习的兴趣和动机。

二是序列化小组学习活动。

合作中的另一个问题是如何促进学生进行协作。一个比较好的解决办法是序列化小组任务，任务的精细程度越高越好，以清晰界定小组成员的个体学习与协作学习之间的界限和关系。举例来说，在一个线程讨论中，当学习者面对协作任务时，可以遵循一系列序列活动。例如，回顾问题；提出一个初始建议；张贴自己的建议，参看其他人的观点；以小组为单位，制订出一个解决方案；张贴最后的问题解决方案；给出个体解释；反思自己的学习。而为了发展学习者的批判性思维能力和创新能力，可以利用一些分割好的小任务：提供组织良好的相关资料；促动学习者去分析、综合和评价这些材料；要求学习者提供成熟的草稿或故事板；提供问题解决的策略或者给出一个界定清楚的完整产品；列出所有可能的问题或者产品改进建议。

4．实证研究的比较

（1）国内的情况。

① 研究方法的问题。

国内混合学习研究方法存在两大问题：量化研究问题和质性研究问题。

a．量化研究问题。关于实验研究或者准实验研究，一些国内文献没有考虑到随机分组，也没有从控制变量的视角出发，采用前测和后测处理。有些文献明明是教学模式成效研究，却不设控制组和实验组。很多文献没有对研究问题进行界定，也没有对控制变量、自变量和因变量进行具体阐述。关于问卷调查研究，有些文献采用了自编问卷工具或者引入了国外的量表，但是，这些研究工具没有经过信度和效度检验。关于数据分析方法，一些国内文献缺乏基于学生数据的人口统计学分析。同时，在统计分析中，描述性分析多，而推断性分析少。

b．质性研究问题。对于个体访谈研究，几乎所有文献都没有具体阐述质性研究的理论基础，例如，案例研究、诠释学研究或扎根理论等。对于质性研究的设计、研究问题的界定、数据的收集和处理方法，国内文献不是不谈就是语焉不详。同时，国内文献中的质性数据分析结果也都是学生观点的直接张贴。从某种意义上说，国内文献中基于个体访谈的数据分析并不是严格意义上的质性研究。

② 其他研究问题。

国内混合学习研究存在研究视角窄化、研究关注点偏窄和研究结论孤立的问题。

a．研究视角窄化。国内文献千篇一律都是基于某一课程的教学研究，样本偏小且均为学生视角。如果混合学习呈现普及化模式，那么基于项目的课程群、文理课程、校际之间的教学研究，需要大样本的学生抽样，以及必须考虑专业教师、教学支持人员、学校高层行政人员的态度和经验。

b．研究关注点偏窄。国内混合学习研究比较关注学生成绩、学生混合学习态度和感受、学生学习情况，忽视了学生批判性思维能力和创新能力的发展，与高阶认知能力相适应的学生共同体意识和合作能力的发展，与协作知识建构密切相关的学生自我调节学习能力的发展。

c. 研究结论孤立。国内混合学习研究的各种数据分析结果基本上是孤立的，彼此之间无法进行有效融合，没有实现三角互证。科学研究必须参照其他研究的数据分析与结论，或者提出修正策略，或者提出新的质疑观点，这些观点进而成为未来研究的逻辑起点。

（2）国外的情况。

① 关于研究方法。

国外混合学习文献采用多种研究方法，研究设计比较规范，统计方法多样化和科学化。

a. 多种研究方法。从研究性质上看，国外混合学习研究可以分为量化研究、质性研究和混合研究。量化研究以问卷、量表以及内容分析为工具，以描述性和推断性统计分析为方法。质性研究遵循了既定的理论和程序，以基于个体访谈的誊写脚本和研究者本人为工具。混合研究有效整合了量化研究和质性研究，真正做到了数据来源多样化、分析方法全面化以及研究结论之间的三角互证。

b. 研究设计比较规范。国外混合学习研究的实验设计比较严谨。一部分教学研究实现了真正的随机分组，还有一些教学研究属于事后调查，因而采用了方便分组。但是，考虑到自变量以外的影响因素，两种实验研究都执行了前测和后测，有些研究甚至加入了控制变量。研究对控制变量、自变量和因变量都有比较详尽的描述，有的文献以表格的方式凸显了研究问题、量表及其子项、统计学方法之间的关联。

c. 统计方法多样化和科学化。国外混合学习研究的统计学方法呈现出多样化和科学化的趋势。

多样化。国外文献大量使用了描述性分析和推断性分析。与量化研究有关的统计分析方法包括描述性分析、相关分析、T检验、方差分析、因子分析、回归分析和聚类分析。与质性研究有关的统计分析方法有频次分析、卡方分析和T检验。

科学化。在国外研究中，统计方法的应用比较规范。其科学性主要体现在多个变量关联处理的情况。首先，很多量表包含多个维度的子项，子项之间的关系也予以考虑。其次，这些子项被用于多个不同研究问题的分析。同一量表中的子项既可以成为因变量，也可以作为自变量出现。再次，人口统计学因素也被看作是一种自变量或者控制变量。最后，基于量表的变量和基于访谈数据的析出结果（变量），在不同程度上实现了整合。在有些研究中，两者的关系是一个是另一个的自变量、控制变量或者因变量。

② 研究目的、视角和结论。

国外混合学习研究一般是大样本数据采样、多视角研究，评估内容广泛，研究目的多样化，研究结论多样化。

a. 大样本数据采样、多视角研究。很多国外文献都是以学生视角来采样，其样本数量一般超过100，其教学跨越多个课程。同时，笔者也关注到越来越多的国外文献选择了以教师视角来采样,其样本数量从十几人到上百人不等。

b. 评估内容广泛。国外混合学习研究的评估内容主要包括三个方面：首先，国外文献充分关注了学生认知目标的达成。基于知识层面的记忆和理解目标，评价了学生成绩；基于案例学习、问题解决和项目设计的应用、分析、创新目标，评估了个人报告或者绩效作品；基于讨论和交互的批判性思维能力目标，考查了张贴、日志、面对面谈话内容。其次，国外研究也充分考虑了学习者的情感目标。这些研究尝试去理解学生对混合学习环境或者在线环境的感知，学生对面对面讨论和线程讨论的感知，学生对教学的满意度，对教师支持的感知，以及学生自己的态度、信仰和动机。最后，国外研究还特别关注了学生的自我因素对于成绩和成果的影响。这些因素包括学生自身的特点（如性别、年龄、种族、先前经验、职业等），学生对于学习的自我效能感，网络自我效能感，元认知自我调节能力，以及自我管理和控制能力等。

c. 研究目的的多样化。从研究目的来看，一部分研究采取了对比研究，意在比较两种模式（传统组和在线组、传统组和混合组、在线组和混合组）或者三种模式（传统组、混合组和在线组）在某一个或者几个测量目标（成绩、成果、感知或者自我调节能力）方面的显著性差异。另一部分研究没有设置控制组和实验组，在统计方法上采用了相关分析、回归分析以及聚类分析的方法，用于描述一些学习者变量同学习者成绩、成果、感知之间的关系。还有一些研究特别关注了学习者经验和研究者反思，以期提供一些更加丰富的、关于个体感知的、学习者对于混合学习的独特理解。毫无疑问，这类研究属于质性研究。

d. 研究结论多样化。国外研究基本肯定了混合学习的优势，肯定了混合学习的教学在学习成果、共同体意识、学生态度、批判性思维能力等方面的成效。与此同时，研究也包含了一些对混合学习的反思，例如，讨论了混合学习比传统学习花费的时间更多，在线写作面临的挑战，基于IAM模型的协作知识建构还处于较低层次，不同混合程度的学习在学生态度、信仰以及实践方面没有显著性差异；三种模式在教学呈现、社会呈现和认知呈现方面没有显著性区别，在线学习有着更高的认知负荷，当课程材料、教学方法和时间被限制时，技术加强的教学无法胜过传统方式等。

1.3 研究目的、意义与创新

1.3.1 研究目的

我国高等教育的常态模式是授导类教学。这类教学的特点是用最有效的方式向学习者传递知识，即学生被置于一个充分结构化的教学框架之下，教学内容是条块分割的，学习活动是简化的练习，学习止步于课堂时间和作业完成时段，学习成果以考试为核心。授导类教学的理论基础是行为主义和认知主义，它们对于回忆事实，理解概念，一部分应用、推理以及问题解决比较适合。简单应用、推理和问题解决主要指知识在简化环境中的应用。当学习者面对一个更为复杂的学科前沿问题时，他必须转向高级知识的学习并获得高水平思考能力发展。

与真实问题解决和反思能力培养有关的模式是建构主义学习。考虑到技术性环境为学习者提供了更多交互和合作的机会，笔者认为基于建构主义的混合学习是国内教学脱离填鸭模式，致力于发展学习者高阶认知能力的一个新思路。但是，从已有的国内文献来看，我国混合学习研究领域存在诸多问题。例如，理论基础含混；学习者高阶认知目标与情感目标缺失；忽视在线学习环节、混合策略细节缺失、交互和合作促进策略细节缺失；实验设计不规范、统计分析方法简化、质性研究粗略、量化研究结果与质性研究结果相割裂。

就教学和研究层面而言，为了解决这些问题，笔者需要向人们呈现一个真正的混合学习模式。这一工作包括：模式建构、教学实践、效果检验和模式修正。同时，本书的研究必须满足一些基本条件：（1）社会性建构理论是模式的理论基础；（2）模式要致力于发展大学生的高阶认知能力，特别是批判性思维能力和创新能力；（3）模式要包括学习活动的细节，特别是要说清楚面对面学习和在线学习的混合方式、澄清交互和合作的具体内容和过程；（4）模式要符合中国国情，模式适用性和有效性的实证研究要符合量化研究和质性研究的基本规范。诸如此类的考虑和模式建立的最后结果，既是对国内混合学习问题解决之道的有效回复，也为混合学习模式在国内高等教育领域的进一步发展提供了一些有用思路。

1.3.2 研究意义与创新

1. 教学模式的前沿性和创新性

本书的大学混合学习模式根植于社会性建构理论，明确大学教学的高阶学习目标指向。这一界定与网络时代信息的冗余性和快速消费性相适应，与我国中长期教育改革和发展规划纲要对于学习者高水平能力培养的教学要求相适应，与国外"高等教育主要目标在于教授和发展学生的批判性思维能力"保持一致。由此可见，本书所提倡的模式是一种前沿模式，该模式同时兼顾了高等教育发展、社会发展和国家发展的内外部需求。

从国外文献情况看，与批判性思维能力发展有关的教学设计和实践研究依然是当代研究的热点。与这些热点问题有关的国内文献比较少见。如前所述，国内混合学习研究的理论基础是混合的理论或者是基于"主导-主体"的建构主义理论，没有特别强调以交互与合作为核心的协作知识建构；同时，国内混合学习研究只关注了学习者低水平认知目标的实现，明显缺乏对批判性思维能力和创新能力的关注。有鉴于此，大学混合学习模式的建构研究具有一定的国际热度和创新价值。

2. 教学策略的可操作性和研究方法的规范性

本书的大学混合学习模式为教学实践提供了细化的方法，主要包括面对面学习与在线学习的混合方法、基于批判性思维过程的学习活动设置和对交互合作的细化考虑。这些策略和方法在国内混合学习研究领域首次出现，并经过了教学适应性研究的检验。同时，学习活动细节经由质性分析予以不断改进和完善，是混合学习模式能够移植到更多课程中的关键所在，对于某些专业领域内的教师具有一定的借鉴价值和意义。

本书在研究设计、程序以及方法上的严谨性增加了研究结论的可信性和有效性。同时，本书充分考虑了量化数据结果和质性数据结果的互证，以及本书研究结论与国外同行研究结论的关联。这些做法在国内混合学习研究领域属于首次尝试，对于国内研究者具有借鉴价值，也为国内外混合学习研究成果的分享与交流奠定了方法论基础。

1.4　研究问题

本书的研究工作主要包括三个方面的内容，即大学混合学习模式的建构研究、大学混合学习模式的教学适应性研究以及大学混合学习模式与传统教学模式的比较研究。

1.4.1　大学混合学习模式的建构研究

在大学混合学习模式的建构过程中，本书主要考虑了四个问题：

（1）以批判性思维能力发展为目标的教学模式是怎样的？

（2）大学混合学习模式的概念框架是怎样的？

（3）大学混合学习模式中关键教学要素有哪些，它们又是如何被阐述的？

（4）大学混合学习模式中学习活动的主要内容有哪些？

1.4.2　大学混合学习模式的教学适应性研究

大学混合学习模式的教学适应性研究关注了大学生对于混合学习的适应情况，主要包括他们的作品成绩是否提高了，他们的批判性思维能力是否得到发展以及他们对于混合学习活动的感知和体验如何。同时，研究也关注了大学生批判性思维水平和学习成果之间的关系、大学生信息对于大学生学习的影响。具体来说，教学适应性研究包括六个问题：

（1）在大学混合学习模式中，随着时间的推移，大学生个人单元作品成绩是否得到了显著提高？

（2）在大学混合学习模式中，随着时间的推移，小组单元作品成绩是否得到了显著发展？

（3）在大学混合学习模式中，随着时间的推移，小组单元批判性思维水平是否得到了显著发展？

（4）在大学混合学习模式中，大学生第四单元批判性思维水平对于大学生第四单元作品成绩、大学生个人期末作品成绩、小组第四单元作品成绩是否有影响？

（5）在大学混合学习模式中，大学生学习是如何被大学生信息所影响的？

（6）大学生对大学混合学习模式中9个学习活动阶段的看法如何？

1.4.3　大学混合学习模式与传统教学模式的比较研究

大学混合学习模式与传统教学模式的比较研究关注了两种不同模式（混合学习模式和传统教学模式）支持下，大学生在作品成绩、批判性思维倾向和能力方面的差异。同时，研究也关注了大学生批判性思维水平（倾向与能力）与大学生个人作品成绩之间的关系。具体来说，比较研究包括三个问题：

（1）就大学混合学习模式和传统教学模式而言，在这两种模式中，大学生个人作品成绩存在差别吗？

（2）就大学混合学习模式和传统教学模式而言，在这两种模式中，大学生批判性思维倾向和能力存在差别吗？

（3）大学生批判性思维倾向与能力对大学生个人作品成绩的影响如何？

1.5　研究方法

本书采用了三种不同的研究方法，即文献研究、实验研究和质性研究。其中，文献研究与国内混合学习问题的梳理、大学混合学习的理论基础、大学混合学习模式的建构有关。实验研究与大学混合学习模式的教学适应性研究、大学混合学习模式与传统教学模式的比较研究有关。质性研究关注了25位大学生对于大学混合学习模式9个学习活动阶段的感知和体验。

1.5.1　文献研究法

文献研究法是对文献进行查阅、分析、整理，并尝试找到事物本质属性的一种研究方法。文献包括各种介质之上的知识，如图书、报刊、学位论文、档案、科研报告等纸质印刷品，以及文物、影片、幻灯片等实物形态的材料。文献研究法有广义和狭义之分，广义的文献研究法包括定性研究和定量研究，而狭义的文献研究法仅仅是定性研究。

按照这样的解释，笔者采用了狭义视角下的文献研究法。文献资料主要来源于国内外各种图书、期刊、学位论文。通过文献分析，首先，笔者检索和查阅了182篇国内外混合学习文献。在比较分析的基础上，梳理出国内混合学习领域的现存问题，特别关注了混合学习模式的理论基础、学习目标、混合策略、实证研究这四个方面的内容。以这些问题为基础，最终提出一个支持大学生批判性思维发展的大学混合学习模式。其次，笔者查阅了图书和期刊中与大学混合学习模式建构有关的热点理论和观点，例如，批判性思维、合作学习、交互讨论。这些要素构成我们模式的理论框架，有效指导了大学混合学习模式的建构工作，也为模式的实施提供了必不可少的教学策略和方法。

1.5.2 实验研究法

一个真正的实验需要操纵或控制一个或者多个变量，并且观察和测量这种操纵或控制对于行为的影响。教育实验或心理实验是一种计划好且有控制的研究，这类研究常常用于做出决策。在决策之前，实验的意义在于证实假设和估计效果，从而判别决策的正确与否。

论文研究包括两个实验研究：其一，大学混合学习模式的教学适应性研究。笔者考查了大学混合学习模式下大学生学习的有效性，包括他们的作品成绩是否随时间发展而获得显著性提升，他们的批判性思维能力是否随时间发展而获得显著性提升，大学生批判性思维能力是否影响了他们的作品成绩，以及大学生信息是否影响了他们的学习。其二，大学混合学习模式与传统教学模式的比较研究。笔者考查了两种模式下大学生在作品成绩、批判性思维倾向和能力方面是否存在显著性差异，研究了大学生批判性思维倾向和能力是否影响了他们的作品成绩。

1.5.3 质性研究法

质性研究法或定性研究法，是以研究者本身作为研究工具，通过多方面搜集资料，相对完整地阐述与研究问题有关的现象、场所、群体或者文化的一种方法。这种方式允许研究者从研究对象的历史、宗教、政治、经济和环境因素入手，深刻认识现象的自然本质。

在大学混合学习模式的教学适应性研究中，本书引入了质性研究法。基于个人访谈和文本誊写工作，该项研究关注了 25 位大学生对于 9 个学习活动阶段的感知和体验。研究结果首先以主题方式呈现，对来自自然式探究过程且细节丰富的参与者观点进行了充分讨论。其次通过再次遍历大学生的不同观点，笔者自下而上地梳理出大学混合学习模式的现存问题，并将结构化描述的参与者观点与析出的问题进行整合处理，提取出大学混合学习模式的新教学策略和未来研究方向。

第 2 章 混合学习的理论基础

大学混合学习的指导理论是社会性建构理论。社会性建构理论认为，学习者通过彼此之间社会交往的一个合作过程来创建新知识的意义。社会性建构学习可以被解释为信息和观点的交换、获得知识的深度理解、创建新知识的意义以及合作性地解决问题。这些学习类型被 Jonassen 和 Reeves 简化成三个关键部件，即"知识建构""合作""真实的学习"。知识建构作为学习者最终获得的学习成果，与批判性思维过程有关；合作意味着在教师和学生之间以及学习者之间建立学习共同体和展开人际交互；而真实的学习则瞄准了劣构领域的知识和知识应用，特别强调了教学问题的真实性和复杂性，高度关注了学习者高阶能力的养成。从这样的视角出发，笔者认为社会性建构学习与批判性思维、合作、交互、真实的问题有关。由此可见，大学混合学习的理论框架理应包括社会性建构理论、学习目标（批判性思维）观点、合作学习理论、交互学习理论。

2.1 社会性建构理论与混合学习

2.1.1 三大学习理论

关于学习理论，存在三种分类，即行为主义、认知主义和建构主义。这些理论可以被放置在一个由客观主义到建构主义组成的连续体之上，如图 2-1 所示：

图 2-1 从客观主义到建构主义的连续体

行为主义理论起源于动物行为实验，将人类学习看作是一个对刺激物的行为性应答。Thorndike 认为，如果反应之后紧跟着一个令人满意的结果，那么刺激与反应之间的联结会增强。Skinner 强调了后刺激（强化）的重要性，即强化使反应增强，提高了以后刺激再次出现时反应发生的可能性。在 20 世纪上半叶，行为主义理论主宰了学习心理学领域，并对当时的教学和学习产生了深刻的影响。Skinner 的操作条件反射，明确了可以观察到的、清晰的行为目标；给出了序列化的程序教学原则和步骤。但是，总体而言，行为主义理论的不足也十分明显，主要表现在两个方面：（1）它将人类的学习行为和动物的学习行为混为一谈；（2）它将知识获得限制在一个比较僵化的既定序列之内。因而，在基于行为主义的教学视域下，教师全权控制并发起刺激（材料），而学习者始终处于一个比较被动的地位并接受刺激。同时，为了实现教学的有效性，学习材料是结构化的，学习进程是序列化的。换句话说，教师成为知识传递的工具，教师以权威形象示人，而学习者沦为消极的学习者。

到了 20 世纪 50 年代后期，人们开始将目光由关注刺激以及刺激与反应的联结，逐渐转向关注个体学习者的认知过程，例如，概念形成理论和信息加工理论。Ausubel 认为，认知结构是学习者的记忆结构或整合的知识体，而接受学习就是要将学习内容以定论的形式传递给学习者，然后，学习者再以一种有意义的方式加以内化，即新的信息要与学习者原有认知结构中的信息发生非人为的、实质性联系。Gagné 认为，人脑对于知识的学习可以类比计算机对信息的加工，是一个外部信息输入、编码处理、线索提取、输出、行动的过程。相对于行为主义，认知学习理论的进步在于关注人的主体性，把重心从外部环境和学习者的外显行为转移到学习者自身和学习者的内部图式上。因此，认知主义理论家也顺势提出了一些与学习者内部心理过程形成有关的教学策略，如先行组织者、教学事件、元认知、学习迁移、问题解决、认知负荷等。这些观点至少表明学习是一个复杂的认知过程；教师对学习者的认知负有责任，学习者具有积极主动性。认知主义和行为主义一样，都是基于客观主义的，即世界是真实的，存在于学习者之外。在这些理论支持下，学习无法应对专业领域的复杂问题，也不能帮助学习者实现高阶认知能力发展。

有鉴于此，很多当代认知理论家开始用建构主义的观点来看待和理解学习。Dewey 倡导的"做中学"认为，教育应该扎根于真实的经验之中，而必须拒绝教师的权威教授。Bruner 提倡发现学习，指出学习环境应该被有效设计，以支持学习者的个体发现和个体知识。Piaget 认为，学习是一个信息被植入内部图式中去的同化和顺应过程，儿童和成人是通过与环境的相互作用来建构知识的。而 Vygotsky 则非常强调社会交互对于人类认知发展的重要性，认为学习意味着人们到达了最近发展区。建构主义的终极目标是学习者可以获得高阶的元认知能力，用以反思；有效利用问题解决过程来保证持续性学习。上述观点充分表达了建构主义对于学习的一致性看法，即：学习者在学习中处于中心地位；情境化的、真实的境脉很重要；强调个人看法和多种观点的协商和解释；在意义建构中学习者的先前经验很重要；可以运用技术来支撑高级心智过程。

2.1.2 社会性建构理论

从知识的社会性维度考虑，以一个连续体存在的建构主义有两个端点，即激进建构主义和社会取向的建构主义。前者以 Piaget 的先天与后天认识论为基础。Piaget 认为，知识既不是经验论者所说的那样存在于外部现实世界，也不是先验论者所主张的那样早就存在于主体内部，而是主体通过与外部环境的相互作用，以同化与顺应为实现机制，在不断建构的过程中获得的。后者以 Vygotsky 的认知发展理论为基础。Vygotsky 认为世界是客观存在的，但每个人对于知识的理解却是主观的。为了消除人类对于知识的主观性理解，知识需要在一个共同体内部流动，以期达成"真理越辩越明"的理想境界。

在 Vygotsky 的认知发展理论中，与社会性建构学习紧密相连的两个观点是内化和最近发展区。内化是知识获得的一种方式，因此，几乎所有非行为主义的心理学家都关注内化。Vygotsky 认为，内化是人们心理之间的过程向个人心理之内的过程的转化。人的心理发展的第一条规律是人的心理机能发展不是发自内心，而是产生于人们的协同活动和人与人的交往之中。第二条规律是人所特有的内部心理过程结构（认知结构）最初必须在人的外部活动中形成，然后才能转移到内部，进而成为人的内部心理过程结构。这一阐述很好地解释了社会性建构学习的基本过程，即在儿童或者成人的学习和发展中，所有的学习或者高级心理机能发展都会呈现出两种态势：第一次集体活动态势，即心理机能在共同体成员之间的发展；第二次是个体活动态势，即心理机能在个体内部的发展。这种发展给予教育的两点启示是：学习（心理机能）是一个建构的过程；这一过程是通过社会与合作的活动向个体与独立的活动的一种改变来完成的。其次，Vygotsky 谈到了两种儿童机能发展水平，即儿童实际的发展水平和儿童潜在的发展水平。根据这样两个发展水平，Vygotsky 提出了最近发展区的概念，即"基于独立问题解决的实际发展水平与成人帮助下或者与更高水平的同辈通过合作之后能够达成的潜在发展水平的差距（距离）"。最近发展区指引下所发生的对话允许教师与学习者搭建适合彼此的脚手架。每一个体都可以通过将另一个人推向更深层次的思考而获得新的学习水平；同时，每一个体也可以沉浸于批判性思维和经验学习之中。因此，最近发展区发展可以被看作是一种基于交互、指向高阶认知目标的学习。在此基础上，Cazden 强调了师生之间的脚手架技术，即互惠教学。简单来说，教师有时候要与学习者互换身份，以此来推动观点和对话的向前发展。

基于 Vygotsky 的上述观点，当代学者给出了他们自己关于建构学习的理解。Jonassen 认为，知识的建构基于个人的原有经验背景、信仰、原有认知结构，以及学习者与他人的合作性讨论。Brooks 认为，知识是一个主观的、来自多重观点的建构结果，这些观点具有临时的、发展的、社会的以及文化的特点。Fosnot 和 Perry 指出："建构主义视域下的学习是个体的两种认知过程，即解释性过程和反思性过程，也是两种认知过程与社会文化环境交互的一种整合。"从 Fosnot 和 Perry 的观点出发，Vygotsky 的社会化学习理论和 Piaget 的认知论观点终于可以统合在一个社会性建构的理论框架之下。这一框架以学习者的批判性思维能力提升和创新能力发展为指向；关注新技术对于学习境脉（环境）的支持作用；强调协作而不是分工意义上的共同体学习；倡导学习者通过与环境、他人之间的有效交互来建构知识。

2.1.3 社会性建构的理论发展与混合学习

1. 社会性建构的理论发展

当代国外文献中的建构学习或高质量教学都带有社会化的特点。这些学习或教学包括 Jonassen 的"建构学习"、Rovai 的"学习者中心"学习以及 Chickering 和 Gamson 的"好教学实践"。

(1) Jonassen 的"建构学习"。

基于 Vygotsky 和建构主义理论学家的工作，Jonassen 给出了一些最新的建构主义原则，这些原则构成所有建构学习环境的核心：

① 知识建构是通过学习者内部图式和社会协商来实现的；

② 知识是在学习者对真实世界环境进行探索的基础上产生的，探索的结果直接导致了学习者认知结构的改变；

③ 课堂是一个有意义的和真实的学习情境；

④ 学习者之间需要合作；

⑤ 教师促进了社会协商，也帮助学习者构建内部图式。

(2) Rovai 的"学习者中心"学习。

Rovai 认为基于建构主义的学习是一种学习者中心学习，这种学习关注学习者的学，而不是教师的教，同时，这种方式强调了讨论对于积极学习和合作的意义。"学习者中心"教学的主要特点如下所示：

① 教师关注学习、知识建构、合作、反思；

② 课堂活动是以学习者为中心的、苏格拉底式的、真实的、兼顾个体学习和小组工作的；

③ 教师是合作者、指导者、促动者、鼓励者、共同体建构者；

④ 学生是积极的，是合作者、知识的建构者、自我监控者；

⑤ 评估是真实的，包括知识应用、电子作品集、实践项目以及成果绩效。

(3) Chickering 和 Gamson 的"好教学实践"。

以 50 年教学研究为基础，Chickering 和 Gamson 创建了 7 个高质量教学原则，这些原则瞄准了传统面对面环境中的本科教育。之后，随着新技术不断涌入人们的视线，这些原则的内涵随同时代发展不断改变。Chickering 和 Ehrmann 认为，如果技术的力量得以完全释放，那么它们将与这些原则保持一致，并被用于教学。Chickering 和 Gamson 的"好教学实践"原则包括：

① 好的教学实践鼓励师生联系；

② 好的教学实践发展了学生之间的互惠合作；

③ 好的教学实践激励了学习者的积极学习；

④ 好的教学实践给予学习者及时的反馈；

⑤ 好的教学实践督促学习者在规定的时间内完成既定的任务；

⑥ 好的教学实践鼓励学习者对于学习成果抱有高期望；

⑦ 好的教学实践鼓励多样化的人才和不同的学习方式。

2. 基于社会性建构的混合学习

将上述教学原则进行整合，笔者得到社会性建构学习的四项基本内容，即教师支持、学习者合作、积极地学习以及真实的任务。其中，教师支持与师生交互有关；学习者合作是一个学习共同体内部的对话和协同工作；积极地学习指向了学习者高阶认知目标的达成；真实的任务与劣构领域的即时知识有关，是在线环境下学习者交互与合作的主要驱动力。

（1）教师支持。

在学术框架和情感方面，教师能够给予学生帮助。这种帮助一般通过双方的交往来达成。因此，教师与学生之间的沟通成为教育的核心元素。这种联系并非只是一种基于面对面传授、异步在线讨论或者同步在线讨论的知识传递机制。从某种程度上说，这种联系是为了激发学生的学习动机、鼓励学生参与课程、促进学生智力的发展、实现学生的个人发展，教师给予学习者的及时反馈；通过师生之间的交流和对话，教师投注在学生身上的期望和关爱；教师与学生基于任务契约的一种讨论和协作。这种联系可以发生在课堂内外，也可以贯穿整个学习过程，从课程准备到课程间歇再到课程结束。其表现形式可以是讲授课程、提问与回答、个性访谈、E-mail 通信、论坛张贴、基于社会性软件应用的维基和博客应用、基于 IM 即时通信的微信和 QQ 聊天、CMS/LMS 系统中的消息与资源陈列、百度云盘上微视频文件的上传与下载。

（2）学习者合作。

学习是一个合作的过程，需要小组成员基于问题展开对话和协同工作。通过这一过程，学习者在尊重他人贡献的同时，也对他们自己的学习和行为负责。对于社会性建构学习而言，学习者的个人能力提高是集体智慧发展的延伸。将学习放在可以合作的领域，一个直接的好处是，学习者之间的对话和工作将使他们自己到达最近发展区。每一个体都可以通过将另一个人推向更深层次的思考而获得新的学习水平；同时，每一个体也可以沉浸于批判性思维和经验学习之中。在混合环境中谈论合作，其优势在于同步交互和异步交互为协作知识建构提供了更为便利的条件。教学上的习惯做法是：将学习者分组；为他们分配小组任务；在必要时，引入可供阅读的材料，类似于先行组织者策略；提供同伴评价与反馈；促进基于问题的讨论；在经验分享之上，实现知识的个体意义建构。

（3）积极地学习。

积极学习与建构主义的关系极为密切。一个积极学习的课堂是学习者和共同体的中心。这里的学习者不仅要为他们自己的学习负责，同时，也要成为概念知识的创建者。这类课堂的一个特点是学生的学习指向了合作、问题解决、反思、知识建构等高阶认知目标。这些目标属于分析、综合、评价目标，与基于行为主义和认知主义的、以知识获得为核心的低水平目标，如记忆和简单的重复相去甚远。高阶认知目标对学习者的学习提出了更高的要求，即他们需要承受额外的学习时间投入、具备强大的自我控制能力，尤其在远程学习时。从这个意义上说，为了达成有效的混合学习，学生必须是积极的。

（4）真实的任务。

真实任务的经验基础是劣构领域的知识，这些知识是相对的，也是变化的。就知识的变化而言，在线学习比面对面学习更加适合真实的任务。首先，学生可以快速地访问网络中的开放资源，如数据库、视频、日志、电子文档。在线的好处是这些资源都是即时的，以此来应对问题的真实性和前沿性。其次，学生可以随时随地通过在线合作、讨论和张贴、小组项目来解决问题。远程的方式不一定是最好的，但是，可以节省很多花费（如飞机票和住宿）。此外，网络上存在着大量应用案例、视频教程、学习文档。这些唾手可得的材料为基于真实问题的教学设计提供了大量可供模仿的专业制品。与此同时，这些资源因为可以不断更新以及有了开源的说法，就时间发展而言，变得弥足珍贵。

2.2 学习目标分类理论与批判性思维发展

2.2.1 学习目标分类理论

单纯地观察学习者，我们无法获知他们对知识的掌握情况和能力的掌握情况。在寻找促进学习的方法过程中，教学理论家发现，理解和区分人们能够习得的各种技能或者能力发展的条件非常关键。不同的技能或能力发展需要不同的学习条件，这些学习条件也是教学或学习后评价的可靠依据。这些技能或者能力包含在 Bloom、Anderson、Gagné、Krathwohl、Simpson 等学者的学习目标分类细目中，其内容横亘于三大领域：认知、情感、动作。其中，Bloom 和 Anderson 建立和完善了应用最为广泛的认知目标分类，Krathwohl 提出了情感目标分类，Simpson 创建了动作目标分类，而 Gagné 则创建了包括所有三个领域的、整合的学习目标分类。因为本书研究只涉及学习者认知方面的内容，因此，Bloom 和 Anderson 的认知目标分类，以及 Gagné 的学习目标分类是本书主要论述对象。

1. Bloom 和 Anderson 的学习目标分类

Bloom 是学习目标分类制定的先驱，他和他的同事将学习目标从简单到复杂，分为六个级别，即知识、领会、运用、分析、综合、评价，如表2-1所示。之后，Anderson 和他的同事修改了这一学习成果分类体系。他们在学习水平名称方面做了一些轻微的改动，同时，额外增加了一个知识的分类框架。修改后的学习目标分类如表2-2所示。

表 2-1　Bloom 的学习目标分类

级别	描述
知识	记住先前学过的一般性内容或者特殊内容，包括方法、过程、模式、结构、设置
领会	理解材料的意义。三种不同类型的理解是翻译、解释、推断
运用	在特殊和具体的情境中使用抽象概念、规则、原理、思想、其他信息
分析	把材料分解成部分，查明各个部分之间的关系，这些部分的整合方式
综合	把要素、片段或者部分整合起来，以形成一个整体或组成一个新的模式或结构
评价	对观点、产品、决策、方法、材料进行价值判断

表 2-2　Anderson 的学习目标分类

级别	描述	知识的分类框架
知识	从长时记忆中提取相关的知识	事实性知识 概念性知识 过程性知识 元认知知识
领会	基于教学中的知识来建构意义	
运用	在给定的情境下，开展知识应用	
分析	将材料分割成不同的组成部分，确定它们之间的关系，它们与整个材料的关系	
评价	对方法或材料是否符合现行标准，在多大程度上符合现行标准的判断	
创新	将部件整合成一个新的模式或结构	

　　Bloom 的学习成果分类被广泛应用于第二阶段和第三阶段的教育领域；同时，也招致了一些批评。人们对于 Bloom 学习成果分类的质疑在于它将学习能力分割为不同的部件，然后，在分割的状态下，推测这些部件之间的关系。既然学习是一个整体，那么认知能力之间的关系就是动态变化的，不能简单归结为一个具有层次结构的分类体系。举例来说，如果一个概念与一个实际问题有关，同时，这一应用成果获得了更为深入的自我反思和他人评价，那么对于这一概念的理解就不可能停留在领会的层级，而可以直接扩展到应用的层级，甚至是评估的部分。当然，更为深入的评价需要自我反思和他人评价。尽管如此，Bloom 学习目标分类体系，对于教育领域而言，依然存在很高的价值。首先，这一分类时刻提醒我们，有效教学的关键是目标、教学、评估之间的一致性程度。其次，因为它是能力分割的，也帮助我们时常想起学习是一系列认知能力的复杂组合。最后，它也不会阻止我们以一种更加动态化的方式来设计教学。一般来说，这种方式允许一个低阶的认知能力与一个高阶的认知能力同时发生。

　　2．Gagné 的学习目标分类

　　Gagné 吸收了现代认知心理学的成果，将学习活动的表现分为五个领域：言语信息、智慧技能、认知策略、态度和运动技能。Gagné 的学习结果分类如表 2-3 所示，在这些分类细目中，有三个内容与认知领域有关，它们是言语信息、智慧技能、认知策略。

表 2-3　Gagné 的学习目标分类

学习结果		定义
言语信息		陈述以前习得的材料，如事实、概念、原理和程序
智慧技能	辨别	区分物体、特征或符号
	具体概念	识别具体的物体、特征或事件的类别
	定义性概念	根据定义对事件或观念的新例子进行分类
	规则	运用一种单一关系解决一类问题
	高级规则	运用规则的新组合解决复杂的问题
认知策略		采用个人的方式来指导学习、思考、行动和情感
态度		根据理解和情感的内部状态选择个人行为
运动技能		执行涉及肌肉使用的行为

首先，言语信息指的是能够陈述学过的信息与知识。这一级别的能力融合了 Bloom 学习成果分类中的前两个水平，即知识和领会。但很明显，Bloom 分类中的领会更加关注学习者对于信息意义的理解，而不只是简单的、机械化的陈述。

其次，智慧技能指向了一些 Gagné 所关注的复杂学习。这些学习能力从高到低排列，依次被分解为辨别、具体概念、定义性概念、规则、高级规则。其中，辨别是学习者能够在知觉层面区分客体、特征或者事件；具体概念是学习者根据客体的知觉特征来识别或者指出既定的客体、特征或者事件；定义性概念是指那些无法直接指出而必须通过定义来区分和识别的概念，学习者需要对这些概念进行定义和归类；规则通常涉及使用符号来概括化表征方式，以及利用这种方式来与环境发生相互作用；高级规则是利用多种规则来解决复杂问题。这些内容与 Bloom 分类框架中的运用、分析、综合、评价有关，充分体现了概念和规则的应用。辨别、具体概念、定义性概念是运用的基础；而规则、高级规则与分析、综合、评价有关。具体来说，为了规则的适用性，学习者必须对问题进行分析；如果考虑到对于真实问题的解决，学习者需要组合简单的规则，这代表了一种综合的观点；当学习者监控他们的学习成果时，就出现了自我评价或者他人评价。

最后，认知策略是学习者能够采用与个体有关的学习、思考、行动、感觉方式来执行信息的编码处理。认知策略的部分涉及学习者的创造性思维，正是在创造性思维中我们才可以发现有效认知策略的更好证据。以这样的视角来看，认知策略分别与 Bloom 和 Anderson 分类体系中的评价和创新有关，指向了学习者看待问题的独创性或者一个新观点的诞生。

2.2.2　批判性思维发展

1. 批判性思维发展是一种高阶学习目标

批判性思维与创新能力都属于高阶认知能力，分别位于 Bloom 和 Anderson 学习成果分类体系的顶层。其中，批判性思维指的是 Bloom 学习成果分类体系中的最后三个水平，即分析、综合、评价。具体而言，分析是指将信息分割成容易理解的结构化部件；综合是将部件整合成一个完整的结构，这一结构关注了新意义的建构；评价是对结构和意义的判断。而创新则是 Anderson 学习成果分类体系中的最高水平目标，与此相关的另外两个高阶目标是分析和评价。分析水平强调了个体能够区分、组织、归类的能力；评价水平强调了个体能够检查和批评的能力；而创新水平则强调了个体能够产生、计划出新产品的能力。综上所述，笔者认为分析、综合、评价、创新都属于高阶学习目标，其中，分析、综合、评价与批判性思维有关，而创新作为学习的最高目标，其学习过程不仅加入了学习者对于内容、过程和假设框架的反思，同时也指向了一个新产品的诞生。

2. 批判性思维的界定

（1）批判性思维观点的历史回顾。

批判性思考是一种对于反思的思考，是个人想法从潜意识到意识的分析和评估过程。

Socrates 教导他的学生说事物并非他们所见，要求学生践行质疑和自我反思。Socrates 提倡探究、论述以及争论，意在促进学习者对反对观点进行严肃的思考。Socrates 的观点极为朴素，将问题和回答作为思考的中心，同时强调这一思考以检验和评估概念和观点为基础。到了 17 世纪，Bacon 将批判性思维界定为人类对于真理的研究。因为人类拥有一个灵活的大脑且多才多艺，能够掌握事物的相似之处，区分事物之间的细微差别。人类天生就有追求之心，对疑问抱有耐心，喜欢冥想，惯于慎重地断言，时刻准备去迎接思考，以及谨慎地处理问题。Bacon 为我们描绘了积极思考者的内在特质，同时，将思考看作是一个概念化过程，即寻找事物的共同点，辨别出事物的细微差别。在 18 世纪，Newton 将科学分析法分解为四个步骤，即分析、评估、假设、证明。这一做法被很多科学家誉为科学历史上最重要的工作之一。Newton 的科学分析法将思考解析为一个阶段性过程，这一提法不仅帮助科学家们建立了一套行之有效的自然科学工作流程，同时，也为当代批判性思维模型的线性化特点提供了某些可以佐证的历史依据。及至 19 世纪，随同技术的更新，以美国和英国为首的工业化国家的发展进程也不断加速。与此相适应，为了培养出更多满足社会工作需要的合格工人，美国教育领域开始强调推理和批判性思维、推行完人教育。关于推理和批判性思维，一位不能不提的人物是 20 世纪美国著名的哲学家和教育家 Dewey。他在自己的论著中不断使用了反思的思考，这一术语与批判性思维等价。Dewey 认为，批判性思维是积极的、持续的、仔细考虑过的一个信念或者是一个知识假设。Glaser 后来发展了 Dewey 的观点，将批判性思维解析为三个方面的内容：首先，个体能够根据个人经验来思考存在的问题；其次，个体能够意识到思考中的推理和逻辑过程；最后，个体掌握了符合逻辑的、推理应用后的个人能力。在此基础上，Glaser 鉴别出 12 种批判性思维能力。对于这些能力的评估最终发展成一种标准，被广泛应用于高等教育领域。

综上所述，批判性思维的观点随同时代前行而不断发展。观点的每一次改变，都为批判性思维概念注入了新鲜的想法。这些想法众说纷纭，难以达成统一，却从不同视角不断丰富和完善了批判性思维的内涵。

（2）批判性思维观点的当代解释。

随着知识经济的到来，越来越多的现代学者开始关注学习者批判性思维的发展。批判性思维是一个过程，通过它，我们检验说法和争论，决定它们正确与否。过程是 Ruggiero 定义中的核心词汇，在此基础上，批判性思维被分解为一系列步骤。持有这一观点的学者和组织还包括 Moore、美国哲学协会。Moore 认为，批判性思维是一种有意识的元认知和认知行为，既关注过程，也关注推理的结果。美国哲学协会认为，批判性思维属于大学水平的教育成果，是一种有目的且能自我调节的判断。这种判断跟随了一系列步骤，这些步骤及其描述是：① 解释。对文本材料、口头和非口头交流、经验数据和图表的意义进行理解和解释。② 分析。对变量进行检验、组织、分类或者优先处理。所谓的变量包括标志和症状、证据、事实、研究发现、概念、主张、信仰、个人观点。③ 推理。从证据中推断出结论，目的是辨别结论或者假设，以及鉴别知识的缺口和需求。④ 对于推理的解释。对假设和推理过程进行解释，以评判某人的推理是否建立在证据支持、概念化、方法论，或者是情境化的考虑之上。⑤ 评价。思考者对于假设或者结论的自我检验和自我校正。

Ruggiero 定义中的另外一个核心词汇是争论。对于大多数人而言，争论是两个人之间或者团队成员内部存在的分歧，可能引发一场战斗。但是，批判性思维中争论的含义却远非如此，它常常与结构化过程和保护一个论点有关。Diestler 认为，批判性思维是一系列技能的理解和应用。这些技能包括争论的结构化，构成争论基础的价值假设和现实假设，用于支持推理的证据质量，推理中的常见错误，语言对知觉的影响，以及基于媒体的问题表达方式。进而，批判性思维被置于一个从争论到结论的推理方法之上。

将批判性思维看作是一个推理过程的观点获得了不少学者的支持。Moore 和 Parker 认为，批判性思维是一种严谨的推理应用，目的是鉴定需求问题的真伪。在这里，推理成了思考的一部分。Facione 认为，批判性思维是人们在高风险、时间有限、问题复杂的情况下，能够使用推理来达成专业决策的一种方法。Ennis 认为，批判性思维是一种行动和信仰，个体利用反思性思考和推理来决策，进而开始行动或者改变信仰。Lipman 具体阐述了推理过程，他认为，批判性思维比普通思考更为复杂，它包括仔细的论证以避免猜测，基于标准且富有逻辑的决策处理，证据支持下的观点阐述，从相信到假设的改变，以及从既定的假设框架（assumptions）到未知的假设问题（hypotheses）的进一步探索。

后来，Burbach 和他的同事为批判性思维加入了元认知部件，即个人对于思考过程的意识，从而将思考从简单的问题推理，上升到对于个人思考框架的理解。无独有偶，Mezirow 界定了思考的三种方式，即"内容""过程""前提"。"内容"回答了发生的事件；"过程"探讨了问题出现的原因；"前提"则审视了问题重要性的缘由。其中，最后一种思考被认为至关重要，因为它是对思考假设框架的拷问。按照 Kreber 的说法，就是在这一层次，人们引入了批判性反思。此外，Paul 和他的同事将批判性思维和一些特殊领域连在一起。他说："批判性思维是关于某一主题、内容或者问题的自律性和自我指导性思考。思考者通过巧妙的处理内部思维结构以及植入智力标准，有效改善了个体的思考质量。" 而 Paul 和 Elder 则强调说："推理适用于创新过程，基于推理的创新将潜意识思维转变为意识思考。"

以上关于批判性思维的每个界定都很适切，它们只是从不同视角描述了批判性思维。如果笔者将这些定义整合起来，那么一个完整的批判性思维概念就会更加明晰起来。批判性思维是一个过程；由争论开始；应用推理去决定什么是真的；推理不仅关注内容，也强调对于个人思考框架的改变；以每个人做事或者行动的方式；个人反思和实践往往与特殊领域联系在一起；反思的结果指向了创新。

3. 批判性思维能力的特殊化与一般化

John McPeck、Mason 也赞同说批判性思维能力与一个特殊领域有关。John McPeck 认为，批判性思维能力对于一个科目而言是相对的和特殊的，同时，它在很大程度上依赖于个人知识和个人对于科目的理解。根据他的观点，没有完全普遍存在的思考能力，但是，确实存在一些限制性的一般思考能力。Mason 认为，批判性思维能力是不可传递的。教育的目的不是教授一般性的批判性思维能力，而是关注这些能力在被选择研究领域的发展。对于这两位学者而言，如果个体不能在具体的科目中去理解和应用那些与特殊知识相连的思考能力，那么人们对于批判性思考的讨论是没有意义的。与之相反，Ennis 认为，批判性思维不能被限制到一个特殊的知识领域，这种能力可以在领域间转移。当批判性思维能力被转移时，学习者必须具备一种最低水平的、对于目标领域内容的理解能力，以此为基础，恰如其分地使用批判性思维能力来解决实际问题。基于两种矛盾的观点，Seigle 给出了一种调和看法。他认为，批判性思维能力包括两种，即一般能力和特殊能力。一般来说，批判性思维能力是对信仰和后续关联行动之间关系的反思。因此，单纯地使用规则和标准来分析信息，对于个体发展自己的批判性思维能力是不够的。也就是说，个体必须能够基于某种逻辑方式，去思考信息，去展开行动。因此，一个人的批判性思维能力与他所拥有的特殊知识同等重要。而教育对于批判性思维的作用，应该是增强了学习者的信念，鼓励了他们的行为，从而培养了学习者的思考理性。

综合以上观点，笔者认为，批判性思维是一种与特殊知识领域相关的能力，同时，这种能力的发展跟随了一个普适化的过程，如争论、信息、解释、推理和内化。有鉴于此，笔者认为，与培养和发展学习者批判性思维能力有关的三点教学考虑是：首先，一般性的批判性思维能力或许可以在领域间转移，但是，这种转移的必要前提是学习者对于目标领域内知识的掌握和精通。其次，在一个真实问题决策、复杂反思活动中，批判性思维并不是一种随机出现的普通思考，它应该被有效设计。言下之意，它应该根植于结构化的任务、符合逻辑的推理方法之中。最后，一个批判性思维的成果，不能仅仅止步于一个新决策或者新成果的出现,而应该引发个体参考框架(价值与信仰)的重构,即将学习者的普通思考从理性推理不断导向批判性反思。

4. 批判性思维与创新

Moseley 和他的同事认为,创新过程卷入了一个反思的批判性思考过程。一般来说,创新包括 7 个特点,即创新依赖于批判性反思、创新基于兴趣、创新是一个学习过程、创新是功能化的、创新是一种社会活动、创新卷入了生产与再生产、创造力是一种领导方式。因此,我们认为所有的创新成果都依赖于推理,创新更像是一个推理过程,而不是一个阶段过程。创新卷入了某种推理,但是,推理并不足以解释创新。因为,创新具有特殊性,即在创新过程中,独创性和有效性是关键。思考的成果既可以是批判性的,也可以是创造性的。批判性指向了一个评估的过程,而创新性则来自一个批判性部件。批判性和创造性在高质量思考中可以相互依存。这些观点将批判性思维看作创新过程的一部分,从而将两者统合在高阶认知能力的框架之中。因此,创新和批判性思维的连接关系被确立,即批判性思维中的推理构成创新的思考方式,而创新并没有停留在推理水平,而是超越了观点的概念化和个人思考框架的重构,最终孕育出产品的原创性和有效性价值。

批判性思维和创新是两种不同的能力。两者的区别在于批判性思维使用了左脑,而创新性思考使用了右脑。所谓左脑思考的人被认为是线性的、符合逻辑的、分析的、不诉诸感情的。而右脑思考者则是基于空间的、创新的、神秘的、直觉的、充满情感的。Lamb 和 Johnson 从能力视角出发,详细阐述了两种思考的不同之处,国外研究表明,批判性思考卷入了逻辑思考和推理,包括比较、分类、顺序、原因或结果、模式化、组织、类比、演绎和归纳推理、预测、规划、假设、批判。相比之下,创新思考强调创建出新的东西或者原创作品,包括灵活性、独创性、流畅性、精巧性、思维性、修改性、联想性、有关联的思考、属性列表、隐喻思维、激发人们的好奇心、促进发散思维。很多时候,批判性思维和创新性思考是一起运作的。当一个设计者面临一个新问题或者一个挑战任务时,他所采用的方式往往既是批判性的,也是创新性的。其中,批判性方式使用了左脑,属于分析的、客观的以及语言的。而创新方法则使用了右脑,属于产生性的、主观的以及可视化的。尽管思考的方式有所不同,但是,两者是同一级别的能力。与此同时,Roland 提供了一个整合模式,如表 2-4 所示,用以说明两种思考类型的协调工作不是并列方式,而更像是一种混合或者扩展方式。

表 2-4 Roland 的整合模式

批判性思维	创新性思考
1. 寻找一个明确的问题或进行问题阐述	1. 产生了很多的观点
2. 收集、判断、连接相关材料,以便获得充分的信息	2. 寻求一个问题的替代性解决方案
3. 监控学习者的思想和进步	3. 想出不同寻常的或者创新的回答

续表

批判性思维	创新性思考
4. 保持判断	4. 超越平庸之见和显而易见的答案
5. 秉持开放的态度	5. 扩张或者详细阐述一个想法
6. 鉴别和挑战假设	6. 在问题概念化阶段,接受可能存在的风险,如失败或者受到批评
7. 考虑他人的观点	7. 考虑事物之间的连接
8. 寻找替代物	8. 想象和可视化内在图式
9. 消除分歧	9. 指出给定信息中的问题
10. 鉴别可证实的事实、意见和合理的判断	10. 在混乱的情况下创建秩序
11. 确定事实和论点的准确性	11. 保持好奇心
12. 确定一个信息源的可信度	12. 在其他人都放弃时,坚持自己的观点
13. 对他人诚实和保持敏感度	13. 在材料化之前,产生和发展一个想法
14. 去除模棱两可	14. 在工作中发挥个人潜能
15. 力求能够精确而清晰地阐述	15. 从内在自我而不是通过别人视角,来决定自己的工作价值
16. 不要偏离主要问题	16. 重构问题,目的是发展出新的观点
17. 当证据和推理缺乏时,中止判断	17. 远离一个观点,目的是能够正确地看待它
18. 当证据充分和推理合理时,支持自己的立场和观点	18. 在缺乏完整的信息时,给出可行性结果
19. 当论据和推理足够充分时,改变立场	

由表 2-4 可知,批判性思维的 19 个步骤和创新性思考的 18 个步骤之间的确存在某种对应关系并遵循了一定的排列次序,这种关系和次序指向了两种思考的混合方式。简单来说,两种思考的混合与一个问题决策或者成果创作有关。批判性思维富含逻辑的推理,创新思考对于新观点的包容和支持,使得最初的一个问题或者想法,最终发展成一个基于问题的决策和基于想法的原创作品。从这一视角出发,笔者认为,培养和评估学生的批判性思维能力,从教学设计层面看,首先需要安排一些绩效任务,任务完成指向了一个新决策或者一个新成果。在学习活动中嵌入任务的目的是将两种思考连接起来。其中,创新思考与成果有关,而批判性思维是任务完成过程中的推理和评估。其次,教师需要关注、促进、监控整个学习任务从设计到执行、修改,直至终结的过程。教师紧跟任务执行过程的目的是为两种思考提供一些混合的线索,即通过精细化设计学习者之间的讨论和他们的小组合作,更加有效地促进两种思考的出现。

5. 批判性思维与创新的整合模式

Helmholtz 认为,创新包括三个阶段,即"饱和""孵化""阐明"。在第一个阶段(饱和)中,研究者掌握了一些信息,这些信息是创新思考的基础。在第二个阶段(孵化)中,研究者花费时间来思考。在第三阶段(阐明)中,研究者致力于问题的解决之道。在 Helmholtz 工作的基础上,Wallas 为创新模式增加了一个证明阶段。他认为,创新模式包括四个阶段，即"准备阶段""孵化阶段""阐述阶段""证明阶段"。准备阶段是个体产生新观点或者新想法的阶段，这一阶段要求学习者通过头脑风暴和勤奋工作来获得知识，即对于某一特殊专业领域而言，他们首先必须是博学的。孵化阶段要求学习者必须花费时间来探索新知，目的是生成额外的观点和看法。在阐述阶段中，基于先前的知识和观点，个体有所收获。在证明阶段中，学习者或者学习者之间对创新思考过程进行自评或者他评。在评价过程中，学习者的结论和经验可以获得再次检验的机会。当然，不是所有的学者都赞同创新是一个分阶段的线性过程，一些持有反对意见的研究者认为，创新不太可能被分解为一系列线性的步骤，或者以一种与人类整体行为相脱节的方式被学习。同时，最好的创新的确存在，但是，在很多时候，它们都是经由某些偶然的事件演化而来。

创新发轫于一个潜意识想法，创新是一个从潜意识想法到意识认知活动的演变过程，这一过程无法被人为的教学设计所切割的观点都是合理的。但是，过度强调学习思考的偶然性与试图简化一个从潜意识观点到批判性反思观点的做法同样危险。此外，线性创新过程模式说法的一个优势在于，它至少比较清晰地界定了一个问题决策或者产品创作的普遍过程（从潜意识想法到意识分析思维）；同时，在这一过程中，创新思考与批判性思维的协调工作也可以被详加阐述并真实可信。

谈到创新的线性化以及创新与批判性思维的整合，一个比较经典的范例是 Rossman 模型。该模型包括七个步骤：（1）对某个需求进行观察；（2）进行需求分析；（3）对所有能够加以利用的信息进行调查；（4）针对目标，制订出所有可能的方案；（5）从优势和劣势两个方面来分析这些解决方案；（6）新观点的诞生；（7）通过实验方法来选择最好的解决方案。与其他模式相比，Rossman 模型特别突出和强调了创新过程中的批判性分析。所谓的批判性分析主要包括三个步骤，即步骤（2）、步骤（3）、步骤（5）。前两个步骤要求研究者详细分析信息，后一个步骤要求研究者谨慎地处理数据。对于 Rossman 而言，创新过程中增加的分析环节主要用于有效连接创新思考与高水平思考。

除了强调模型的线性化和模型中两种思考的整合性，一些研究还关注了评估部件的设置问题。一方面，评估是不必要的，因为批判性思维的精华就是评估。另一方面，一个批判性思考者是一个使用了特殊标准来评估推理、形成立场以及决策的人。因此，无须一个局部变量来替代或者强化一个全局变量。即便如此，还是有一些学者认为评估的目的是判断最终产品究竟在何种程度上符合了项目原来规划中的质量标准。从这样的视角出发，评估理应成为一个终审环节而被保留下来。

考虑到序列化结构、评估部件、基于创新过程的批判性思维能力发展，有两个模式值得深入研究。一个是 Plsek 的基于指导的创新循环模型（the directed creativity cycle），另一个是 Nemiro 的虚拟团队创新过程模型（the virtual team creative process model）。Plsek 认为，创新过程包括四个基本步骤，即准备、想象、发展、行动。创新思考和批判性思维如影随形。想象开始于潜意识思考，移向意识思考，而创新可以看作是在想象和分析之间创建了一种平衡。与 Plsek 模式相类似，Nemiro 提出了虚拟团队创新过程模型。这一模型包括四个步骤，即观点产生、发展、终止和关闭、评估。举例来说，观点产生是花费时间来产生观点，即学习者分析、综合、评价信息，组织这些信息，为项目研究选择适切的信息，在此基础上，提供一份产品的草稿。发展是制订一个计划，即学习者解决产品草稿中出现的一些问题。关闭是草稿的产品化，以及学习者对于一个完整产品的辩解和维护。评估是产品的改善，即学习者详细阐述并仔细修改产品。比较两个模型的不同阶段，笔者发现 Plsek 模型的准备阶段和想象阶段是 Nemiro 模型的观点产生阶段，而 Plsek 模型的发展阶段和行动阶段是 Plsek 模型的终止和关闭阶段。Plsek 模型与 Nemiro 模型的主要差别在于后者比前者多了一个评估步骤。此外，Nemiro 模型的另一个优势在于它指向了一个远程环境下的团队协作工作，这一点与本书研究的混合学习环境（在线学习环境）非常契合。

　　仔细地考查创新和批判性思维的过程模式，笔者发现创新过程和批判性思维过程均跟随了一个线性步骤，这一观点为两种模式的整合提供了理论依据。同时，笔者也关注到创新思考与批判性思维之间确实存在某种有效连接，即批判性思维支持了创新过程中潜意识观点到意识思考的转变和评估。与此相关的一个创新和批判性思维整合模型是 Nemiro 模型，它指向了一个虚拟环境下的团队合作学习，并且特别强调了评估部件。首先，虚拟环境与混合学习中的在线部件保持一致。在线讨论不仅加深了问题阐述的难度，同时，也为事后思考预留了足够多的时间和机会。其次，团队合作满足了以小组为单位的社会性建构学习的基本要求。事实上，同伴之间的讨论不仅激发了更多的反对观点，也因为多人参与的优势，而让问题越辩越明。最后，成果评估过程与学习者对于自己产品的辩解和维护有关，同时，也涉及学习者对他人意见的拒绝和接受。这两种结果意味着成果评估过程卷入了更多的外来争论和自我反思。以上情况均不同程度地指向了学习者批判性反思的发展，因此，Nemiro 模型最终成为大学混合学习模式建立的参照和依据之一。

2.3　合作学习理论与混合学习

2.3.1　合作学习理论

　　与合作学习（协作学习）有关的理论跨越了多个领域，例如哲学、教育学、心理学、教育心理学、认知科学、社会学、文化学、生态学、系统科学、人种学、伦理学、历史学等。考虑到研究的相关性，参考了一些学者的合作学习理论分类，例如，王坦学者的社会互赖理论、选择理论、教学工学理论、动机理论、凝聚力理论、发展理论、认知细化理论、接触理论；黄荣怀学者的群体动力学理论、自控论理论、课堂教学技术、动机理论、社会凝聚力理论、认知理论；赵建华学者的杜威的哲学、动机理论、发展理论、社会文化理论、社会建构主义理论、社会相互依赖理论。笔者将合作学习理论归结为社会互赖理论、动机理论、认知细化理论。

1. 社会互赖理论

作为合作学习的核心理论，社会互赖理论的源头可以一直追溯到 20 世纪初格式塔学派的创始人 Koffka。Koffka 认为，群体是一个动态变化的整体，群体成员之间的相互依赖是可以改变的。Koffka 的同事 Lewin 对上述观点做出了自己的阐述："首先，群体的本质源于群体成员之间的依赖，这种依赖通常指向了群体的共同目标。在群体之中，任何成员的状态变化都会引起其他成员的状态改变。其次，成员之间紧张的内在状态能够激励群体致力于共同目标的达成。"后来，Lewin 的学生 Deutsch 在 20 世纪 40 年代末提出了合作与竞争的理论。他认为，存在两种社会情境，即合作性社会情境和排斥性社会情境。在前者的支持下，群体内的个体目标会体现为成员之间的"促进性的相互依赖"，即一方目标的实现有助于另一方目标的实现；而在后者的支持下，群体内的个体目标则表现为成员之间的"排斥性相互依赖"，即一方目标的实现阻碍着另一方目标的实现。Deutsch 的学生 Johansson 以及 Johansson 的兄弟一起将这一理论发展为"社会互赖理论"。社会互赖理论的主要内容是：社会互赖的结构方式决定着个体的互动方式，也因此影响了群体中的活动结构。积极的互赖（合作）产生了积极的互动，个体之间彼此促进；消极的互赖（竞争）通常产生了反作用的互动，个体之间相互妨碍；而缺乏互赖（个人努力），会出现互动缺乏，以及个体之间的各自为政。据此，三种群体目标结构被提出，即合作型目标结构、竞争型目标结构、个体化目标结构。这三种目标结构的比较结果如表 2-5 所示：

表 2-5 三种目标结构的比较结果

	合作型	竞争型	个体化
定义	学生认为只有其他人的目标达到，自己的目标才能一并达到	学生认为只有他人的目标没有达到，自己的目标才能达到	学生认为自己的目标取得与否和他人的目标完成与否没有任何关系

在合作型情境中，成员之间有着共同的目标，只有所有成员都达到目标，个体才能获得成功。因此，个体会以一种互惠互利的方式，与其他成员展开交互和协作。这样的情境容易激发以社会目标为中心的动机系统，能够实现成员之间在集体智慧发展基础上的、令人满意的自我发展。在竞争型情境中，成员之间的目标是此消彼长的关系，只有别人无法取得成功，才能换得自己达成所愿。因此，同伴之间的关系是敌对的、消极的。这样的情境容易激发的是学生以表现目标为中心的动机系统。竞争情境促成了学习者的两极分化，即能力强的学习者得到发展，能力弱的学习者面临失败。与此同时，一个无法避免的情况是，能力强的学习者可能因为在学业成绩上的卓越表现，而受到其他成员的排斥和仇视。简而言之，这种学习情境因为伴随着学习者的负面情绪而带有不和谐的特点。个体化情境指向了学习者的个体学习。在这一情境下，学习者是否成功与其他成员无关，个体只关注自己的学习情况和自身的能力发展。这样的情境容易激发学生

以掌握目标为中心的动机系统。从批判性思维和创新能力是一个基于社会交互的争论、推理、产品创作过程的观点出发,这种自我为政的学习是面向低水平认知目标的。综上所述,合作型情境最大程度地调动了学习者的积极性,但是,需要有效合作学习,即将小组奖励和个体责任整合,否则极容易出现责任扩散和"搭便车"。

2. 动机理论

动机是指能够激发、维持并使行为朝向目标的一种力量,而学习动机与学习行为的发生和维持有关,并使得这种行为指向一定的学业目标。一般来说,动机产生依赖于需要和诱因。需要是一种内因诱因,与人体系统的一种不平衡状态有关,驱动人们寻求物质和能量。诱因是一种满足某种需要的精神或者物质的外界刺激物,能够诱发机体的定向行为。个体行为同时受到需要和诱因的相互作用,两者的结合构成实际活动的动机。促使学习者积极学习的内外部动因很多,例如,实现倾向、成就需要、关系需要、焦虑和任务与自我卷入,其中一些因素与合作学习之间表现出比较明显的关联。

(1) 实现倾向。

实现倾向与个体的成长、自主和摆脱外部力量的控制有关。随着成长,个体更加意识到自己的存在以及自己的作用。这种意识通过个体与环境以及与他人的相互作用而融入自我概念中。这样来看,合作学习的环境或者学习共同体的形成确实促进了学习者自我实现意识的发展。当学习者在任务的完成过程中,获得了以自身能力和自我贡献为前提的共同体身份时,他也获得了更好的自我存在价值和被小组成员认可、信任以及依赖的满足感。

(2) 成就需要。

成就需要指克服障碍,施展才能,力求尽快更好地解决某一难题的内部动力倾向。一般来说,学习者追求成功的动机并不是越强越好。如果他们选择了太多具有挑战性的任务,那么失败的担心就不是多余的。当然,学习者很容易因为失败而变得灰心丧气。相反,那些比较容易的任务却会让学习者滋生骄傲的心态,失去继续前行的动力。如果考虑到学习是锚接在一个真实世界里的,那么个体的学习有时无法规避高挑战性任务。这时,合作学习或者共同体学习至少可以为学习者提供两种帮助:多人合作分享任务失败的风险;同伴所表现出的天赋、勇气以及毅力激励学习者自我贡献。

(3) 关系需要。

关系需要是指渴望与他人建立密切的情感纽带和联系,这种内部需要可以促进学习,从这一视角出发,合作学习或者共同体学习对学习有促进作用。共同体成员之间的共同兴趣、共同理念、共同目标,使得他们在长期的交互与合作过程中形成了一种相互依赖的紧密关系,这种关系甚至可以跨越远程,将虚拟社会中的成员捆绑在一起,有效支持了集体知识的创建与分享。

(4) 焦虑。

几乎每个人在面对考试或者在课堂作报告时都曾感到过紧张和不自在,这种状态也就是焦虑,即一种普遍的不自在和紧张的感觉,它包含了部分害怕的情绪。合作学习由于强调了基于任务完成基础上的成员分工与协作、小组成果中的共同责任，在一定程度上安抚了高焦虑学习者的失败情绪和恐惧感。

（5）任务与自我卷入。

任务卷入将学习视为目标。任务卷入的学生会忘掉自己，将精力完全集中到任务上：解决问题、建立方程式、写读书笔记等。个人化的学习情境更容易促使任务卷入，即学习者对于自己的能力发展评价不是与他人做比较，而是将自己的成绩进行纵向比较。合作性的学习情境（学生通过小组合作完成任务）也促进了任务卷入。但是，这种卷入与个人化的任务参与不同。其一，基于合作的任务卷入弱化了学习者之间的竞争意识；其二，它所面向的任务和问题更具挑战性；其三，任务完成过程中的协作讨论更多，学习者的自我反思也更为深刻；其四，更为重要的是，它指向了一种集体智慧发展视域下的个人目标实现。

3. 认知细化理论

认知细化理论是一种基于认知主义的教学理论，由 Reigeluth 在 Merrill 的成分显示理论基础上发展而来。这一理论包括三个内容、六阶步骤和七种策略。三个内容指：概念性内容、程序性内容和理论性内容。六阶步骤指：根据教学目标选择一种内容组织形式；开发一种承载组织性内容的结构；分析内容的组织结构，以确定摘要和精细加工各水平上的教学内容次序；将具体的教学内容安排到摘要或者精细加工的各种水平中去；确定不同精细加工水平中教学内容的范围和深度；按照精细加工的七种策略来规划每一个精细加工水平上教学内容的内部结构。七种策略指：教学划分为序列，教学内容按照规定来排序，通过总结来回顾所学习的内容，通过综合来整合相互关联和一体化的观点，关注知识的类化，应用认知策略催化剂，允许学生自我控制学习。

认知细化理论提供了一些具体的教学策略来提升学习者的学习，即认知教学如果能够以一种特定的方式（三个内容、六阶步骤、七种策略）来组织，那么教学就可以朝向高水平的学习、整合、交流、情感。Reigeluth 认为，这一理论存在两种价值：（1）一个完整的序列，用以培养意义的产生和动机；（2）允许学习者在学习过程中采用他们自己的多种视角和序列决策。第一种价值的着眼点在于序列化教学内容和教学活动；第二种价值的意义在于学习者选择的权利。后来，Reigeluth 在讨论教学理论的目标、前提和方法时，拓展了学习者选择的权利，将这种权利升华成建构主义的以学习者为中心的原则。既然教学理论的目标和前提是培养问题解决、发展概念和处理劣构领域的问题的能力，与此相关的教学方法就是：选择一个适当的问题；提供相关的工作案例；提供给学习者可供选择的信息；提供给学习者他们所需要的认知工具；提供对话和合作工具来支持一个共同体学习；提供社会情境化的学习环境。建构主义视域下的认知细化策略与原来的认知策略基本相同，只是增加了问题与任务、情境与环境、合作与对话过程中的学习者中心特质。从这一视角看，认知细化理论可以作为合作学习的理论基础之一，即从方法和原则方面规定了序列化学习内容的过程化处理方法以及合作活动的结构化处理方式。

2.3.2 合作学习策略

1. 三种合作学习水平

合作是一种策略，但是，这种策略并不是一个新的概念，它一直被广泛应用于各种专业领域之中，如教育、商业、军事和体育运动等方面。对于校内学习者而言，合作学习具有极大的挑战性。因为他们已经习惯了记笔记、完成作业和参加考试的简化学习方式。在职业领域内，这种方式真实存在并备受推崇。因为合作是职业人日常工作的一种真实写照。以教学设计师为例，他们需要与媒体制作人和专业教师一起工作，共同致力于某个具体教学情境下针对某门课程或某个项目的方案设计与教学实践工作。

Paavola 和他的同事借用隐喻的方法，描述了关于学习和学习共同体的三种理论看法，即个人成就、个人成就与共同体参与的整合、创新知识的集体进步。个人成就意味着知识的获取。在这样的隐喻下，即便学习活动发生在一个社会框架下，学习也只是强调了个人事务的属性。第二个隐喻是参与。这种看法将知识看作是存在于一个共同体内部和被连接到情境之中的因素。简单来说，这种隐喻强调了社会情境中的个体，从而将学习界定为一个共同体内部的知识分享。因此，个体成为共享知识的主要容器。第三个隐喻是知识创新。这一观点强调了知识发展和新知识创新的共同责任。这一隐喻关注了联合意义的获得，强调了共同体内部以及共同体发展意义上的有目的的学习。

这些学习活动体现了合作学习的三种不同水平，即合作是一种个体学习方法、合作是一种知识分享环境、合作是一个共同的学习活动过程。个体学习方法解释下的学习强调了合作环境下的个人发展，合作策略对于个体而言更像是一种可有可无的选择。知识分享环境解释下的学习强调了学习者对于集体知识的依赖和需要，但是，共同体发展不在学习者的考虑之列。共同的学习活动过程解释下的学习则将个人发展与共同体发展结合起来。一般来说，这种学习有两个特点：首先，这种学习的目标不是个性化的，而是旨在提升集体智慧和展开知识创新。其次，这种学习指向了真实世界中的复杂问题。新问题的出现需要学习者动用劣构领域的前沿知识，需要学习者具备一定的批判性思维能力和创新能力，并且强迫学习者通过协作的方式来解决问题。从真理越辩越明、知识的分享、知识的持续性发展和行动知识来看，共同目标指向下的合作更加适合社会性建构学习的情况。

2. 结构化小组讨论和结构化小组任务

社会性建构理论所倡导的合作学习，就教学设计层面而言，与结构化学习活动有关。简单来说，结构化学习活动是一种小组活动设计，即基于一个可以预期的目标和一些锚接于真实情境下的问题或者任务，由教师或促动者督促小组成员，通过对话和交互，致力于共同体内部的协作知识建构。因此，结构化学习活动可以被分解为结构化小组讨论和结构化小组任务。一般来说，结构化小组讨论和结构化小组任务包括：（1）为小组设计一个适合的任务，并设置小组成员交互的最初条件，例如小组尺寸，小组成员选择标准，小组成员的背景、经历和知识水平；（2）基于学习者的不同角色，建立一份带有脚本的合作合同，促进学习者争论或要求他们通过交互来补充知识；（3）设置交互规则，为指向产品化的交互提供脚手架（教学支持）；（4）通过雇佣一个促动者，监控和规范学习者之间的交互。

结构化讨论和结构化任务是研究者们普遍关注的两个关键要素。首先，结构化小组讨论有助于思考的详细阐述、修正和进一步澄清。当学生解释、澄清和交换观点的时候，他们理解概念的能力和水平也得到了增强。从这一视角看，一些研究者认为，支持了人际讨论的结构化学习环境促进了学习者批判性思维能力的发展。其次，结构化小组讨论使得学生不断扩充原有知识，不断提出更加深刻的观点，不断加深对概念知识的理解，不断改变对旧有观点的看法。最后，合作的在线任务可以提供更多的机会，使得合作中的学习者能够沉浸在一个更加协作化的对话之中。当然，结构化支持不是在线环境所独有的，它还可以应用于教室这一面对面环境之中。

结构化对于合作学习的成功是一个关键因素，除此之外，还有一些其他需要注意的问题，例如学习者兴趣，学习者自我调节学习能力，有凝聚力的小组，强制性的工作开始和结束时间，学习时间的投入，有效的促进策略，学习活动和学习评估之间的连接等。这些因素或多或少地限制或者增强了学习者之间的参与和合作。当然，教学中的实际情况可能是：即便教师提供了十分必要的外部工具和教学方法，我们所期待的基于合作的知识建构也不一定会出现。

3. 合作对话

合作对话是指发生在一个小组内部或两个人之间的对话，这一对话可以帮助合作者们制定、修改和澄清所要思考的问题。Hatano 和 Inagaki 将对话分为三种类型，即"澄清""争论""协调知识"。其中，协调知识类似于一个很重要的元认知实践，目的是帮助学习者在小组讨论的基础上发展出一种理解或共识。Donath 和他的同事通过鉴别包括 7 种类型在内的对话事件，细化了 Hatano 和 Inagaki 的对话类型。这些对话事件是启发式的批判、批判、内化教学、情境化、解释和建立共识。对话促进了合作中学习者对概念的理解。当然，有效对话的建立需要一定的教学策略支持，这些策略是对交互争论的鼓励，对带有反对观点的争论抱有的一种相互尊重的态度。

一些研究认为，不同意的观点是学习者达成最终问题或一致性结论的有效动机和不可错失的机会，也促进了学习者思考能力的提升。首先，讨论中的分歧挑起了学习者想要澄清自己观点的欲望，而小组成员阐述彼此想法的能力，与他们自身更为复杂的推理能力有关。其次，通过联合活动中的协作参与，学习者改变了头脑中的原有概念。当然，这种改变是渐变的、交互的和社会化的，强调了概念理解的相互建构。最后，问题策略的应用也是教学中的关键因素，用以促进学习者进行解释推理。除此之外，另一种合作对话促进策略是结构化角色的设计与实施，即为对话进程中的学习者分配不同的促动角色。结构化角色方式促进了更有意义的班级讨论参与，即学习者通过与材料进行社会化的和批判性的交互来确认他们所要承担的角色，例如，检验其他人的工作和详细地阐述问题或者观点。在此基础上，一个班级讨论的环境被建立。在这一环境中，理解、阐述和分享意义成为讨论的核心。

综上所述，鼓励和尊重创建了一种更为宽松的民主讨论气氛，可以引发更多的争论；争论则催生了彼此之间的澄清、理解和协同意义建构；讨论中的问题促使人们沉浸于推理之中和达成最终的一致性结果；此外，结构化角色方法改善了有效对话机制，提高了学习者对于面对面讨论或在线讨论的参与深度。以上因素不同程度地影响了学习者的讨论质量，因而需要教师在教学设计层面予以充分关注和考虑。

4．参与、互动、知识建构

一些合作对话中的教学考量，例如，观点的多样化、观点的澄清或者批判、争论的设置、对问题质量的考虑和对话过程的结构化，的确可以提高学习者参与和互动的有效性，帮助他们进行推理，获得共享的知识。但是，学习者之间的思考和合作是否导向了最终的一致性理解或者协作知识建构成果，这一点值得商榷。

知识建构是共同体内部的一种社会化、有意图的活动，这种活动不可能以个人的方式被完成。知识建构中的分享需要成员间的有效交互，一般而言，这种交流要优于普通班级中教师和学生之间、学生与学生之间的正常交流。共同体成员间能够保持高水平交流的原因在于，一个成员提供的信息可以有效且迅速地到达其他成员那里。根据社会网络理论，高水平的交流是通过社会化来实现的。对于复杂知识的交流，成员间的强纽带联系比弱纽带联系更加有效。强纽带联系是用频繁且互惠的交互来标识的，而弱纽带联系则缺乏交互，也没有互惠。因此，笔者认为成员之间的强纽带联系是知识建构学习达成的第一个条件。Suthers 和他的同事认为，合作的一致性在一个小组中发生时，仅仅有信息分享和充足的解释这两点还不够。实际上，高成果机制的两人组分享了少量的信息，却有着较高的交互性。Barron 认为，在小组问题解决的过程中，为了达成一致，学生必须亲自参与协作活动。协同工作对知识建构是非常重要的。低水平的参与，如信息分享，只是需要每一个小组成员独立完成任务，并不要求他们协同工作。一些协同机制发生在小组合作的过程中，而更为复杂的协同工作，如协商，可以在合作小组的对话中或者问题解决的过程中被找到。因此，能够获得知识建构成果的第二个条件是让小组成员展开协同工作而不是各自为政。

综上所述，表面上的交互或者参与都不能独立解释合作学习成果，除非它们实现了某种程度的融合。由图 2-2 可知，低水平的参与和低水平的交互导致了非对称的参与，一个小组合作过程的缺乏。相反，高水平的参与和高水平的交互引起了一个小组合作学习的动态变化，即类似于一个知识建构对话的产生。单纯的信息分享是不充分的，如果小组合作的交互处于低水平状态，那么一个高水平的参与也可能导致个体学习而不是合作。同理，较低的参与和较少的信息分享对协作知识建构也是没有作用的。因此，笔者认为真正意义上的合作学习必须是高参与和高互动的，即每一个小组成员必须是互动的，不一定要求每个人都要提供充分的信息内容，但是，他们一定要参与其中并有所贡献，积极投身讨论进程的前行发展。

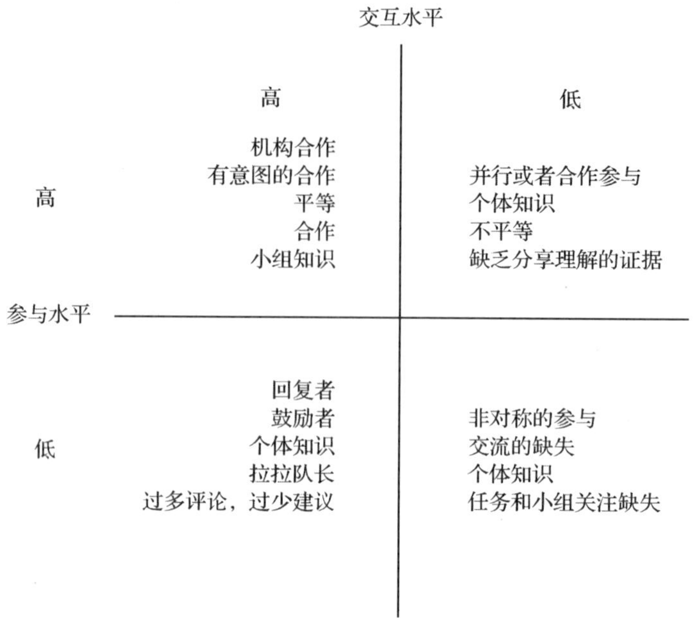

```
                              交互水平
                                │
                    高          │          低
                                │
                                │
                   机构合作      │
                   有意图的合作   │  并行或者合作参与
          高       平等          │  个体知识
                   合作          │  不平等
                   小组知识      │  缺乏分享理解的证据
                                │
  参与水平 ─────────────────────┼─────────────────────
                                │
                                │
                                │
                   回复者        │
                   鼓励者        │  非对称的参与
          低       个体知识      │  交流的缺失
                   拉拉队长      │  个体知识
                   过多评论，过少建议 │ 任务和小组关注缺失
                                │
                                │
```

图 2-2　参与和交互

高水平参与和交互指向了真正的协作知识建构。就教学层面而言，与协作知识建构有关的 12 个指导原则包括：（1）真实的观点；（2）改进的观点；（3）观点的多样化；（4）建立更高水平的概念；（5）认知；（6）共同体知识或者合作责任；（7）民主化的知识；（8）个人和组织的互惠提升；（9）普遍的知识建构；（10）数据源的建设性使用；（11）知识建构讨论；（12）同时发生的、嵌入式的、革新的评估。如果以基于问题的学习（Problem-Based Learning）为例，那么这些原则的细节可以参看表 2-6。

表 2-6　基于问题学习的参与和交互

知识建构原则	PBL 视域下的原则解释
（1）真实的观点	最初的问题由教师设置，问题是真实的、开放的
（2）改进的观点	观点以积累的方式被提炼和改善。交互在本质上是迭代的，终止于一个最终的产品，而这一产品指向了问题解决
（3）观点的多样化	学习者在一个不受威胁的、非评判性的环境中学习。在这一环境中，观点无分对错，同样受到尊重和被考虑
（4）建立更高水平的概念	概念超出了原来的预想
（5）认知	学习者学习了他们所需要了解的知识
（6）共同体知识或者合作责任	学习者被划分到小组中，这样的小组可以持续一个学期。他们一起工作，一起为决策承担责任
（7）民主化的知识	在小组分布式学习中，学习者是平等的
（8）个人和组织的互惠提升	问题解决过程中的分布式知识是有价值的
（9）普遍的知识建构	问题解决过程的价值同样适用于课堂
（10）数据源的建设性使用	在知识建构中，对数据源的使用是频繁的。知识渊博的同事和学习促动者都是一种数据源

续表

知识建构原则	PBL视域下的原则解释
（11）知识建构讨论	知识的提升与问题和共同体有关。反思和元认知实践也在合作过程中出现
（12）同时发生的、嵌入式的、革新的评估	学习者需要对他们自己的工作，对其他人的工作进行评估。评估是持续性的，是一个观点或决策朝向一个最终答案的不断修正和精炼的过程

综上所述，笔者将高参与和高交互水平上的合作学习界定为协作知识建构。高参与意味着讨论过程中产生了多样化观点，来自外部的大量信息和材料，学习者积极参与任务的个人贡献。高交互则指向了学习者之间的高质量对话，小组成员对问题的反复澄清、解释、可持续性评估，个人和小组互惠互利基础上的、致力于一项决策或者产品创作的协同工作。在高参与和高交互水平上的教学强调了问题的真实性、课堂和在线环境的混合、知识建构的个人责任、观点的不断改善、成果的持续性发展。

5. 共同体意识

共同体意识是成员之间的一种归属感，既归属于彼此，又归属于共同体；共同体意识也是成员之间的一种共同信念，即成员之间的需求可以通过共同体合作来获得满足。一些研究表明较低的共同体意识与三个问题有关："学生倦怠""孤独感""不充分的人际交互，学生感觉自己与其他学生之间存在价值模式差异"。因此，笔者认为共同体意识具有情感和社会的双重属性。这两种属性非常类似于Goleman提到的社会智力因素。Goleman认为，社会智力因素包括社会意识和社会功能。社会意识包括：（1）基本的情感共鸣，即和别人感同身受；（2）协调，即带着敏锐的感觉去聆听；（3）设身处地为别人设想，即理解另一个人的想法、情感、意图；（4）社会认知，即理解世界是如何工作的。社会功能包括：（1）同步性，即通过非语言方式自如地交流；（2）自我表现，即有效地展现自我；（3）影响，即产生社会交互的成果；（4）关注，即关注他人需求，采取相应的行动。

Goleman的描述比较复杂，简单来说，共同体意识包括共同体身份、动机中的自我效能感和交互。首先，一个学习者在小组或者共同体中的身份是有争议的，这种争议要通过与其他成员的协商来获得。简单来说，一个人开始获得学习共同体身份时，他们的成员身份是以他们在小组共同事务中所表现出的能力为前提的。其次，共同体意识与学习者动机中的自我效能感有关。一般来说，在一个共同体内部，存在三种动机因素：（1）期望互惠，即期望一个人对小组有所贡献，并且小组也能有所回报；（2）不断增加的认同感；（3）效能感，即共同体成员会维护自己的个人形象，让别人觉得自己是一个厉害角色。Smith后来加入了交流一项。他说："交流是一种共同体意识，一种与他人的连接和意义交互。"这种连接和交互对远程学习至关重要。在线学习环境中的师生交互创建了一个虚拟共同体，虚拟共同体并不强求时刻将成员捆绑在一起，它更像是一个讨论的产品，这种讨论可以持续很久，同时，被赋予了充分的人类情感，从而在讨论中形成了一种基于 Web 的人际关系。

综上所述，仅仅把学习者和教师聚集在一起或单纯依靠技术来建立一个空置的社群，并不能构建出一个真正的学习共同体。为了形成学习共同体，参与者需要付出情感，花费时间来交流，依靠自己参与共同体公共事务的能力来获得共同体身份。这些努力拉近了共同体成员之间的心理距离，增强了个体作为共同体成员的自信心和认同感。一般来说，学习共同体的建立与共同体的形成和知识建构目标的达成有关。前者是后者的基础，即共同体成员同意并致力于知识建构的前提是他（她）能够信任其他成员；同时，他（她）认为其他成员也提供了可信的、有价值的知识贡献和信息交换。

6. 基于在线的合作学习

Vygotsky 认为知识的获得经历了一个从社会化到人际交互再到内化的过程。从这一意义上说，来自高水平同伴或者教师的协助能够帮助学习者实现知识增值和能力发展。教师与学习者之间、学习者与学习者之间的合作是基于对话和讨论的。对话和讨论环境一般包括面对面和在线两种。与前者相比，基于合作的在线讨论提供了更多的机会，用来分析问题、反思观点、理解概念。与在线合作学习有关的一个典型模式是 Garrison 创建的探究共同体。

Garrison 使用了合作的建构主义来描述探究共同体的学习过程。探究共同体的理念来源于 Dewey 基于反思的学习看法，即有意义的、有教育价值的知识是一个体验过程，这一过程是持续发展的和合作的。探究共同体提供了一种环境，在那里，学生控制自己的学习并对学习负有责任。与探究共同体相关的学习方式是协商意义、诊断微概念、挑战已经被接受的信仰。这些方式是深入和有意义学习的核心部件。Lipman 支持了 Garrison 的这一观点。他认为，所有的探究都是基于共同体的，探究共同体是一种教授批判性思维的方法。

说到底，Garrison 的探究共同体描述了一种完全在线学习环境和混合学习环境下的合作学习，主要包括三个核心部件：社会呈现、教学呈现和认识呈现。三种呈现的分类方式是为了区分和标识学习过程中的相应对话行为，即学习共同体内部的学习是通过社会交互、教学交互以及认知交互来完成的。

（1）社会呈现。

社会呈现是参与者通过交流所展现出来的一种社会化能力和情感能力。社会化和情感构成合作学习发生和发展的前提，即教育和学习是一种情感的、共同兴趣基础上的合作。考虑到探究学习包括了大量的批判性对话，因此，社会呈现对探究学习而言是不可或缺的。为了支持学习，Garrison 和他的同事创建了三种社会呈现分类，即"情感""开放交流""小组结合力"。情感指的是小组成员间的回复，回复的目的是尝试创建出一种情感关系或纽带。开放交流建立在情感回复的基础上，从而在共同体内部催生出一种信任。开放交流以认同、恭维、赞同、质疑他人贡献的回复为特征。小组结合力与一个共同体内部的信念和目标有关，其典型的回复话语是"我们"和"我们的"。

学习者的动机和自我效能感意识是促进他们参与学校学习活动的关键因素，同样的因素还包括他们在共同体中的身份意识。从这个意义上说，社会呈现首先定义了一种归属感：① 一个人认为自己隶属于一个虚拟共同体，即这个人是这一共同体的一分子；② 一个人持有一种真实的身份，即一个人可以被另一个人看作是一个真实世界里的人。除此之外，社会呈现中的另外两个特殊方面是亲密关系和即时性。在线学习环境下亲密性和即时性的缺失与共同体成员的交互方式有关，因为远程交互为学习者之间的讨论提供了一种基于弱纽带联系的异步传输机制，而这种方式导致了远程环境下的交流困难或情感压抑。Goleman 从神经科学的视角，明确阐述了面对面交流和在线交流的差异。在线交流不能帮助个体发展社会智力，而面对面交流对建立以大脑相连的彼此关系是非常必要的，这种关系产生了包括幽默感在内的情感回复。通过镜像神经元的作用，另一个人的快乐和悲伤也可以被类似的神经元体验到，好像事情是发生在自己身上一样。而通过技术支持下的交流，如电子邮件，我们无法准确地感知另一个人的情感状态。因为无法被看到或无法感受到他人的存在，学习者和其他成员无法建立亲密的联系。一般来说，物理距离、目光接触以及微笑能够创建一种亲密感。不同媒体介质表达亲密的方式差异较大，如视音频与书本相比，面对面与在线相比，前者比后者具有更好的亲密感。与面对面学习者相比，在线学生只能通过基于写作交流的在线讨论和有限次数的面对面交流来拉近彼此的距离，从而创建出一种比较熟络和亲近的情感关系。

　　为了形成一种强纽带联系和提升基于产品的社会交互效果，McInnerney 和 Roberts 给出了三条在线课程设计原则：① 使用异步讨论时，应该更多地使用同步交流机制；② 在合作学习的热身阶段，鼓励参与者自我介绍，详细阐述他们参与课程的目的；③ 在线程学习环境下，强调在线讨论准则的设置。同样的，Kim 在研究社会呈现与基于电子邮件、张贴、聊天的交互学习之间的关系时，通过分析参与者的访谈和观察数据，也给出了一些能够提高社会呈现的教学设计策略：① 当小组成员逐渐熟悉之后，一个非正式的关系就被建立起来。在课程开始之初，需要强调讨论板的重要性。通过讨论板，学生可以介绍自己，并且创建一些公共条款和目标。② 考虑到共同体内部的隐私问题，电子邮件是较好的联系工具。③ 设置以较少任务为导向的对话。④ 发展学习者的信息技术素养。⑤ 发展学习者快速打字的能力，这样一来，他们会更加关注交流本身，而不是交流的方法。⑥ 强调回复和反馈，规定回复中的信息长度。

　　以上策略不同程度关注了虚拟共同体的创建与维护。虚拟共同体的创建可以参阅 Ruth 的三阶段过程：结交朋友阶段、接受阶段、友情阶段。在第一阶段，学习者将会评论其他成员的第一次讨论，并感知谁是亲密的，谋求和这些回复了他们对话的成员建立关系。在第二阶段，随着讨论线程的启动、加长和深入，学生们可能面临两种情况，即被接受或不被接受。这种感觉通过他人回复来判断，例如，他对这些回复的满意度如何，是否觉得这些回复采用了比较亲切的话语。在第三阶段，成员之间经过长时间的亲密对话和交互之后，便产生了友情。此外，还有一个值得关注的问题，那些参与较晚的学生通常无法融入已经形成的共同体之中，因为他们很难跟紧正在进行的学习活动。

(2) 认知呈现。

认知过程和结果是探究共同体的核心要素,而社会呈现和教学呈现是学习过程的促动因素。认知呈现意味着学习者通过持续的对话和反思,在一个共同体内部,理解、分析和构建新知。认知呈现源于 Dewey 的批判性反思。Dewey 认为,实践(认知)探究来自一种经验,对于学习者而言,这种实践整合了公共和私有的两个世界。在 Dewey 工作的基础上,Garrison 和他的同事发展了一个实践模式,用来指导研究者对学习者的认知过程进行分析,该模式包括四个步骤:"触发事件""探索""整合""解决"。触发事件是学习者在学习体验过程中的失调状态或者不安的情感状态。在一个教育环境中,它可能与学习者的先前体验或学习困境有关。探索是澄清观点和尝试去界定某人的关注点。具体来说,就是学生独立或者通过合作,来解决复杂和混淆的困境和问题。整合是对新信息和已有知识的反思,并考虑将它们整合到一个相关的观点或者概念之中。学生在这一阶段参与了基于合作的批判性对话,目的是找出共同线索,用于理解原有的信息和知识。解决是脱离困境或解决问题。学习者可以通过创建一个有意义的概念框架或拟定一个情境化的特殊决策来简化问题的复杂性。基于学习结果,学习者常常可以提出更加深远的问题,激发出新的探究关注点,这就是持续性学习。这一阶段对于学习者而言,往往意味着意义建构结果的出现,即获得基于问题的一致性决策或者创建出一个新的作品。对于教育者而言,理解探究共同体与知道如何将它应用于教学是两回事。截止到目前,一些国外研究表明前两个步骤可以实现,而第三个和第四个步骤则很少能够完成。

(3) 教学呈现。

教师呈现与教师指导有关。随着 e-learning 时代的到来,教学策略应该包括"在边上指导"原则,目的是对学习者的自我控制和学习责任进行监督。一般来说,教师的作用有三种,即"设计和组织教学""促动对话""直接的教学"。设计和组织教学涉及宏观水平的课程结构决策和学习过程决策。设计指向了结构化的教学决策,包括课程内容、评估程序等,这些要素需要在课前就准备好;而组织则指向了学习活动过程决策,与一个实际的课程环节有关。促动对话与建立和保持批判性对话有关。直接教学指的是教师能够为学生提供知识、具有学术领导能力、愿意与学习者分享学科知识。实际上,Garrison 眼中的教学呈现就是 Vygotsky 提到的脚手架策略,即让那些认知能力较高的学习者,如教师或同辈,去帮助那些认知能力较低的学习者。教师或同伴如同一个支持工具,为学习者提供了知识积累、能力发展、认知策略方面的指导,从而使得学习者可以顺利弥平横亘在他们现有水平和更高能力之间的缺口。

2.4 交互学习理论与混合学习

2.4.1 交互学习理论

很多教育家将在线学习视作一种交互,即网络情境下基于文本的阅读和人际交流。这一概念发轫于三个现代交互理论,它们是指导性教学对话理论、三种交互部件模型和交互平衡理论。

1. Holmberg 的指导性教学对话理论

Holmberg 认为,早期的远程教学是一种基于文本形式和通过邮政服务的师生交互。为了让学习者能够适应课程内容,同时,考虑到学习者的深刻思考或者内省过程,教师和学生之间的写作式交互理应保有一种对话的质量。这种特殊的师生对话可以克服双方之间的心理和教学隔阂,即消除双方远程相互作用的空间距离。简单来说,Holmberg 的观点过于强调了交互的单向性,即师生交互是一种基于信函的、由教师指导的学习者个体学习;弱化了师生之间平等交流的意义,即师生对话只是为了缩小彼此之间相互作用的距离。

2. Moore 的三种交互部件模型

Moore 的模型首次系统化地界定了远程教育中的三种交互,即学习者与内容交互、学习者与教师交互和学习者之间交互。学习者与内容交互指的是学习者从课程材料中直接获取知识,这一看法与 Holmberg 将个体化学习看作是一种交互的观点极为类似。师生交互或学生交互指的是由教师或学生通过人际对话的方式参与并完成的一种个性化教学或学习。其中,师生交互强调了教师对于学习者学习的支持,如动机的提升、自我指导的促动、信息的提供和评估方法的植入。而学习者之间交互则被看作是一种具有高挑战性的学习。随着虚拟课堂、沉浸式环境、社会网络以及 Web 2.0 的发展,这种交互方式越来越具有吸引力并保持了高速增长的趋势。在这种方式中,具有卓越能力的前辈取代了教师,也因此引发了学习者之间愈加频繁和密集的互动。

教育可以被界定为教师、学习者和内容之间交互的整合。但是,Palloff 和 Pratt 认为,学习过程的关键是学生之间的交互、师生之间的交互以及他们之间来自交互的合作。同时,Garrison 和 Shale 指出,远程教学和课堂教学越来越趋向融合。随着技术和学习情境的发展,学习者之间交互的频次和密度都凌驾于其他两种交互之上。从这一视角出发,由 Holmberg 的内容交互到 Moore 的人际交互是交互理论发展的一次飞跃,即学习完成了从个人的自我指导学习,到基于小组的共同体学习的华丽转身。

3. Anderson 的交互平衡理论

基于 Moore 的模型,Anderson 发展了自己的交互理论。首先,Anderson 扩展了旧有的交互内容。既然一切可能的交互形式都应该被包括在内,那么学习交互也应该包括教师之间的交互、教师与内容的交互以及内容之间的交互。教师与内容的交互指向了教师对于学习内容的发展和应用。教师之间的交互则是教师参与了职业和社会领域的实践。内容之间的交互是指在没有直接人类干预的情况下,智力化学习资源具有自我交互、更新和改善的能力。这些交互或许不能被学习者发觉,但是,它们的确存在并不断发挥作用,支持了教育的高质量运转。其次,Anderson 发展了交互平衡理论,以帮助教育者选择有效交互的方式。交互平衡理论包括两条原则:① Moore 的三种交互学习都可以用于支持有深度和有意义的正式学习,这类学习是一种高阶水平的学习。即便是学习环境中只出现了一种交互,而其他两种交互可能在一个最小的水平上出现或者根本没有出现过,这一情况也将无损于学习者的教育体验。② 三种交互支持下的高水平学习全都可以提供一个更加令人满意的教学体验,但是,这些体验可能比交互缺失的学习更加昂贵或者费时。

Moore 的理论界定了三种交互类型,而 Anderson 的理论则拓展了交互的内容,同时,加深了我们对于有效交互学习的进一步理解。原则①回答了对于交互使用限制的质疑,即三种交互的任何一种对于提供一个高满意度的教学环境都是充分的;原则②分析了交互成本问题,即基于交互的学习需要资金和时间的投入。

2.4.2 交互学习策略

1. 人际交互

根据 Moore 的交互理论,交互包括三种类型。其中,人际交互指的是学生和学生之间或学生和教师之间,以任务完成或者社会关系建立为目标的双边交流。以任务完成为目标的人际交互指向了协作知识建构。协作知识建构与批判性思维发展密切相关,是批判性思维发展的一个结果。因此,在社会化情境下,人际对话促进了学习者高水平思考能力的发展。

一般来说,人际对话有两种传递环境,即面对面讨论和在线讨论。前者以口耳相传为媒介,发生在课堂内外的物理环境中,具有即时性和口语化的特点;后者以网络技术为媒介,发生在远程的虚拟环境中,具有重现性和文本化的特点。在线讨论又包括同步在线讨论和异步在线讨论,两者指向了一些具体的 Web 应用,如电子邮件(e-mail)、告示栏(posting of notices)、视频流(streaming video)、讨论板(discussion boards)和聊天室(chat rooms)。这些应用的区别在于同步在线讨论需要学生同时登录系统,目的是进行彼此交互,而异步在线讨论则不需要这样做。相比同步在线讨论,异步在线讨论赢得了教育者的特别关注,因为它为学生的评论张贴和问题张贴提供了更好的便利性。同时,这种便利性又帮助学习者发展了他们自己的批判性思维能力以及解决劣构领域问题的能力。

(1)面对面讨论与在线讨论。

① 面对面讨论。

传统班级中的讨论可以提供很多好处，例如，学生之间的交互和回复提供了一个机会，允许学习者充分并深入地讨论课程材料，以增加自己的知识积累，也可以帮助他们检验和分享彼此之间的观点、不断提高自己的思考能力。虽然，那些产生在头脑风暴进程中的真知灼见无法被记录，教师或者专家也无法对那些精粹的观点进行事后评估，但是，与独立学习相比，课堂讨论可以产生更多的记忆保留和知识理解，因为这一过程引入了分析、综合以及评价的相互解释。说到底，这是一种更高等级的学习。

② 在线讨论。

与面对面讨论相比，在线讨论可以跨越时空、允许资源开放、保留了更多的学习痕迹和减少了学习者的负面情绪。首先，在线讨论为学习者提供了更大的访问灵活性，他们可以随时随地介入讨论进程。其次，问题可以预先提出并且以多媒体形式保存在硬盘，这种方式有利于学习者重读并整理自己的观点。另外，在整个讨论过程中，学习者可以不断加入新的外部材料，这些材料具有即时性的特点，而且极大丰富了讨论的内容。同时，基于文本的对话方式，使得整个讨论线程可以被完整保留，有利于教师审视并评估学习者的讨论参与。再有，在线讨论为学生留出了更多反思和评论的时间。这一点被很多研究者看作是一个关键因素，用以解释为什么线程讨论比面对面讨论提供了更高质量的交流，以及解释为什么前者比后者更有助于学习者批判性思维的发展。最后，基于线程的异步写作交流，避免了面对面讨论中争论双方在提出相左观点时的尴尬局面，从而有效促进了学习者对话的平等参与和深入开展。

尽管拥有了诸多优势，但是，在线讨论也存在不足。一个主要的问题就是交流的动态性受到了抑制，身体语言被屏蔽，因而，有效学习可能减少了。一些持有反对意见的学者表示，年轻的成人学习者可能更加习惯于使用符号和句子来创建虚拟的身体语言。用图符代替人的肢体和表情来传达情感的学习及其成效需要进一步研究和证实，但是，这种方式的确正在被广泛应用于以即时通信为介质的讨论之中，例如，QQ 和微信，这种方式也在一定程度上增加了匿名用户之间交流的宽容性、趣味性以及幽默感。除此之外，在线讨论可能面临的第二个问题是这种方式始终存在一个理想假设，即参与在线讨论的学生全都积极参与了交互学习。Nagel 和他的同事坚持说："高成就的学生在讨论中是积极的，他们张贴了自己的观点，也回复了其他同学的观点；而那些失败者或者放弃了课程的学生与他们的同伴相比，则是张贴了很少的信息。"如果没有发送张贴，那么可供学生阅读和讨论的材料就是虚无的，学生之间的讨论就会被搁置。消极对待张贴和讨论的学习者并不隶属于某一课程或局限于某一种文化环境，他们随处可见。有鉴于此，笔者认为在线学习并不适合所有的学习者，或者可以这样理解，在线学习的成功需要引入更多的教学设计和促进策略。

（2）师生讨论和生生讨论。

① 师生讨论。

教师的行动实际上是促进课堂交互的最关键因素。这一情况同样适用于线程。在一个典型的社会性建构学习活动中，人际交互被解释为学习。小组共同体的建立，课程材料的学习，真实问题的提出、讨论、解决和评估，都是通过对话活动来完成的。因此，教师的交互行动力可以解释为教师对共同体意识发展的关注和对共同体成员讨论的促动。An 和他的同事认为，教师的促动可以决定学生参与在线讨论的情况。但是，也有研究者强调说当教师要求学生回复彼此张贴时，最小化教师的社会呈现，学生回复彼此的频次会更高。因为学生会更加依赖于其他学生的评论和回复，而不是来自教师的评论和回复。

综上所述，对于讨论和合作支持下的学习而言，一个发展良好的共同体是必须的，同时，对话也需要有人去维持，这些活动体现了教师存在的价值。当然，在一个有效的脚手架策略中，学生也可以取代教师，将他们自己的知识放入合作过程，推动基于不同观点的讨论进程向前发展。但是，教师与高水平学习者的区别在于：前者具备了更加深厚的学术素养以回复学习者的各种问题；更加擅长以一个职业支持者的角色出现，自觉关注小组共同体的建立和发展；在线课程讨论停滞之处，乐于提供新观点。或者可以这样理解，教师角色的独特性在于他在交互中不断发挥了一个连接共同体成员情感和促动小组协作学习的中继站作用。

② 生生讨论。

Vygotsky 的理论强调了学习情境下学习者与他人交互的重要性，认为个体的高水平内化可以从个体之间的社会化过程中找到源头。Vygotsky 也强调了教师、专家或者一个高水平同辈的重要性，认为同辈交互是一个学生学习过程和个人发展中的影响因素。从 Vygotsky 的观点出发，笔者认为学习者也是在线讨论的主要参与者和促动者。学习者参与在线讨论的一个理由是参与社会化学习。由学习者替代教师进行线程讨论促动的好处是：这种方式提供了更加宽松和民主的环境和更加充裕的时间，即在学习者促进策略支持的每一条线程之上，出现了更多的和实质性的话题，这些话题将个体思考不断引向更为深刻的领域。

一些国外研究明确了同辈交互和师生交互的区别，阐述了同辈交互在观点澄清方面的优势。Bippus 和 Brooks 认为，在线程学习环境下，学生对教师所提出问题的回复往往被概念化为教师中心方式，类似于在一个面对面课堂环境中，学生对教师提问的回答。随后的、发生在小组里的、学生回复其他信息的张贴，以及学生对自己观点予以澄清的张贴，倒是超越了必须回答和被动回答的限制。同时，在另一处研究中，Chapman 和他的同事发现，如果发出张贴的学生收到了其他学生的积极回复，那么他或者她也会对这些张贴的回复进行研读和给予反馈。如果一个学生没有收到他所发出张贴的回复，那么另外一些学生就会感到他们有责任将那个没有收到回帖的人纳入已有的在线讨论之中。这些观点表明学习者对于共同体成员的内部讨论具有比较强烈的责任感。简而言之，与教师旨在促进学生学习的强制性交互相比，学习者之间的对话更加符合一个主动的、对等的、不带权威色彩的协作成果。

2. 交互促进策略

在线学习部件的使用与批判性思维能力发展密切相关。因此，在当前形势下，研究者比较关注的一个问题是，社会性建构学习环境中的在线学习部件是否占到整个混合学习的50%以上？但是，在线学习比面对面学习更为复杂，也存在一些遗留问题，例如：学生参与的缺乏；不充分的基于同辈观点的批判性分析；动机、承诺、时间的缺乏；有效交流的失败；等等。为了解决这些问题，在教学设计层面，需要考虑一系列的促进策略，例如，分配一个真实的、能够产生结果的任务；促进在线讨论和面对面讨论；结构化对话和合作过程；培养和发展学习共同体；等等。诸如此类的策略，如果从执行者视角来看，就交互活动而言，可以分为教师执行的交互促进策略和学生执行的交互促进策略。

（1）教师执行的交互促进策略。

教师促进与教学呈现息息相关。Anderson和他的同事强调说："为了产生个人意义成果和有价值的教育成果，教学呈现是对认知过程和社会过程的设计、促动以及指导。"教师促进是教学呈现中的一个重要指标，用以鼓励学生对在线讨论和协同工作的参与。Hewitt认为，教师执行促动的目的是培养学生之间的高水平交互、增加参与者观点的连接，减少讨论演变成"转移目标"或者"过早终止"的可能性。

与交互促进策略相关的教师角色和作用被很多文献提及。Anderson和他的同事简单界定了三种教师作用和责任：① 教学设计与组织；② 促动对话；③ 直接教学。其中，促动对话对保持兴趣、动机和学生参与是关键性的。Mason也将教师角色详细分解为三类：组织化的、社会化的和智力化的。其中，组织化角色负责设置线程对话中张贴和交互的教学日历、学习目标以及活动程序；社会化角色负责以一种积极的语调，通过致欢迎词和给出提示反馈，强化那些好的对话行为；智力化作用是最为重要的，负责基于统一的技术手段，通过提问、综合关键点和培养学术气氛，来鼓励一个高水平的学生回复。两位研究者对教师角色的界定极为相似，即教师是学习活动组织者、双边对话的促动者和新知识的传递者。在此基础上，Berge增加了技术作用，用教师的教学作用取代了教师的智力化作用，从而将教师的技术素养和教学方法素养提到日程之上。

关于教师促进交互，也出现了一些反对的观点。Rourke和Anderson认为，线程学习对于时间的高消耗要求，可能使得教师无法履行所有的促动责任，同时，教师促进讨论也可能导致权威的出现。的确如此，教师与学习者之间点对点的时间消耗是一个比较实际的问题。例如，管理一个50人以上的班级讨论组将是淹没性的工作。而且教师促进很容易引发学习中的教师中心论，从而抑制了来自学生一方的真实对话。因此，促动责任可以在教师和学生之间分享，以此来改变教师全权控制教学环境的传统做法。这样一来，教师成为学习的分享者，在学生自治、独立和自我管理的情况下，可以贡献出更多的教学重点。

（2）学习者促进策略。

学习者以对话的方式来参与共同体，与小组成员展开合作的行为并不是天生的和自发的，而是需要来自共同体内外部的推动。正如Dennen和他的同事所说，学习者必须以某种特别的方式交互，或深入或肤浅地参与课程，才能朝向一个知识的协商和内化，而不是单纯的知识记忆。这种特别的方式，在很多时候并不是源自学习者的自觉性，特别是当学习者和教师身在远程。

相对于小组外部的教师促进，小组成员间的同辈促进更具优势，这种优势主要体现为：首先，同辈促进可以鼓励学习者提出问题，这种促进也不会妨碍到教师促进。非但如此，学习者还可以帮助教师一起管理对话，并不断增加自己在对话中的参与水平。其次，同辈促进与教师促进不同，在学习者眼中是最流行的合作设计。学生发现经由同辈促进的讨论更加有意义，其交互性更强，学习者感到他们的贡献真的催生出更为强烈的共同体意识。最后，在由学习者自己推动的线程讨论中，张贴更长且更多。

关于学生促动策略的设计，一个比较常见的办法是分配学生角色，即将学生在小组讨论中的身份与他们的权利和责任连接起来。Wise 和他的同事认为，学习者促进角色可以归结为以下几类：

① 发起者角色（Starter）：通过回复教师提出的问题，阐述最关键的主题来启动讨论的进程。

② 交流指导者角色（Traffic director）：负责保持对话，并将对话导向一个有结果的方向，在小组偏离主题或者讨论停滞不前时，再次将话题导入正题。

③ 创造者角色（Inventor）：负责基于讨论过的问题，产生新鲜的和创新的观点和看法。

④ 带入者角色（Importer）：负责将来自其他课程的材料或者来自新闻的外部观点带到讨论中。基于这些外部材料，产生新的看法。

⑤ 微自我角色（Mini-me）：代表阅读材料中的作者观点。

⑥ 说明者角色（Elaborator）：拓展某人所提出的观点或为这些观点提供支持。

⑦ 提问者角色（Questioner）：通过询问，推动别人更加深入地阐述他们自己的观点。

⑧ 魔鬼代言人角色（Devil's advocate）：负责站在与同伴相反的立场上，同时，给出一个合理的辩护。

⑨ 综合者角色（Synthesizer）：负责将张贴连接在一起，将评论融合在一起，将对话推往新的方向。

⑩ 封装者角色（Wrapper）：负责在讨论结束时总结观点，指出重复的部分以及未能解决的问题。

一般而言，角色分配有助于学习者参与、对话交互、知识建构。但是，在国外文献中，一度出现了矛盾的结论。一些研究汇报说学习者促进策略产生了积极的效果，而另一些研究则没有发现预期的效果，甚至是出现了相反的情况。基于角色分配的学习者促进策略没有促进学习，其失败原因可能有两个：其一，学习者不了解或者没有清晰界定所分配角色的功用和意义；其二，学习者没有获得与自身能力相匹配的促动角色。学习者角色的分配不是一个简单的教学设计问题，除非我们能够将这一任务建立在充分理解了不同角色在对话中的特殊功能和高度关注了每个共同体成员个性特点的前提之下。

第 3 章 大学混合学习模式的建构

在大学混合学习模式的建构研究中,本书主要关注了一个基于问题解决或产品创作的学习过程,这一过程以 Nemiro 创新过程模型和基于 Nemiro 模型的 Esperanza 五个关键序列任务为基础,目的是培养和提升大学生的批判性思维能力。同时,考虑了与这一模式有关的教学要素,例如,内容与任务的设计、教学环境的构成、讨论和协作的促进策略、在线讨论的方式、教学评价的设置。最后,在交互学习(大学生与材料交互、大学生之间的面对面讨论和同步在线讨论)与合作学习(个人作品到小组临时作品再到小组终期作品的发展过程)的基础上,充分考虑并阐述了大学混合学习模式的具体学习活动内容。

3.1　Nemiro 模型与 Esperanza 序列任务

Nemiro 模型,即 VTCP 模型(the Virtual Team Creative Process Model),包括五个基本步骤:预研究、观点产生、发展、终止和关闭、评估。观点产生是指花费时间来产生观点,即学习者分析、综合、评价信息;组织这些信息;选择适切的信息用于项目研究;在此基础上,提供一份产品的草稿。发展是指制订一个计划,即学习者解决产品草稿中出现的一些问题。终止和关闭是指草稿的产品化以及学习者对于一个完整产品的辩解和维护。评估是指产品的改善,即学习者详细阐述并仔细修改产品。这些步骤中的每一个都可以包含一些可执行的序列任务,这些任务关注学习者是否使用了批判性思维能力。在 Nemiro 模型的基础上,Esperanza 提出了九个旨在发展学习者批判性思维能力的可执行序列任务,如表3-1所示。这九个序列任务构成学习者批判性思维发展的一个概念框架,其最终结果指向了一个新产品的建立。

表 3-1　Esperanza 的九个序列任务概念框架

Nemiro 的 VTCP 模型	Esperanza 的九个序列任务概念框架
预研究阶段 (Research Phase)	可执行任务 1:提供和组织了相关研究材料 解释:当学生考虑自己选择的信息是否适合时,他们表现出批判性思维
	可执行任务 2:分析、综合和评估了研究材料 解释:当学生执行数据和信息分析时,他们表现出批判性思维

续表

Nemiro 的 VTCP 模型	Esperanza 的九个序列任务概念框架
观点产生阶段 （Idea Generation Phase）	可执行任务3：提供了发展良好的粗略草稿、草图和故事板块 解释：当学生提供了源于数据的令人信服的观点，而不是个人想法时，他们表现出批判性思维
	可执行任务4：表现出一种强烈的创新意识 解释：当学生认识到一个问题可能没有一个清晰或唯一的答案时，他们表现出批判性思维
发展阶段 （Developmental Phase）	可执行任务5：表现出良好的决策能力 解释：当学生给出了自己的观点，在决策中不断衡量这些观点时，他们表现出批判性思维
	可执行任务6：与写作（编辑和语法）和问题设计（排版、形象化描述和布局）有关 解释：当学生认识到争辩中的逻辑缺陷时，他们表现出批判性思维
终止和关闭阶段 （Finalization/Closure Phase）	可执行任务7：概念化了一个成型产品的所有方面 解释：当学生正确和确切地应用证据来维护自己的观点时，他们表现出批判性思维
	可执行任务8：给出了一个清晰和界定良好的产品 解释：当学生按照一定的顺序提供了具有说服力的证据时，他们表现出批判性思维
评估阶段 （Evaluation Phase）	可执行任务9：在必要时，列出有关设计的任何一种建议性修改 解释：当学生发现了证据中的缺陷和要求收集额外的信息时，他们表现出批判性思维

3.2　Esperanza 关键序列任务

在 Esperanza 的九个序列任务中，序列任务1、序列任务2、序列任务5、序列任务7和序列任务9等五个任务更加深刻地影响了学习者批判性思维的发展。有鉴于此，结合问题决策和作品创作，本书的模式构建工作着重考虑了这些序列，并讨论了它们所涉及的相关教学因素。

3.2.1　序列任务1和2

在 Esperanza 的概念框架下，序列任务1和2与材料的提供、选择、分析、综合和评估有关。很明显，序列任务1与教师的教学支持有关；而序列任务2则与学习者的个人任务相连。通过阅读和浏览与问题决策或产品设计相关的材料，学习者决定材料的实用价值。在此期间，学习者动用了自我反思能力。与这两项序列任务相对应，本书的大学混合学习模式要求教师或专家设置教学任务，并提供与任务有关的外部材料，这些材料可以是先行组织者策略所倡导的连接学习者先前知识与任务所需新知的中介性资源，也可以是问题解决和产品创作方面的优秀案例和样稿,还可以是旨在深化和扩展课堂内容的新信息。本书的模式强调教学任务中学习者的个体工作。在预研究阶段,学习者需要独立对外部材料进行甄选、分析和评估。学习者在与这些材料的交互过程中,不断增长了自己的见识,发展了自己对于信息和数据的独特看法,以及提升了自己的批判性反思能力。

3.2.2 序列任务5

序列任务5关注了创新工作中的决策。在问题解决或产品创作过程中,不论协作建构成果是个人作品或者小组作品,决策是学习者随时需要面对并处理的一项事务。从某种程度上说,决策是问题得以解决以及产品被打造成型的一个中间过程。在这一过程中,学习者通过不断自省和反思来重新界定决策的方向,并通过与同辈之间的头脑风暴来激发出更多灵感的火花。考虑到学习者相互之间的讨论对学习者独立决策的积极影响,笔者认为,有必要引入一种有效的对话促进机制来保证各种观点的植入。这种机制拷贝了一个特定职业领域内问题解决或者产品创作的发展过程,即从个人成果到小组临时成果,再到小组终期成果。经历了这样一个成果发展过程的洗礼,那些最初的学习者观点,被外部材料中的即时信息和讨论中的同辈看法所改变,经过临时方案的实践检验和自我反思阶段的重新塑造,最终成为比较成熟和完善的、基于集体智慧的个人想法。

3.2.3 序列任务7和任务9

序列任务7关注了学习者对一个已完成的决策或者作品的辩护。序列任务9强调了参与者对决策或作品现存意见的收集和反思。辩护意味着从争论开始的澄清或是为了维护自我决策和既定作品的观点阐述。基于逻辑和给定的证据来判断辩护是否可信和有效是一种能力,这种能力与推理有关。建议与不同视角下的个人看法有关,而基于决策改良或作品修正观点的反思能够帮助学生清晰地认识到他们解决特殊问题的方式,鼓励了深度学习,也能够不断将策略和作品推向臻于完善的程度。在序列任务7和序列任务9的框架下,由争论开始的批判性思维过程是学习者针对一个特殊问题或者一个具体作品的自我辩护;在辩论过程中不断产生新的构想和看法;基于这些观点不断引入外部证据;经过推理和思考之后,学习者决定接受或拒绝他人的建议;对适切的意见进行深入考察和反思;据此来实现决策的改良或者作品的完善。有鉴于此,笔者认为,辩护、收集多方提议、进行反思与分歧的观点和对话过程有关。由此可见,与序列任务7和序列任务9相关的学习活动理应包括讨论环节。

从混合学习环境的视角来看,这类讨论包括在线讨论和面对面讨论。首先,两种讨论与合作学习的整合有多种方式。其次,整合方式受到了课时安排、分组设计、任务设定、学习者讨论偏好等教学情境因素的影响。然后,基于两种讨论的小组合作指向了一个协作知识建构成果,即新决策或者新作品的诞生。最后,讨论的过程为学习者提供了一个机会,可以将鉴别、分析、协商和评估的内部思考过程建构在意见和建议扬弃的基础之上。通过面对自己作品被批驳时的保护式争辩，以及事关小组成果不断完善过程中的吹毛求疵，所有的学习者，包括那些小组成果修改中的消极分子，都能够在不同程度上获得更多的思考机会。

3.3 大学混合学习模式

3.3.1 大学混合学习模式简图

在 Nemiro 模型和 Esperanza 序列任务的基础上，笔者建立了一个与基于"问题决策"或"作品创作"有关的混合学习模式。该模式的五个教学特点：（1）设置真实的任务；（2）提供与任务相关的外部材料；（3）鼓励大学生与外部材料进行交互；（4）推动大学生的创新活动从个人成果到小组临时成果，再到小组终期成果的发展；（5）为小组合作活动提供充分的讨论。在混合学习模式下，这种讨论可以被解释为在线讨论和面对面讨论。以上教学环节支持下的学习活动实际上是一个基于对话的合作学习过程，与一个专业团队解决问题或者设计产品的实践过程相类似。简而言之，这种学习方式充分展现了个人贡献和团队工作在一个真实项目上的有效整合。笔者将前面提到的五点因素放在一个迪克-凯利（Dick & Carey）教学设计模式框架之中，从而得到批判性思维发展和创新成果实践支持下的大学混合学习模式，如图 3-1 所示。

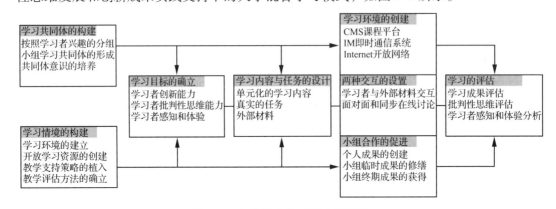

图 3-1 大学混合学习模式的框架

由图 3-1 可知，大学混合学习模式包括七大要素：（1）学习准备的开展。这一工作包括学习共同体的构建，即对大学生进行分组和帮助大学生形成学习共同体；学习情境的构建，即引入开放资源和拟定教学策略。（2）学习目标的确立。大学混合学习的学习目标是发展大学生的批判性思维能力。（3）学习内容与任务的设计。这一工作包括为大学生提供单元化的学习内容和真实的任务。（4）学习环境的创建。要求在线学习部件至少占到整个学习的 50% 以上。（5）两种交互的设置。两种交互包括大学生与内容之间的交互和大学生之间的交互。（6）小组合作的促动。这种合作是一个基于面对面讨论和同步在线讨论的成果生成过程,这一过程是个人成果到小组临时成果,再到小组终期成果的蜕变。(7)学习的评估。学习成果包括基于问题的决策或作品、批判性思维倾向与能力。

3.3.2 大学混合学习模式的教学要素

在设计与规划批判性思维发展和创新成果实践支持下的学习活动之前,需要考虑大学混合学习模式中主要教学要素的具体内容,例如,内容与任务的设计、教学环境的构成、讨论和协作的促进策略、同步在线讨论的方式和教学评价的设置。

1. 内容与任务的设计

(1)以单元来分割的教学内容。

与 Esperanza 序列任务和小组合作活动相适应,大学混合学习模式的教学内容应该以任务为核心,在充分考虑课时的基础上,按照单元来分割新知识。第一,一个单元任务可以对应一系列与之相关的基础知识和扩展知识。第二,这些资源和材料的发布可以选择课堂或者在线。第三,知识学习过程可以跨越多个课时;知识学习的形式可以是多样化的,例如,采用自主学习、基于小组的在线交互、教师讲授。第四,知识学习需要与任务完成紧密连接,即知识积累是任务实践的基础,任务实践也促进了新知识的生成和发展。第五,鼓励大学生在基于讨论的合作学习过程中随时补充与小组任务相关的外部材料。

(2)学习任务。

① 真实的学习任务。

首先,真实的学习任务是建构主义的关键要素之一。其次,Nemiro 模型和 Esperanza 序列任务强调了大学生批判性思维与创新思维的协同发展。因此,本书认为,基于社会性建构理论、遵从 Esperanza 序列任务的大学混合学习模式关注真实的学习任务。将真实的学习任务引入教学,可以深化基础知识的学习,促进大学生认真对待和思考所要完成的个体工作,有效保证小组学习中的分工与协作,增强了共同体成员间的合作意识,不断提升了大学生实践之后的自我效能感和成功满足感。

当然,真实的学习任务的设置也为大学生的学习带来了一些困难。在大部分时间里,大学生不仅要活学活用已有的知识或技巧,也要面对前沿知识或高深技巧的挑战。与这些超越课堂之外的新知学习相适应,真实的学习任务的设置和实施有一个必要的前提,即教师或专家能够提供或指定一些可供借鉴的网络开放资源和案例。这些即时的、可持续性发展的和免费使用的网络案例和开放资源,不仅可以帮助大学生不断提升自身的专业知识和素养,也为他们个人成果或小组成果带来了更多的理念灵感和创意火花。

② 贴近大学生的学习任务。

在指向个人或小组形式的学习活动中,真实的任务应该关注大学生的先前经验和个人兴趣,充分尊重个体建构的意义。先前经验是任务完成的基础;个人兴趣则是大学生积极参与学习过程的有效保证;而大学生的成果,不论是决策还是作品,都应该呈现出某种风格,富于个性化和具有独特的表现力。从某种程度上说,只有那些加入了决策人或设计者原有想法、理念和情感的个人成果,才能够被大学生认真对待,愿意投入更多的精力,甚至超负荷工作。

2. 教学环境的构成

大学混合学习包括两种学习环境,即面对面学习环境和在线学习环境。面对面学习环境与教室等校内物理场所有关。而在线学习环境可以是网络,依托于学校管理的专业学习管理系统(Blackboard、WebCT 或者 Moodle),多终端支持下的、基于社会性软件的即时通信系统(QQ 或者微信)。

一个专业的课程管理系统平台 CMS 主要包括四项内容:用户管理、课程管理、课程资源分享和作业发布。用户管理负责系统各级帐户的设置和相应的权限配置,即限制和放开能够进入系统的注册大学生和访客。课程管理允许教师创建课程,并且针对具体课程设置相应的交互活动,如小组学习、论坛、作业、测验、调查等。课程资源分享承载了一系列与课程有关的资源,包括课程简介、课程多媒体资源、课程素材和案例、讨论与合作的说明性文件等。作业发布与任务有关,包括设定任务提交期限、提交方式和格式、作业评价和评分等。

一般来说,面对面课堂面向基础知识的快速传递和小组合作过程中的头脑风暴讨论;而网络环境致力于高深知识的个体学习和基于文本方式的小组反思讨论。在线环境的选择与具体的教学条件和特殊的教学要求紧密相连。同时,对学习有所助益的在线学习环境有三种不同类型:与大学生和内容交互有关的互联网环境;有效支持了课程资源权威发布的专业课程平台;最大程度地满足了大学生之间的同步在线讨论和异步在线讨论的社会性软件所支持的即时通信系统。

3. 讨论和协作的促进策略

(1)面对面讨论和同步在线讨论的促进策略。

在结构化大学生之间讨论的问题上,从教师视角和大学生视角出发,笔者提出几点建议:

① 教师需要在教学伊始,依据大学生的兴趣和意愿,创建小组学习共同体。

② 教师需要设置讨论的基本要求,如开始时间、讨论时长、讨论的主题、讨论过程中的序列事件等。同时,将这些细目内容写入 DOC 文档,并按照教学日历的安排,在课程开始之前,提前在 CMS 系统中发布,或直接推送到 QQ 讨论组。

③ 教师需要逐步引导大学生在讨论中不断引入外部材料,例如,在面对面讨论时,鼓励大学生通过手机植入并展示材料和案例;在同步在线讨论时,促进大学生在线即时修改现有的作品或原有的决策,及时将新作品建议或新决策内容与导入材料和案例进行整合。

④ 在小组讨论的过程中,教师需要分时介入讨论线程,尊重意见、鼓励对话、深化观点和在冷场和互不妥协时及时破冰。

⑤ 教师需要将讨论的内容与任务主题相连，尽量做到每一次讨论都会指向成果的一次修正。同时，教师需要强制大学生提交讨论结果的细节，特别是在面对面讨论中，每次讨论进程结束后，小组代表必须整理并提交讨论内容的 DOC 文档纲要。

⑥ 教师需要鼓励小组自治管理，例如，自主决定任务主题方向，自主控制讨论的进程，自主管理小组任务的分配，自主选择优化的小组成果等。

⑦ 教师需要参照学习促进角色的不同类型，如发起者、交流指导者、创造者、带入者、微自我、说明者、提问者、魔鬼代言人、综合者、封装者，结合具体的讨论主题，为小组成员分配讨论促进角色，让大学生自己负责大部分讨论进程的监督和管理工作；或者至少指定一个小组长负责整个讨论的发起、走向和终结。

（2）小组合作的促进策略。

如前所述，国内合作学习普遍存在的问题是只有分工没有协作。针对这样的问题，笔者在拟定小组合作促进策略时，充分考虑了共同体成员之间的协作，诸如此类的方法如下所示：

① 将小组面对面讨论植入教学，目的是强化和发展小组成员的共同体意识。

② 充分考虑了学习任务的真实性和专业性。真实性和专业性使得任务附加了一定难度，因而，个人发展可以与共同体发展相连。

③ 充分考虑了学习任务的互助性和整合性，将小组成员的合作学习看成是一个基于面对面讨论和同步在线讨论的成果生成过程，这一过程是个人成果到小组临时成果，再到小组终期成果的蜕变。

④ 为小组成员的合作学习提供面对面讨论和在线讨论的机会，目的是引入更多的开放资源、激发更好的灵感以及推动合作进程的向前发展。

⑤ 序列化并文本化交互学习和合作学习的整合过程，目的是呈现给大学生一个清晰的成果提交时间，明确大学生在任务完成中需要承担的个体责任和对其他大学生的帮助职责。

4．同步在线讨论的方式

在线讨论包括两种方式，即异步在线讨论和同步在线讨论。如前所述，国外文献普遍强调并关注了混合学习和在线学习中异步在线讨论的使用。这种方式为对话双方提供了更加灵活的时空选择，也为讨论过程中的真知灼见预留了更加富裕的思考时间。但是，国内高等教育领域普遍存在的两个现实问题严重阻碍了异步在线讨论的引入。这两个现实问题是学生课程普遍安排较满和学生自我调节学习能力较弱。首先，满课使得大学生没有闲暇时间用于讨论。同时，笔者更为担心的是基于远程的弱纽带联系和异步在线讨论的松散性，在交互学习只能利用周末闲暇时间来完成的情况下，会造成学生之间对话的停滞、无限期延续，甚至期限结束前的草草应付。其次，国内大学生习惯了以教师为中心的学习方式，他们的学习动机、自律性和责任感普遍缺乏，再加上线程较长（基于任务的讨论至少超过一周时间），在这段时间里，学生是否会及时登录系统，是否积极回复张贴和他们所回复张贴的质量如何等诸多问题都将完全处于教师的控制之外。有鉴于此，在讨论方式的选择问题上，笔者比较倾向于采用同步在线讨论。首先，这种方式将讨论放在上课时间来进行，缓解了大学生的时间消耗压力，也允许教师在课程时间内更加有效地控制和促进小组讨论，从而保证了每次讨论的参与数量和对话质量。其次，通过实施同步在线讨论学习，笔者获得了一些远程交互学习的管理经验和促进策略，这些宝贵的经验和方法可以被借鉴使用，以支持未来研究中的基于异步在线讨论的线程学习。

5. 教学评价的设置

混合学习是一种社会性建构学习，因此，其学习结果指向了 Bloom 和 Anderson 学习成果分类体系中的高阶能力目标，如分析、综合、评价、创新。同时，考虑到 Nemiro 模型对大学生批判性思维和创新思维的关注，笔者认为，基于该模型的大学混合学习模式所强调的学习成果无疑指向了大学生思考水平的提升和创新能力的发展。

（1）评估方法。

创新关系到决策或作品的原创性与有效性，因此，创新评估一般与量规制定和大学生成果评分有关，也需要考虑评分者信度问题。而批判性思维能力的评估包括两个方面的内容，即量表评估和模型评估。基于标准化测试的量表施测简单，适用领域宽泛，但是，这种方式无法应对某个专业领域内的大学生在不同单元中的批判性思维水平评估。与之相反，与某一专业领域内某一次的反思报告或主题讨论有关的模型分析，却支持多次分析，但是，这种评估主观性比较强，而且分析程序相对复杂，同时，在具体分析时，需要考虑评估者间信度问题。

除此之外，社会性建构理论支持下的学习强调了知识的个体建构和协作建构，因而，高度关注了大学生情感目标的达成，如大学生对教学的满意度、大学生对环境的体验、大学生对交互的看法、大学生的共同体感知。情感目标评估也包括两种方式，即量表测量和访谈分析。量表评估施测简单，适用于大样本分析的情况。而基于个体访谈的质性分析则充分考虑了大学生个人态度、信仰和看法的复杂性。这种复杂性要求研究中的资料收集不能停留在简单的回复和简化的数据分析处理上，要求研究者要尽可能地通过观察和接触大学生并与大学生展开交流，在更加自然的情境下，阐明研究问题，理解大学生并获得他们对于研究问题的看法。

（2）评估内容。

大学混合学习模式的评估内容可以包括三个方面：① 对于创新目标而言，需要在学习活动环节植入真实的任务，用以推动成果产出以及评估这些成果。大学生的成果可以包括大学生的个人成果和小组成果，例如，案例学习和问题解决的总结报告，针对项目设计的概念化产品说明，实际的绩效作品。② 对于批判性思维发展目标而言，需要在学习活动环节嵌入大学生之间的讨论，即面对面讨论和在线讨论，然后，文本化这些讨论内容，用以鉴别和考查大学生的批判性思维发展情况；或者通过量表测试的方式，来获取学习开始前后的大学生批判性思维能力得分，以此来了解大学生高阶能力的发展情况。③ 对于情感目标而言，需要在学习活动的终期展开个体访谈，以此来创建对话抄本。通过这些抄本，研究者可以进一步了解并分析大学生对混合学习环境或在线环境的感知，了解并分析学生对面对面讨论和在线讨论的感知，了解并分析学生对教学的满意度、学生对教师支持的感知等。

3.3.3 大学混合学习模式的学习活动

大学混合学习模式主要包括两类学习，即交互学习与合作学习。其中，交互学习又分为两种，即大学生与内容的交互、大学生之间的人际交互；而小组合作学习指的是个人成果到小组临时成果再到小组终期成果的生成过程。有鉴于此，本书将一个单元的课程活动分解为九个学习活动阶段，即在线自主学习、课堂案例学习、个性化成果设计、小组同步在线讨论、小组临时成果生成、小组临时成果评价、小组面对面讨论、小组终期成果生成和小组终期成果评价。

1. 在线自主学习

在线自主学习是一个大学生独立学习的过程。大学生利用课下时间，登录 CMS 课程网站，下载并观看教师录制的视频和开放网络视频。同时，学生可以通过 QQ 系统向教师发问，或大学生以互助的方式来自行解决学习过程中遇到的问题。

2. 课堂案例学习

课堂案例学习是一个由教师主导的课堂案例学习过程。围绕真实问题或者真正案例，以自主学习阶段获得的知识和技能为基础，大学生致力于问题分析或者案例仿制。同时，教师从旁关注，并展开一对一的个性化辅导。课程结束之前，教师布置这一单元的小组任务，发放合作任务工作细则，并提供大量与任务有关的外部材料。

3. 个性化成果设计

个性化成果设计是一个大学生独立进行问题解决和作品设计的过程。根据小组合作任务细则，学生在课后以个人名义开展成果设计工作，并在小组在线讨论到来之前，将与成果设计结果有关的方案或图片，以 DOC 文档或者 JPG 格式提交到基于 QQ 的小组讨论组。

4. 小组同步在线讨论

小组同步在线讨论是一个基于个人成果的讨论、意见收集和选优过程。在线上环境中，小组成员轮流展示自己的成果，其他小组成员负责给出自己的评价意见。小组成员负责收集相关的讨论意见，用于自己成果的日后修改。同步在线讨论的最后，通过 QQ 投票，小组成员评选出能够代表小组水平的优秀成果（一个问题解决方案或一份创意设计作品）。同时，教师分时参与并促进小组同步在线讨论。

5. 小组临时成果生成

小组临时成果生成是一个小组成员对个人成果的初次修改过程。根据同步在线讨论的结果，非优秀成果的创作者（其他小组成员）参照小组优秀成果修改自己的成果；

小组优秀成果的执笔人独立或者通过协作的方式来修改成果。修改后的优秀成果被称为小组临时成果。

6. 小组临时成果评价

小组临时成果评价是一个组外成员对于小组临时作品的评价过程。小组长负责将修改过的小组临时作品提交到 CMS 分组论坛中，小组之外的成员以个人名义，张贴和发布对这一小组临时作品的评价。

7. 小组面对面讨论

小组面对面讨论是一个对小组临时成果的深入讨论过程。讨论关注了针对小组临时成果的组内意见和组外意见。组内意见由小组成员轮流发言，共同协商；组外意见由小组成员逐条陈列，并据此对小组临时成果展开保护式或者修正式的讨论，决定是否拒绝、保留或接受他人的意见。在讨论结束时，由小组记录员负责将讨论结果写入反思报告大纲中。同时，教师分时参与并促进小组面对面讨论。

8. 小组终期成果生成

小组终期作品生成是一个对小组临时成果的最后修改过程。由优秀成果执笔人以个人名义或在小组成员合作的基础上，根据小组反思报告大纲，对小组临时成果进行最后的修缮工作；其他小组成员负责修改自己的个人成果。修改后的小组临时成果被称为小组终期成果。

9. 小组终期成果评价

小组终期成果评价是一个对小组终期成果的评价过程。在课堂上，由小组长选出小组代表来宣讲自己小组的成果。小组外成员以个人名义，对其他组的小组终期成果打分，给出建议，并进行评价。同时，小组长负责打包并提交小组成员的个人成果，留待教师评分。课后，教师汇总与小组终期成果相关的分数和修改意见，将讨论结果及时发布到基于 QQ 的小组讨论组。

第 4 章 大学混合学习模式的教学适应性研究

为了检验大学混合学习模式在课程实践领域的适切性和有效性，笔者开展了针对该模式的教学适应性研究。研究采用了混合研究设计，其中，量化研究主要关注了大学生对于大学混合学习模式的适应性，即在大学混合学习模式下，大学生是否能够取得较好的成果和大学生的批判性思维水平能否得到提升，而质性研究偏重于了解大学生对于大学混合学习模式九个学习活动阶段的看法，即大学生对于自主学习、课堂学习、两种环境下的讨论、从作品设计到作品修改的学习过程和两次成果评价的感知和体验。

4.1 教学适应性研究的研究方法

4.1.1 教学设置

笔者选取了"数字图形设计"课程作为大学混合学习模式的实践课程。该课程的授课对象是江苏省某大学教育学院教育技术专业的本科大一学生，共 29 人。大学生在参与课程之前，曾经修习过 PS（Photoshop）课程，因此，具备了一定的平面设计与制作能力。该课程的总体目标是培养和发展大学生在实战任务中的创意图形设计能力以及批判性思维能力。整个教学历时 17 周，平均 3 周完成一个单元的学习任务。第 1 周是导言；第 2 周到第 10 周是一、二、三单元的内容；第 11 周到第 16 周是四、五单元的内容。"数字图形设计"课程 5 个单元的具体学习内容是：（1）基本图形和简单上色；（2）对象的基本操作和颜色管理；（3）钢笔绘图和文字处理；（4）图层、蒙版和高级填色；（5）混合、扭曲和封套。其中，第一、二、三单元各设一个小组任务，它们分别是第一单元的个人简历设计与制作，第二单元的 LOGO 设计与制作，第三单元的画册设计与制作；第四、五单元只设置一个小组任务，即网页设计与制作。对于两个单元只设置了一个任务的考虑是这两个单元的案例较多、较大和较难。"数字图形设计"课程的学习活动严格遵循了大学混合学习模式的九个阶段，即将大学生学习分解为在线自主学习、课堂案例学习、个性化成果设计、小组同步在线讨论、小组临时成果生成、小组临时成果评价、小组面对面讨论、小组终期成果生成和小组终期成果评价。诸如此类的内容可以参看第 3 章，这里不再赘述。

4.1.2 量化研究的研究方法

1. 研究设计

（1）准实验研究与分组。

考虑到大学生兴趣和情感对于小组合作学习的影响，笔者并没有采用随机方式来划分小组。首先，笔者允许大学生自由成组。其次，基于男女分开、组内成员 Photoshop 作品制作能力异质、组内成员尽量分开住宿的三条原则，人为调整了这些自由分组。最后，在执行三条原则的过程中，研究者采用了与小组成员友好协商的方式，在充分理解和尊重大学生意愿的情况下完成了分组处理。因为使用了非随机分组，因此，这项实证研究使用了准实验研究设计的方法。

（2）对任务难度一致性的考虑。

整个课程任务包括简历设计、LOGO 设计、画册设计和网页设计。这四种类型都属于平面设计作品的范畴，在不少平面设计领域的专著中被屡次提及。一般来说，无论作品的形式如何，大师在进行作品创作时独一无二的原创表达，例如，创意抉择和创作实践，都值得我们去学习。同样的，论文研究中所涉及的作品任务也体现了设计者独特的创作之旅、思维方式、宝贵的经验和惨痛的失误。当然，这些不同类型的作品所蕴含的技巧难度有所不同，但是，这种差别不是受到了作品本身类型的限制，而是创作者本人为个性化创意选择了不同的形式美的表达方式。从这一视角出发，笔者将不同任务看作是同一难度的作品。

（3）混合研究。

本书考查了大学混合学习模式下大学生在作品创意设计能力和批判性思维能力方面的提升和发展，同时关注了大学生对大学混合学习模式九个学习活动阶段的体验与感知。这些内容涉及 Bloom 分类体系中的两大目标，即认知目标和情感目标。因此，笔者采用了混合研究的方法。

量化研究的任务是在数据收集和分析的基础上来验证假设。量化研究被认为是不受研究者个人主观价值或者信仰影响的一种研究方法。同时，量化研究支持了数据的比较和综合，通过数据分析和解释使得观察结果更加清晰，以及提供了一些高质量的测量。因为最小化了研究者对数据的操纵，例如，对观察的控制和对数据的收集，量化研究成为最可靠的研究。因此，这种方式被用于本次研究工作，用以抵销研究者疏忽所引发的偏见。同时，这种方法也比较适合对基于量规的大学生认知成果、基于量表的批判性思维成果和共同体意识得分进行测量与分析。但是，量化方法的确存在一些不足之处。这种方法源于一些积极的原则和假设，认为世界存在一种客观的真实，这种真实可以通过可靠的、有效的和可以推广的方式被测量。研究的这一视角，从某种程度上说，限制了研究者从参与者那里收集真实数据的能力和充分理解参与者主观体验的能力。考虑到学习者对于大学混合学习模式的体验是一个自由的、充满情感的和有所感悟的过程，因此，笔者加入了基于现象学方法的质性研究，来收集和分析教师和大学生之间的访谈数据,以获得对于大学生个人体验的深刻理解。

2. 自变量与因变量

一般来说,实验研究包括三种变量,即自变量、控制变量和因变量。自变量是指研究者能够主动操纵,并藉此引起因变量发生变化的因素或条件。因变量是指因为自变量的变化而产生的现象变化或结果。自变量和因变量是相互依存的,没有自变量就无所谓因变量,没有因变量也无所谓自变量。控制变量是指那些除了实验因素(自变量)以外,却能够影响实验结果的变量。为了明确实验中的因果关系,需要将自变量以外一切能引起因变量变化的变量控制好。本书的教学适应性研究包括两种变量,即自变量和因变量。为了能够阐述清楚,笔者在表4-1中详细列出教学适应性研究中的自变量和因变量。

表 4-1　教学适应性研究中的变量

自变量	因变量
时间:整个教学由四个单元组成。其中,前三个单元分别历时三个星期,最后一个单元历时六个星期 大学生信息:性别、地域差别、学习方式偏好、IT支持学习看法、技术素养程度、课程兴趣、未来职业选择 大学生第四单元批判性思维水平(条数):在第四单元里的学习者批判性思维水平(I+、AC+、JS+三种编码总计条数)	大学生个人单元作品成绩:四个单元里的四次大学生个人作品成绩 大学生个人期末作品成绩:大学生的期末当堂考试成绩 小组单元作品成绩:四个单元里的四次小组终期作品成绩 小组单元批判性思维水平(比率):四个单元里的八次小组批判性思维水平(比率):四次同步在线讨论,四次面对面讨论 大学生第四单元批判性思维水平(条数):在第四单元里的大学生批判性思维水平(I+、AC+、JS+三种编码总计条数) 大学生共同体意识:大学生对于小组合作的感知,即大学生的班级共同体量表(CCS)得分

3. 研究问题

大学混合学习模式的教学适应性研究旨在探讨大学生在大学混合学习环境中的学习适应性,包括大学生是否不断发展了他们的创意能力、批判性思维能力和他们对该模式九个学习活动阶段的感知。同时,研究也关注了大学生批判性思维水平和学习成果之间的关系,大学生信息对于其学习的影响。具体来说,教学适应性研究所涉及的研究问题如下所示:

(1)研究问题1:在大学混合学习模式中,随时间推移,大学生个人单元作品成绩是否显著提高?

(2)研究问题2:在大学混合学习模式中,随时间推移,小组单元作品成绩是否显著发展?

(3)研究问题3:在大学混合学习模式中,随时间推移,小组单元批判性思维水平是否显著发展?

(4)研究问题4:在大学混合学习模式中,大学生第四单元批判性思维水平对于学习者第四单元作品成绩、学习者个人期末作品成绩和小组第四单元作品成绩是否有影响？

（5）研究问题5：大学混合学习模式下，大学生学习是如何被学习者信息所影响的？

4．研究工具

教学适应性研究主要考查了大学生的作品设计能力、大学生的批判性思维能力、大学生的共同体学习意识和大学生的个人信息。为了测量并收集相关数据，研究引入了四种工具：AI（Adobe Illustrator）创意作品评价量规，用以评估大学生的作品；Newman模型，用以评估大学生的批判性思维能力；CCS课堂共同体意识评价量表，用以测量大学生的共同体意识；大学生信息问卷，用以了解大学生的基本情况。

（1）AI创意作品评价量规。

为了评估这些个人或者小组的平面设计作品，笔者创建了AI创意作品评价量规，其细目内容可以参看附录1。AI创意作品评价量规包括五个方面的内容：理念与风格、版面布局、色彩部分、文字部分和插图部分。

① 理念与风格。

信息的传达的目的并不是通过强烈的视觉冲击来吸引人们的注意，而是要慢慢地渗透到五官中去。在人们还没注意到其存在时，成熟、隐秘、精密、有力的传达已经悄然完成了。对于形成视觉冲击力或者进行自然的渗透而言，创作的手段有所差异，但是说到底，设计的目的是为了完成信息的传达，而信息传达的内容就是作品所要呈现给大众的一种理念。对于一件艺术作品而言，这种理念可以包含相当多的诠释。观众通过对这些诠释饶有兴趣地解释、鉴赏或者评论，甚至是将它们会集在一起，与艺术家以及艺术家之外的第三者进行艺术的交流。理念对于设计而言至关重要，因为它是设计师想要通过视觉化元素传达给观众的那种人类能共同感受到的价值观或精神，以及由此引发的感动，即一种来自艺术的魅力所在。因此，设计所要传达的理念成为AI创意作品评价量规的首要评估内容。

艺术设计作品所要传达的理念或是美感，是通过多种感官介质被体验的。人类的多种感官，如视觉，对于形体存在的感受，并没有采用一种分割的态度。如同我们看到一个人的身体，它是神经系统、血液化学物质、新陈代谢、视力和其他所有能够想象得到的结构性元素共同作用的产物。这种共同性在设计领域被描述为风格。当我们说到风格的时候，指的是艺术家的内在状态传递给外在世界的方式。一种独特的风格是多次的连续性选择组成的大小、比例、色彩、结构等。对于一件作品在创作和接受上的偏好更常见的称呼是品位。风格的分类也是品位。风格、品位都是设计师的工具，也是他们每天都在烦恼的事情。

② 版面布局。

除了作品想要传达的理念以及作品所体现出的设计师风格，本书研究中的量规也关注版式。版式设计不仅有助于提供阅读的信息，而且是一篇文章中由行列织成的肌质。

这些肌质形成了页面上各种矩形的基调，这些矩形的安排联系，对于一篇文章中的秩序感和统一感来说至关重要。版面设计讲求顺序严密，按照瑞士人的提法，要按照隐形的网格线把版式元素排列起来。但是，版面设计的终点并不在这里，一个设计师需要打破这些网格以体现艺术的美感。从这一视角出发，版面设计是平面化作品设计中最初的一步，也是最后的一步，即从秩序开始，以打破秩序作为终结。打破秩序意味着创建，因此，那些设计领域中的可视化元素形状与蓝色辅助线之间的关系确立，也理所当然地构成 AI 评价量规中的主要评价方面。

一般来说，版式设计的问题有两个：传达与构成。前者关系到文字的安排，后者涉及所有页面构成要素的布局。关于传达，笔者将它理解为一种阅读顺序的引导，即设计师是否恰当地安排了文字内容，使得读者的阅读视线被正确引导。关于构成，笔者将它界定为所有页面元素在版面中的统一排列，既井然有序，又突出美感。

③ 色彩、文字和插图部分。

页面构成要素分为常用图形、色彩理念、文字编排分割和排版策略。其实，色彩、文字、插图对于平面设计的不可或缺性无须证明，只要看一下我们身边那些具有艺术感染力的作品即可，如一张学术海报、一份职业化的个人简历、一份结婚请柬或一张悬挂在高处的巨幅广告牌。

a. 色彩。很少有东西能像色彩这样具有如此强烈的视觉刺激，色彩是一种极为有用的传播工具。色彩可能是平面设计领域最无法屏蔽的要素，即便是设计师没有使用色相，他也为作品植入了白色或者黑色。因为色彩是因光波反射而产生，而且是从一个不够全面的器官即眼睛，传递给另一个不够全面的诠释机构即大脑，所有由色彩传达的含义都是极为主观的。色彩的主观性使得设计师在运用色彩表达情感时，需要分外谨慎。因此，对于色彩的处理构成本书 AI 评价量规的一项重要评估内容。

设计中的颜色主要包括五种：主角色、配角色、支配色、融合色和强调色。主角色是配色的中心色。配角色在主角色近旁，起到衬托和支持主角色的作用。支配色其实就是背景色，起到环抱主角色的作用。融合色是当主角色游离于其他之外时，起到融合整体作用的颜色。强调色是小范围内强烈的颜色，增强了画面整体的鲜活性。考虑到学习者是初学者，笔者简化了配色要求，只设立了三种配色，即主角色、背景色和补色。其中，补色可以是融合色或者强调色。

b. 文字。字号、色块的生动变化以及对细节的关注，比如断字和起行，使宣传册跨页上的文字不仅编排有趣，而且易于阅读、衔接清晰。要让文字清晰易读，这几乎是所有嵌入大段文字的艺术设计作品的关注点之一。以易于阅读的视角来看，字体设计如同英国字体批评家碧丝·华德眼中的水晶酒杯，是为了追求一种极致的透明而设计的透明容器，而不是为了观看。但是，标题文字的字体设计却不是这样的。有一句通俗的口号是：把字体当作图像进行设计，因为字体至关重要。大多数失败的字体编排都存在这样的问题：要么是采用 20 世纪 60 年代无数广告策划用滥的编排方式"大标题—图片—文字正文"，刻板地将照片从文本中分离出来；要么就是盲目地把古怪的大字体置于图片上面,把字体做得够大,形成图文混排的效果。过于简化的文字处理是不对的,字体理应作为一种视觉素材,由点、线、形状以及肌理组成。字体的部分应该与设计中其他的元素关联起来。综上所述,文字处理至少应该包括两方面的内容,即文档文字设计以及标题文字设计。对于前者,本书更为关注的是易读性;对于后者,本书更为关注的是字体设计的美感。

c. 插图。插图以鲜明的图像来吸引读者的注意力,如昆虫的飞返路线,也提供了某种强烈的视觉隐喻,如某人对炸鸡的偏爱。文字和插图可以很好地互补。因为两种传播系统都各有不足,将两者结合是完全符合逻辑的,而且当今各种媒体都是这样做的。插图有很多介质,例如油墨、水彩、蜡笔、铅笔、钢笔、树脂、铜版、木板或者油布、喷枪、拼贴等。非常有趣的是计算机绘画软件,如 PS 和 AI。这两种软件中的画笔和滤镜、贝塞尔工具和渐变网格,能够将图片效果会集在一个数字屏幕上。计算机绘图与本书研究中的作品设计息息相关,从数字文件的形成与支持方式来看,数字化插图有两种类型,即位图与矢量图。两者的区别在于,前者可以分解为像素,而后者是通过数学算法获得的。数字领域的绘画无出其右,要么是位图,要么是矢量图。只有 TGA 图片文件比较特殊,是矢量图向位图的过渡格式。

本书的评估体系包括了对于 PS 位图和 AI 矢量图的评估。其中,PS 位图评估倾向于位图的排列处理和 PS 高级应用,例如蒙版、通道和滤镜效果的使用。AI 矢量图评估倾向于钢笔、矢量效果和渐变网格的应用。此外,笔者要求学生必须在设计作品中加入 AI 矢量图。同时,在分值的权重分配上,明显偏重于 AI 矢量图。这样设定的原因很简单,毕竟学习的课程内容是矢量图形的绘制,而不是后期图片的处理。

(2) Newman 模型。

Newman 创建了一个批判性思维评估模型,该模型包括 10 个类别的内容,即相关、重要、新颖、外部知识、澄清、连接的观点、辩解、批判性评估、实际效用、理解的宽度。这 10 个类别共有差不多 40 个编码,分作批判性思维和非批判性思维两类。Newman 模型的处理方法是将一个编码分配给一个张贴或对话中的一个句子、一个短语。每一个句子或者短语后面附加一个"＋"号或者"－"号,标志着这一语句将有助于或者有损于学习者批判性思维的发展。等到所有的语句被赋值,研究者就可以计算整个张贴或者对话文本的批判性思维水平比率。批判性思维水平比率的计算使用了一个公式,即 $CT = (X^+ - X^-)/(X^+ + X^-)$。其中,$X^+$ 代表着那些有助于批判性思维发展的陈述或者句子数量,而 X^- 代表着那些有损于批判性思维发展的陈述或者句子数量。一个语句允许存在多种编码,而一个高比率的编码意味着一个高水平的批判性思维能力。

Brown 认为,Newman 模型给出了一些比较明确的编码和比较详细的编码描述。但是,在产生了大量编码的情况下,通过这种方式,研究者很难计算出评估者间的信度(Inter-Rater Reliability)。评估者间信度的讨论将是冗长的,因为比率可能是从不同的编码和不同的分析单位中产生的。同时,Marra 和她的同事也提到了 Newman 编码的不足之处。他们认为,Newman 模型产生了大量的个体比率,却没有提供一个有意义结果的整合说法。

虽然存在诸多不足,但是这种方式支持了不同形式的对话文本分析。Newman 曾在评价自己最初的文本分析结果时提及了这一特点,即在他的研究中,面对面讨论和视频会议讨论中出现批判性思维的比率情况是类似的。有鉴于此,考虑到学习者面对面对话和同步在线对话的统一编码问题,笔者选择了 Newman 模型来评估学习者在一个单元两次对话中所表现出的批判性思维水平。本书所参阅的 Newman 模型来自于 Newman 本人的研究成果。一个完整的 Newman 指标分类,请参看附录 2。

(3) CCS 课堂共同体量表。

Rovai 开发了 CCS 课堂共同体意识评价量表来测量参与者的共同体意识,即他们是否感到他们是班级的一分子。CCS 量表最初包括 40 个问题,其中,20 个问题测量了学习者的连通性、凝聚力、团队精神、信任感和相互依赖感;另外的 20 个问题测量了学习者之间交互的程度。经过一个教育心理学专家小组的审阅和讨论,CCS 量表最终保留了 20 个问题。其中,问题 1、2、3、6、7、11、13、15、16、19 是正向问题,其答案的分值为:"非常同意 =4""同意 =3""不确定 =2""不同意 =1""非常不同意 =0"。问题 4、5、8、9、10、12、14、17、18、20 是反向问题,其答案的分值为:"非常同意 =0""同意 =1""不确定 =2""不同意 =3""非常不同意 =4"。最终分数的获得是所有问题得分的总和。CCS 量表包括两个维度,即连接维度和学习维度。连接维度指向了奇数问题的项目,学习维度指向了偶数问题的项目。CCS 量表的信度系数是 0.93,分半信度是 0.91,CCS 量表中连接维度的信度和分半信度分别是 0.87 和 0.80,CCS 量表中学习维度的信度和分半信度都是 0.92。笔者所参阅的 CCS 量表来自 Stover 的研究成果,并在此基础上,执行了 CCS 量表的信度和效度检验。有关中文 CCS 量表的详细内容,请查阅附录 3。

(4) 大学生信息问卷。

大学生信息问卷是研究者自编问卷,用于了解课程参与者的个人情况,包括性别、地域差别、学习方式偏好、IT 支持学习看法、技术素养程度、课程兴趣、未来职业选择。大学生信息问卷的具体内容,请参阅附录 4。

5. 研究参与者

"数字图形设计"课程的注册学生是 29 人,在课程开始之后,被分为 6 组。其中,5 个小组由 5 名成员组成,每组均包括 2 名男生和 3 名女生;只有一个小组包括 4 名成员,分为 1 名男生和 3 名女生。考虑到人数的减少和男女分配比例差异可能对小组成员的合作与讨论带来不小的影响,因此,笔者在研究中删除了第 6 组。最后,研究的实际参与者是 25 人,其中,男生 10 名,女生 15 名。

6. 数据收集与处理方法

本书研究中的数据包括:大学生作品成绩,包括四个单元中的大学生作品成绩、小组作品成绩以及大学生期末作品成绩,均采用 AI 创意作品量规来评估;小组批判性思维水平（比率）和大学生批判性思维水平（条数），均包括四个单元中的四次在线对话评估、四个单元中的四次面对面讨论评估，均采用 Newman 模型来评价；大学生共同体意识评估，由 CCS 量表来测量；大学生信息，通过大学生信息问卷来获取。

(1) 大学生作品成绩评估。

大学生作品主要包括个人作品、小组作品和大学生期末作品。这些作品都是真实任务的产物，需要采用专业量规来评估。为此，在详细参阅平面设计类相关著作的基础上，笔者精心编制了一份 AI 创意作品量规。然后，由笔者和另外一名平面设计类课程的专职教师 A 组成专家小组，共同审阅、讨论并修改了量规细目，从而在一定程度上保证了量规内容的有效性。在应用量规进行作品评定时，笔者将学生作品成绩分为优秀、良好、中等、及格、较差、很差这 6 个等级。其中，90～100 分是优秀，赋值为 6；80～89 分是良好，赋值为 5；70～79 分是中等，赋值为 4；60～69 分是及格，赋值为 3；30～59 分是较差，赋值为 2；0～30 分是很差，赋值为 1。在实际评估时，笔者和一位具有艺术教育背景（硕士学位）的专职教师 B 组成专家小组，参阅和依照 AI 创意作品量规的内容，各自独立参与了学生作品的评分工作。为了保证评分工作的一致化，在评分之前，两位评估人共同评阅了第 6 组（被删除的那一组）的作品，并充分讨论了评分结果中出现的一些明显分歧。由表 4-2 可知，在不同单元和期末考试中，两位评估人给出的分数变量之间的相关均值高达 0.91，表明 AI 创意量规的评分者信度较高。在评分过程中，如果遇到不一致的评分，双方经过协商，最终达成一致意见。

表 4-2 量规的评分者信度

	第一单元个人作品成绩	第二单元个人作品成绩	第三单元个人作品成绩	第四单元个人作品成绩	期末考试个人作品成绩	小组合作作品成绩
量规评分者信度	0.92	0.90	0.92	0.90	0.92	0.91

(2) 大学生（小组）批判性思维水平（比率或者条数）评估。

在执行批判性思维水平评估之前，一个专家小组共同工作，将 Newman 模型翻译成中文。翻译工作的具体程序是：首先，笔者自行翻译了 Newman 模型；其次，由一名英语专职教师 C 将中文回译成英文；最后，由笔者、英语专职教师 C、一名教育心理学专职教师 D 共同组成评审小组，对比原版模型和回译后的模型，在讨论和修改的基础上确定了 Newman 模型的中文版。接下来，笔者和专职教师 B 一起组成了专家小组在充分协商和讨论的基础上，共同参与了基于大学生讨论的批判性思维水平评估工作。Newman 模型的评估工作比较复杂，因此，在评估之前，笔者制定了一套行之有效的工作程序。两位评估人在整个编码的过程中，均遵循了这样的方法。

① 讨论文本的誊写与整理。

大学生经历了四个单元的在线讨论，每次讨论有五组大学生参与，同时上线，每次讨论平均历时一个半小时；在线讨论之后，大学生又参与了四个单元的面对面讨论，每次讨论有五组学习者参与，讨论分为三轮，每轮同时有两组大学生参与，每次讨论平均历时一个半小时。笔者为每次面对面讨论录像，一共获得 20 份录像剪辑。然后，笔者独立完成了这些视频的文字誊写工作。同时，另一位评估人核对了录像和文本内容。之后，在两人协商的基础上修改文本，一共获得 20 份面对面讨论的对话文本。此外，笔者将 QQ 线程上的讨论结果拷贝下来，稍加整理，保存为同步在线讨论的对话文本。最后，笔者一共获得 40 份小组讨论文档，均保存为 DOC 格式。

② 最小文本分析内容的界定。

在一份 Word 讨论文档中，最小分析内容可以是一个短语、一个独立的句子或一个张贴段落。对于本书的研究而言，大学生个人的自然话语段落就是最小分析内容。首先，笔者将一份 Word 文档分割成最小分析内容，最小分析内容之间的区分采取隔行处理的方式。其次，另一位评估者复查和检验了文档的内容。最后，两位评估人在讨论的基础上，将留有分歧的待分析内容标识成灰色，意思是这些内容不会被编码处理。

③ 预编码工作。

两位评估人独立编码了第 6 组（被删除的那一组）的文本对话片断，并根据编码结果，对 Newman 模型的每一类编码进行深入讨论，尽量达成比较一致的看法。在此基础上，开始正式编码工作。

④ 正式编码工作。

两位评估者对 40 份 Word 讨论文档进行独立编码。这一过程的具体操作是：两位评估人检视 Newman 编码表，在每一个有意义的最小分析内容后插入适用的编码。原则上，一个最小分析内容只赋予一个编码。40 份 Word 文档编码结束后，两位评估人集中讨论每一个被编码句子的合理性以及每一个编码应用的适切性。然后，针对每一处分歧，再次交换意见。最后，在讨论之后，将那些还是无法达成共识的句子和编码标识为灰色，意思是这些句子和编码将被忽略。

在对大学生同步在线讨论和面对面讨论的编码过程中，笔者发现 Newman 模型中的一些子项，例如，I（重要性）、A（澄清）、J（辩解）均没有出现负向值。同时，它们在某种程度上，对于小组作品中学习者个人创意发展和技巧提升具有一定的推动作用。I + 类编码代表着重要的观点或者问题。在本书的研究中，这些观点往往与设计理论直接相关，是大学生个人审美和独特创意的彰显。AC + 类编码是清晰和明确的思想、观点和陈述，是对模棱两可观点或者问题的澄清和说明。在本书的研究中，AC + 类编码的出现预示着双边或者多边头脑风暴模式的开启，即经常有人带着疑问或者话题开腔，然后，其他人尝试着给出基于问题的解释或者阐述。因此，AC + 类编码在面对面讨论中出现得最多，讨论时气氛热烈，思想碰撞也更多。JS + 类编码则是提供了基于问题的解决方案。在此次研究里，JS + 类编码大都与大学生针对技术问题给出具体和适切的解决方案有关，体现了大学生的 AI 技术素养。有鉴于此，考虑到批判性思维可能与大学生作品存在关联，笔者在计算大学生批判性思维水平的编码比率时，也关注了样本中这三类编码的条目数量。

在本书的研究中，大学生批判性思维水平的评估包括两种方式：以比率来衡量的批判性思维水平和以条数来衡量的批判性思维水平。首先,以比率为单位,计算大学生的批判性思维水平(比率)。具体来说,就是借助于 Newman 模型统计出大学生在讨论中出现的正向或者负向批判性思维条数,然后再按照比率公式 [$CT = (X^+ - X^-)/(X^+ + X^-)$] 计算出结果。其中,CT 代表大学生批判性思维水平,X^+ 代表正向批判性思维编码条数,X^- 代表负向批判性思维编码条数。由表4-3 和表4-4 可知,在同步在线讨论和面对面讨论中,两位评估人给出的比率变量之间的相关均值高达 0.92 和 0.89,表明 Newman 模型编码的评估者间信度较高。其次,以条数为单位,计算大学生的批判性思维水平(条数)。具体来说,就是通过 Newman 模型统计出 I+、AC+、JS+ 三种编码的条数,并将这三类编码的条数相加处理。由表4-5 和表4-6 可知,在同步在线讨论和面对面讨论中,两个评估人给出的条数变量之间的相关均值高达 0.94 和 0.98,表明 Newman 模型编码的评估者间信度较高。

表4-3 同步在线讨论中 Newman 模型的评估者间信度(比率)

	同步在线讨论							
	第一单元		第二单元		第三单元		第四单元	
	评估人1	评估人2	评估人1	评估人2	评估人1	评估人2	评估人1	评估人2
正向编码	361	316	650	624	615	619	514	503
负向编码	59	56	106	98	59	57	29	26
比率	0.72	0.70	0.72	0.73	0.82	0.83	0.89	0.90
评估者间信度	0.89		0.98		0.96		0.84	

表4-4 面对面讨论中 Newman 模型的评估者间信度(比率)

	面对面讨论							
	第一单元		第二单元		第三单元		第四单元	
	评估人1	评估人2	评估人1	评估人2	评估人1	评估人2	评估人1	评估人2
正向编码	496	453	651	553	549	508	834	593
负向编码	35	30	34	24	23	22	20	15
比率	0.87	0.88	0.90	0.92	0.92	0.92	0.95	0.95
评估者间信度	0.99		0.94		0.81		0.84	

表4-5 同步在线讨论中 Newman 模型的评估者间信度(条数)

	同步在线讨论							
	第一单元		第二单元		第三单元		第四单元	
	评估人1	评估人2	评估人1	评估人2	评估人1	评估人2	评估人1	评估人2
I+	3	1	18	18	31	32	13	15
AC+	27	20	168	154	208	204	208	197
JS+	54	54	78	83	74	86	62	97
总计	84	75	264	255	313	322	283	309
评估者间信度	0.87		0.95		0.99		0.95	

表 4-6　面对面讨论中 Newman 模型的评估者间信度（条数）

	面对面讨论							
	第一单元		第二单元		第三单元		第四单元	
	评估人 1	评估人 2	评估人 1	评估人 2	评估人 1	评估人 2	评估人 1	评估人 2
I +	26	21	31	31	12	11	32	32
AC +	252	257	398	355	337	316	714	780
JS +	66	62	92	113	57	69	166	173
总计	344	340	521	499	406	396	912	985
评估者间信度	0.98		0.99		0.99		0.98	

（3）大学生共同体意识评估。

大学生共同体意识得分由 CCS 量表测量。该量表属于国外量表，不能直接用于国内学习者共同体意识的采集工作。因此，在引入之前，笔者对该量表进行了本土化的信度和效度检验，具体内容如下所示。

① 量表的翻译。

首先，笔者独立翻译了 CCS 量表。其次，英语专职教师 C 对中文译稿进行回译。最后，由笔者、英语专职教师 C 和教育心理学专家 D 组成专家评审小组，对比原版量表和回译后的量表，再次进行讨论和修改，整理出中文版的 CCS 量表。

② 被试的选取。

在"大学英语"课程中，笔者抽取了三个班级的大一学生作为被试。之所以选择大学英语课程的学生，是因为该类课程覆盖的学生数量较多，班级成员带有文理学院的背景，而且男女生比例分配比较均匀。

③ 问卷的初步处理。

笔者一共下发两次问卷，总计 410 份。首先，笔者对回收的 410 份问卷进行了严格的非统计学层面（初步）的筛选工作，删除了有漏答题项的问卷，呈现同一性作答嫌疑的问卷和修改答案的题目超过 4 项的问卷，一共获得有效问卷 394 份。其中，第一次下发 130 份问卷，有效试卷 124 份；第二次下发 280 份问卷，有效试卷 270 份。394 份被试样本包括女生 247 人，男生 147 人；医学部 123 人、材化部 81 人、城市轨道交通学院 19 人、文学院 101 人、社会学院 9 人、管理学院 46 人、教育学院（教育学方向）15 人。其次，笔者将反向题进行转换处理。最后，笔者按照测量的先后顺序，将数据分为两个自然样本，即前 124 份样本用于项目分析和探索性因素分析，以清晰地呈现 CCS 中文量表的结构；后 270 份样本用于验证性因素分析，以深入考察 CCS 中文量表的结构效度。

④ 项目分析。

a. 项目区分度检验。计算总分并将所有题项得分按照总分排序，分别取高端和低端 27% 的被试组成高分组和低分组，通过独立样本 T 检验，检验各个题项在这两个极端组的得分是否具有显著差异，以此来获得各个题项的鉴别力判断。由表 4-7 可知，t

检验未达 0.05 显著水平的有第 3 题 [$t(66) = -1.61$, $p = 0.113$]。因此，考虑删除第 3 题。

表 4-7 高分组与低分组各项目得分差异检验

项目	高分组 $N=35$	低分组 $N=33$	t 值	p 值
1	2.89±0.53	1.76±0.83	-6.72	0.000
2	3.17±0.51	2.58±0.75	-3.84	0.000
3	2.86±0.73	2.58±0.71	-1.61	0.113
4	2.91±0.56	2.15±0.87	-4.32	0.000
5	2.86±0.73	1.61±0.90	-6.30	0.000
6	2.94±0.59	1.91±0.81	-6.06	0.000
7	2.77±0.69	1.21±0.70	-9.28	0.000
8	2.97±0.57	2.00±1.12	-4.56	0.000
9	3.26±0.44	2.03±0.85	-7.54	0.000
10	2.80±0.83	1.94±1.22	-3.41	0.001
11	3.11±0.32	2.42±0.61	-5.85	0.000
12	3.14±0.43	1.73±0.80	-9.15	0.000
13	2.40±0.91	1.52±0.87	-4.08	0.001
14	3.23±0.43	2.33±0.82	-5.72	0.000
15	1.94±0.80	1.36±0.74	-3.09	0.003
16	3.09±0.37	2.09±0.84	-6.36	0.000
17	2.23±0.97	1.06±0.56	-6.03	0.000
18	2.74±0.74	1.18±0.81	-8.31	0.000
19	3.14±0.36	2.39±0.70	-5.58	0.000
20	2.97±0.66	1.42±1.03	-7.40	0.000

b. 项目内部一致性检验（项目与总分相关分析）。计算每个项目得分与总分的相关，分析结果发现，内部一致性系数为 0.90，显示出量表项目具有相当的同质性。由表 4-8 可知，第 3 题（0.07）、第 8 题（0.28）、第 10 题（0.23）、第 13 题（0.27）、第 15 题（0.24）的相关系数低于 0.3，考虑删除上述题项。

表 4-8 各个项目的分数与总分的相关

项目	项目（总分相关）	项目	项目（总分相关）
1	0.45	11	0.44
2	0.32	12	0.64
3	0.07	13	0.27
4	0.42	14	0.53
5	0.49	15	0.24
6	0.48	16	0.50

续表

项目	项目（总分相关）	项目	项目（总分相关）
7	0.61	17	0.48
8	0.28	18	0.52
9	0.61	19	0.50
10	0.23	20	0.49

c. 项目内部一致性检验（因素分析）。利用因素分析，选取主轴分析法，同时设定因子个数为1，以此来获得题目的因素负荷量。由表4-9可知，第2题（0.33）、第3题（0.05）、第4题（0.46）、第8题（0.28）、第10题（0.24）、第11题（0.47）、第13题（0.31）、第15题（0.27）的因素负荷量低于0.50，考虑予以删除。

表4-9　各个项目的因素负荷量

项目	因素负荷	项目	因素负荷
1	0.50	11	0.47
2	0.33	12	0.70
3	0.05	13	0.31
4	0.46	14	0.57
5	0.54	15	0.27
6	0.54	16	0.56
7	0.67	17	0.52
8	0.28	18	0.58
9	0.64	19	0.53
10	0.24	20	0.55

⑤ 信度检验（内部一致性信度）。

全量表Cronbach Alpha系数为0.84，分量表"连接维度（Connectedness）"的Cronbach Alpha系数是0.75，分量表"学习维度（Learning）"的Cronbach Alpha系数是0.77信度。所有量表系数均大于0.70，说明CCS中文量表具有较高的内部一致性信度。

⑥ 结构效度。

a. 探索性因素分析。依照项目分析结果，删除第2题、第3题、第4题、第8题、第10题、第11题、第13题、第15题。对CCS中文量表的剩余项目进行探索性因素分析，共析出两个因素，一个因素包括第20题、第12题、第16题、第9题、第14题、第18题；另一个因素包括第5题、第7题、第1题、第17题、第19题、第6题。参照国外CCS量表的原有维度，第9题和第6题的隶属维度有所偏差，予以删除处理。然后，重新对剩余题项进行探索性因素分析，结果显示KMO值为0.85，球形检验显著，说明题目间存在共同因素，适合进行因素分析。参看表4-10，采取主成分分析法抽取因素，并进行方差极大正交旋转，选择特征根大于1的因素，共析出两个因素，共同解释了53%的总方差。依照因素分析的结果，CCS中文量表包括两个因素，结构比较清晰。其中，因子1解释了27%的方差，包括第5题、第17题、第7题、第1题、第19题，主要反映了大学生在共同体学习中的一种情感联系，可以命名为"连接"；因子2解释了26%的方差，包括第20题、第12题、第16题、第18题、第14题，所涉及的内容主要是大学生在共同体学习中的学习情况，可以命名为"学习"。

表4-10 各项目在两个因素中的负荷

连接（Connectedness）		学习（Learning）	
项目	负荷	项目	负荷
5	0.73	20	0.85
17	0.69	12	0.79
7	0.68	16	0.75
1	0.67	18	0.53
19	0.58	14	0.45
方差解释率	27%	方差解释率	26%
累计方差解释率	27%	累计方差解释率	53%

b. 验证性因素分析。通过项目分析和探索性因素分析，得到CCS中文量表的两维结构模型。为了考查中文量表的结构效度，借助Amos软件，对第二次收集来的270份样本数据进行验证性因素分析，目的是通过第二次的样本来观测数据与构想模型的拟合程度。CCS中文量表的结构模型及其标准化路径系数的计算结果如图4-1所示。

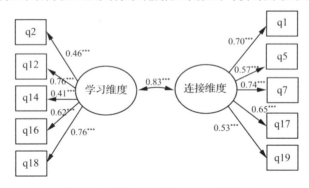

图4-1 CCS中文量表的结构模型图

同时，由表4-11可知，CCS中文量表结构模型的拟合指标达到了可以接受的标准，因而具有较好的结构效度。其中，X^2/df是卡方自由度比值，其值越小，表示假设模型的协方差矩阵与观察数据越适配；相反，卡方自由度比值越大，表示模型的适配度越差。一般而言，卡方自由度比值小于2时，表示假设模型的适配度较佳。当其值大于3时，或者更为宽松是5，表示假设模型无法反映真实观察数据，即模型需要改进。本书研究中X^2/df介于1和3之间，可以认为假设模型和样本数据的契合度可以接受。RMSEA为渐进残差均方和平方根，其值越小，表示模型的适配度越佳。一般而言，当RMSEA的数值在0.05～0.08之间时，表示模型良好，即有合理的适配。本文研究中

RMSEA 是 0.08，表明模型适配可以接受。NFI 为规准适配指数，TLI 为非规准适配指数，CFI 是比较适配指数。它们的值大多介于 0 到 1 之间，越接近 1 表示模型适配度越佳。本文研究中，NFI 为 0.89，TLI 为 0.90，CFI 为 0.93。总体来看，模型拟合程度较好。

表 4-11 观测数据与结构模型的拟合指数

X^2/df	RMSEA	NFI	TLI	CFI
91.81/34	0.08	0.89	0.90	0.93

至此，CCS 中文量表的题项被删减为 10 个问题。同时，修改后的量表保留了原来量表的两个维度，即连接维度和学习维度。前者包括题目 1、5、7、17、19，后者包括题目 12、14、16、18、20。在 10 个题项中，问题 1、7、16、19 是正向问题，其答案的分值为："非常同意 =5""同意 =4""不确定 =3""不同意 =2""非常不同意 =1"。问题 5、12、14、17、18、20 是反相问题，其答案的分值为："非常同意 =1""同意 =2""不确定 =3""不同意 =4""非常不同意 =5"。在学期课程结束前，笔者采用该量表对 25 名研究参与者进行施测。共发放纸质问卷 25 份，有效回收 25 份问卷。

（4）大学生信息调查。

在课程结束前，研究者利用与大学生开展个性访谈的开场白时间，对大学生的个人信息进行收集。收集工作采用了结构化的问题，以口耳相传的方式来进行，即大学生描述，研究者记录。研究者邀约的访谈人数是 25 人，最后收到并整理出 25 份电子问卷。

7. 数据分析方法

在数据收集之后，一个数据分析程序被引入，目的是回答笔者之前提出的研究问题。为了能够阐述清楚，笔者将问题、变量以及分析方法之间的对应关系在表 4-12 中列出。

表 4-12 研究问题、变量以及分析方法之间的对应关系

研究问题	自变量	因变量	分析方法
研究问题 1：在大学混合学习模式中，随时间推移，大学生个人单元作品成绩是否显著提高	时间	大学生个人单元作品成绩	单因素重复测量方差分析和 LSD 事后检验
研究问题 2：在大学混合学习模式中，随时间推移，小组单元作品成绩是否显著发展	时间	小组单元作品成绩	单因素重复测量方差分析和 LSD 事后检验
研究问题 3：在大学混合学习模式中，随时间推移，小组单元批判性思维水平是否显著发展	时间	小组单元批判性思维水平	单因素重复测量方差分析和 LSD 事后检验

续表

研究问题	自变量	因变量	分析方法
研究问题4：在大学混合学习模式中，大学生第四单元批判性思维水平对于大学生第四单元作品成绩、大学生个人期末作品成绩和小组第四单元作品成绩是否有影响	大学生第四单元批判性思维水平	大学生第四单元作品成绩 大学生个人期末作品成绩 小组第四单元作品成绩	相关分析和回归分析
研究问题5：在大学混合学习模式中，大学生学习是如何被大学生信息所影响的	大学生信息包括： 性别 地域差别 学习方式偏好 IT支持学习看法技术素养程度 课程兴趣 未来职业选择	大学生学习包括： 大学生第四单元作品成绩 大学生个人期末作品成绩 大学生第四单元批判性思维水平 大学生共同体意识	相关分析和回归分析

首先，对于样本数据，笔者进行了描述性统计分析，主要包括大学生基本情况分析、大学生作品成绩分析、大学生批判性思维水平分析、大学生共同体意识得分分析。其次，针对五个研究问题，笔者采用了两种推断性统计分析方法来处理数据，即方差分析和回归分析。针对大学生作品成绩以及大学生批判性思维水平是否随时间推移而有所提高，进行了方差分析。因为作品成绩和批判性思维水平涉及四个单元的评测，属于同一群样本重复测量多次的情况，因此，需要采用单因素重复测量方差分析的方法。方差分析后，执行了事后检验，以确定到底哪两组得分均值之间存在显著性差异。同时，为了理解大学生批判性思维水平对于大学生作品成绩的影响和大学生信息对于其学习的影响，笔者进行了相关分析和回归分析。因为能够解释学习者作品成绩和学习者学习的变量不止一个，因此，需要选择多元回归分析方法。在回归分析之前，需要了解变量之间的关系强度，事先执行相关分析操作。

4.1.3 质性研究的研究方法

1. 研究问题

量化研究可以帮助研究者了解大学生对于教学的适应性，即他们的作品设计水平和批判性思维能力是否得到了发展。但是，对于大学生的学习感知和体验，笔者还是知之甚少。为此，在量化研究的基础上，笔者引入了基于个性访谈的质性分析方法，目的是通过与大学生的对话，对这些对话记录的分析，充分描述和深入理解他们对于九个学习活动阶段的体验以及他们在混合学习中所收获的经验和意义。质性研究的问题是研究问题6：大学生对于大学混合学习模式中九个学习活动阶段的看法如何？有关研究问题的具体内容，请参看附录5。

2. 数据收集与处理方法

为了理解大学生对九个学习活动的看法，在课程结束前，笔者与课程学习者展开了一个面对面访谈。在访谈之前，笔者征询了大学生参与访谈的意见，并根据参与者的时间安排拟定了双方谈话的具体日期，每次访谈持续 1 个小时，整个访谈内容由一台摄像机记录。在访谈过程中，为了消除参与者的紧张感和面对镜头的拘束，以期获得一种更为轻松愉快的谈话效果，笔者加入了暖场话题、咖啡和茶。对于访谈数据的处理，笔者遵循了基于 Moustakas 的数据分析方法。

3. Moustakas 数据分析方法

隐藏在质性研究之后的哲学关注这样一种观点，即意义是个体在与世界交互的过程中被建立的，同时，世界或者现实不是固有的、单一的、一致的，或者是能够被定量研究所测量的现象。这种信仰导致了质性研究的参与者总是希望通过一系列深入和广泛的社会科学和教育研究方法，去尝试寻求关于现实的多重建构和解释。诸如此类的方法包括基本解释、现象学研究、扎根理论、案例研究、民族志和叙事分析。这些方法都有一些共同的特质，主要包括意义和理解的寻求；研究者是主要的数据收集和分析工具；归纳式调查方法；一个富含细节的描述和产品；与人类情感的连接、与人类的接触和对理解的思考。

（1）关于现象学研究。

现象学方法是知识意义和知识本质的发现。现象学作为一种研究方法允许我们进入意识，通过直觉和自我反思来理解现象的意义和本质；同时，也允许我们描述事物本身，以及对真实存在意义和可能存在意义的想象进行混合，即所谓的"现实与理想的统一"。在这一框架下，研究的关注点是个体的主观体验，并从体验中产生本质和解释。因此，研究目标是获得对现象的实际性和主观性描述和对现象中人的生活体验描述。

现象学方法将意义的描述和解释提升到了更加深入和更加丰富的层次。这种描述和解释与实践密不可分。现象学的实践理念，作为一种情境化的、兼收并蓄的和跨学科探究的概念，可以提供一种有用的模式，用以回复专业实践者在生活世界中遇到的问题。近年来，现象学方法被很多学者应用到护理学、老年护理学、临床心理学、预防保健学、咨询、教育学、人类学等领域。这些学者拥有坚实的学科背景，却没有多少哲学知识，但是，他们正在不断运用和探索着现象学方法。

综上所述，现象学方法关注了从研究者视角出发，对实际案例或现象实例的深入解释，这种解释既是实践化的，又充满了主观色彩。同时，这一方法早已突破了哲学视域，现在来看，正不断趋于成熟，不断被应用于不同的专业领域。

（2）关于 Moustakas 分析方法。

现象以及现象的阐述，对于每一位研究者而言都是一个复杂系统。为了更好地描述这些现象，本书的研究需要一个关于现象学程序分析的理论框架，以帮助研究者产生丰富的基于个体参与者看法和体验的描述，以及能够将这些描述连接到现象的反思中去。因此，本书采用了 Moustakas 现象学分析方法，该方法包括三个内容，即现象删减、想象变化以及意义和本质的整合。

① 现象删减。

van Mannen 认为，删减操作首先来源于一种对于世界神秘信仰的惊奇感。这种惊奇感激发了人们不断质疑世界经验的意义。其次，在删减过程中，人们需要克服自己的主观性或者自私的情感、偏见、倾向以及期望，因为这些因素常常阻碍了一个人从生活现象或者活生生的体验中获得主题。然后，在删减过程中，人们可以揭示出那些来自现象底层的理论、科学概念、主体化内容。最后，在删减过程中，一个人需要通过那些存在于具象生活之中的、活生生的特殊生活经验来审视现象。

删减过程的第一阶段允许研究者自我检验，以删除一些与现象有关的、来自过去的知识和体验。这一步骤对于质性研究是必要的，它不仅允许研究者带着一种新视角进入研究，同时，也通过植入了新观点、新情感、新觉醒、新理解和新反思的过程而创建了一种新的知识，从而使得研究者能够公允地看待访谈中的那些个体故事。删减过程的第二阶段允许研究者鉴别出那些访谈回复中的关键论述和句子。在这一阶段中，体验被认为是奇特的、完整的，并以一种新鲜的和开放的方式存在着。

② 想象变化。

这一阶段可以理解为思考，即对于文本意义的思考与想象。Moustakas 认为，通过想象层面的思考，研究者可以改变参考框架，植入分歧和反向的观点，从不同角度、位置、角色或功能逼近现象本身。想象的目的是能够创建出一份结构化描述的体验，揭示出个体正在体验着的、潜藏的、沉淀的要素。这一阶段要求研究者对体验形成的条件进行分析，对参与者故事可能存在的不同进行检验，即从不同观点出发，去检验可能的意义和看法变化，目的是将个人的结构化描述整合成一个包括了所有出现主题的复合性结构化描述。

③ 意义和本质的整合。

意义和本质的整合是 Moustakas 现象学分析方法的最后一个阶段。Moustakas 认为，在这一阶段中，研究者应该能够依靠自觉，将基础的文本和结构化描述整合成一份统一的、关于现象体验意义的陈述。

(3) 数据分析方法。

具体而言，本书的质性分析程序包括九个步骤。其中，后七个步骤，即与文本编码和文本分析密切相关的部分，充分参阅了 Moustakas 的三段论方法。

① 文本誊写（独立工作）。

在执行数据分析之前，笔者将个人访谈录像誊写成文本。这一过程包括两个阶段的工作：首先，笔者负责文本整理。其次，整理好的文本被打印成纸质文稿，并提交给每一位参与访谈的大学生。他们审阅整个访谈记录，并签字表示同意，即他们同意文本中的观点与他们当时的实际想法和说法并无出入。

② 文本导入 NVivo 操作（独立工作）。

笔者为每一份数字化文本分配编号，一个编号对应一位参与者。然后，将代表着参与者编号的文本文件导入 NVivo 中待用。编号而不是名字的赋值做法，可以支持匿名分析的公允性。

③ 数据的群组化（独立工作）。

对于数据的群组化而言，本书的具体做法是将每一份数字化文本文件，根据研究问题，分割成一系列更小的组块。然后，为每一个组块分配一个开放性编码。

④ 数据的删减（合作工作）。

在删减数据的过程中，笔者和专职教师 B 重新回到录像资料，检查视频与文本的一致性，目的是将那些与研究无关的数据删除，并将那些与研究密切相关的材料添加进来。最后留下的数据就是 Moustakas 所说的关于体验或者感知的不变要素。

⑤ 数据的主题化（合作工作）。

主题化数据是将文本中或者不变要素中的主题析出。为对话中的关键性话语赋予自由编码，并将这些编码依照一定的逻辑顺序，排列在一个树状结构中。简而言之，就是将自由编码群组化成一系列的主题。主题呈现出树状结构，每一个主题又分裂出不同的子主题，这些主题几乎涵盖了所有值得关注的参与者看法。笔者和专职教师 B 各自独立完成了数据的主题化工作，并在协商讨论的基础上，最后确定了编码的分类框架。

⑥ 数据的检验（合作工作）。

检验数据要求研究者在不变的因素和出现的主题之间作比较，以此来检验信息的准确性和关联性。在这一阶段中，笔者导出主题、子主题和编码。然后，笔者和专职教师 B 一起回到视频和文本中，重新校验主题与编码、检验信息析出基础的可靠性。

⑦ 文本描述的构建（独立工作）。

文本描述的构建是针对参与者每一个人的、基于现象的个人文本描述工作。这一过程关注了基于个体的所有编码，以决定主题是从哪里被不断发展起来的。这一工作结束后，主题被匹配到个人访谈问题上。同时，一个基于个体参与者的文本描述被创建。具体来说，这样的工作是以主题为线索来描述个人体验，并形成相应的 DOC 文档。

⑧ 结构化描述的构建（独立工作）。

结构化描述的构建关注了现象被体验的方式，也相应地包括了研究者的想法和情感。这一结构化描述允许现象以不同的方式（整合了研究者的情感）被看待，反过来，它也要求研究者确保主题的有效性（关注了现象的实际意义）。具体来说，这样的工作是以主题为线索来总结群体经验，并形成相应的 DOC 文档。

⑨ 文本描述与结构化描述的整合（独立工作）。

基于文本和结构化的描述是将所有个体文本描述和结构化描述整合成一个框架以描述现象。所有与主题相关的信息可以根据需要，统计出频次以帮助质性数据的补充分析。同时，编码被重新层次化为主题及其子类。简而言之，这项工作是将访谈中的量化数据和质性数据进行审视、检验、整理，并将最后的结果输出成相应的 DOC 文档。如果文本描述和结构化描述是一个中间产品，那么基于文本和结构的描述就是一个最终的质性分析产品。

4. 质量控制问题

质性分析以研究者的主观判断为依据，因此，从消除研究者个人偏好的视角出发，国外文献提供了一些可以参阅的标准，以增加质性研究的可信性。具体来说，这些标准是可信性、通用性、可靠性与确定性。

（1）可信性。

质性研究中的可信性是由三角互证提供的，三角互证的一种方法是成员检验。所谓成员检验是将数据和尝试性的解释返回到那些给出数据的参与者，向他们询问数据的真实性。这样做的好处是能够保证数据的准确性、完整性、公平性以及有效性。Moustakas 也赞同经过检验的数据观点。他说："通过将数据返还给研究参与者，与他们一起分享现象的意义和本质，寻求他们对于数据完整性和准确性的评估，研究可以得到进一步的检验。"对质性分析而言，当主题成为问题的一部分，同时，可以被自由表达时，内部效度就产生了。因此，"成员检验"成为验证质性研究内部效度的一种方法。

在本书的研究中，首先，笔者将所有个体访谈文件打印出来，封装在牛皮纸信封里，并返还给参与者本人；其次，为他们预留出一个星期的时间，允许他们重新阅读、审看和修改誊写在纸张上的访谈数据，并告知他们，遇到数据错误或数据疏漏情况时与笔者联系，共同协商数据的处理问题；最后，在他们确认数据真实性的基础上，要求他们为自己的数据签字。通过这种简易可行的方式，笔者确保了研究数据的准确性和完整性。

（2）通用性。

通用性与研究结果的描述有关。丰富和详细的阐述，在某种程度上，可以提供更多的细节，允许读者自己决定研究中可以被关注和借鉴的部分。既然普遍存在于特殊之中，那么我们在一个特殊条件下所学到的东西也可以被迁移到随后使用的类似环境中。而迁移的问题又在于读者自己的决定，即发现哪些是能够被应用到情境中去的。因此，研究者的责任只是需要提供所有他们能够提供的细节即可。由此可见，质性研究的通用性包括两点：研究程序的规范性和访谈数据的细节化。

这一情况完全适用于本书的研究。首先，笔者遵循并细化了 Moustakas 的现象学研究方法，即将现象删减、想象变化、意义和本质的整合分解为九个阶段过程，从而保证了整个研究的规范化和具象化。其次，本书研究中的非结构化访谈设置了比较详细的问题表项，同时，面对面访谈长达一个小时，从而为研究者充分了解研究参与者的学习体验提供了足够的激发条件和聆听时间。

（3）可靠性与确定性。

Lincoln 和 Guba 认为，一种检验可靠性和确定性的方法是"审计追踪"。"审计追踪"详细描述了数据收集、分类导出以及决策制定的方式。这一过程在审计人和被审计人之间展开，即审计人要求被审计人提供所有与研究相关的原始数据、数据删减和数据分析的结果、理论要点整合、数据重构和综合性产品，数据的分类结构、发现和结论、最后报告。审计人的出现对于消除研究中的偏见起到了关键的作用，而偏见是研究有效性的一个大威胁，无论这种偏见是否有意。在本书的研究中，专职教师 B 充当了审计追踪程序的审计人角色。她亲自参与了 Moustakas 实践方法的若干环节。作为比较熟悉研究方法、过程乃至访谈数据的参与人,在研究结束之后,她负责重新审阅整个分析过程中的原始数据、中间产品和研究结论,从而有效保证了研究的可靠性和确定性。

4.2 教学适应性研究的数据分析

4.2.1 量化研究的数据分析

这部分内容以大学混合学习模式教学适应性研究的五个问题为线索,全面且详细地阐述了大学生信息分析,与大学生作品成绩、大学生批判性思维水平、大学生共同体意识得分有关的描述性统计分析和推断性统计分析。

1. 大学生信息分析

质性访谈开始之前,通过自编问卷,笔者采集了一些大学生的基本情况。由表4-13可知,"男性"大学生人数(40%)少于"女性"大学生人数(60%);"省内"大学生人数(52%)稍高于"省外"大学生人数(48%);大多数大学生喜欢的学习方式是"教师讲授"(44%)和"自主学习"(32%),少数大学生(24%)认为"合作学习"是他们喜欢的学习方式;对IT支持学习秉持"非常同意"观点的大学生(36%)和秉持"同意"观点的大学生(52%)占到大学生总数的88%;很多大学生认为自己的技术素养尚可,其中,技术素养自我评价为"良"(32%)的大学生人数略低于评价为"中等"(44%)的大学生人数;对"数字图形设计"课程"感兴趣"的大学生(84%)占了绝大多数;选择"设计"类职业的大学生(40%)和选择"教师"类职业的大学生(32%)人数最多。

表4-13 大学生信息分析结果

变量		总体人数	
		频次/个	百分比/%
性别	男性	10	40
	女性	15	60
地域差别	省内	13	52
	省外	12	48
学习方式偏好	教师讲授	11	44
	自主学习	8	32
	合作学习	6	24

续表

变量		总体人数	
		频次/个	百分比/%
IT支持学习看法	非常同意	9	36
	同意	13	52
	不确定	2	8
	不同意	1	4
	非常不同意	0	0
技术素养程度	优秀	0	0
	良好	8	32
	中等	11	44
	及格	4	16
	不及格	2	8
课程兴趣	非常感兴趣	2	8
	感兴趣	21	84
	不确定	1	4
	不感兴趣	1	4
	非常不感兴趣	0	0
未来职业选择	设计	10	40
	编程	4	16
	教师	8	32
	其他	3	12

2. 描述性统计分析

（1）大学生作品成绩的描述性统计分析。

大学生作品包括大学生个人单元作品和小组单元作品。对于这两类作品的评估，笔者采用了 AI 创意作品评价量规。由表 4-14 可知，大学生第一单元个人作品成绩均值是 2.32（$SD=0.80$），大学生第二单元个人作品成绩均值是 3.04（$SD=1.06$），大学生第三单元个人作品成绩均值是 3.56（$SD=1.26$），大学生第四单元个人作品成绩是 4.12（$SD=1.30$），大学生期末作品成绩均值是 4.64（$SD=1.11$）。由表 4-15 可知，小组第一单元作品成绩均值是 4.00（$SD=1.00$），小组第二单元作品成绩均值是 4.80（$SD=1.10$），小组第三单元作品成绩均值是 5.60（$SD=0.55$），小组第四单元作品成绩均值是 5.80（$SD=0.45$）。

表4-14 大学生个人单元作品成绩

变量	均值（取值范围1—6）	标准差	最小值	最大值
第一单元个人作品成绩	2.32	0.80	2.00	5.00
第二单元个人作品成绩	3.04	1.06	2.00	5.00
第三单元个人作品成绩	3.56	1.26	2.00	6.00
第四单元个人作品成绩	4.12	1.30	2.00	6.00
期末个人作品成绩	4.64	1.11	2.00	6.00

表4-15 小组单元作品成绩

变量	均值（取值范围1—6）	标准差	最小值	最大值
第一单元小组作品成绩	4.00	1.00	3.00	5.00
第二单元小组作品成绩	4.80	1.10	4.00	6.00
第三单元小组作品成绩	5.60	0.55	5.00	6.00
第四单元小组作品成绩	5.80	0.45	5.00	6.00

（2）小组和大学生批判性思维水平的描述性统计分析。

小组和大学生在同步在线讨论和面对面讨论中表现出的批判性思维水平由 Newman 模型来衡量。由表4-16可知，在同步在线讨论中，小组第一单元批判性思维水平（比率）均值是0.65（$SD=0.12$），小组第二单元批判性思维水平（比率）均值是0.68（$SD=0.12$），小组第三单元批判性思维水平（比率）均值是0.82（$SD=0.03$），小组第四单元批判性思维水平（比率）均值是0.89（$SD=0.03$）。由表4-17可知，在面对面讨论中，小组第一单元批判性思维水平（比率）均值是0.85（$SD=0.07$），小组第二单元批判性思维水平（比率）均值是0.88（$SD=0.05$），小组第三单元批判性思维水平（比率）均值是0.90（$SD=0.02$），小组第四单元批判性思维水平（比率）均值是0.94（$SD=0.02$）。

表4-16 同步在线讨论中小组单元批判性思维水平（比率）

变量	均值（比率）	标准差	最小值	最大值
第一单元批判性思维水平（比率）	0.65	0.12	0.51	0.80
第二单元批判性思维水平（比率）	0.68	0.12	0.54	0.80
第三单元批判性思维水平（比率）	0.82	0.03	0.79	0.87
第四单元批判性思维水平（比率）	0.89	0.03	0.84	0.92

表4-17 面对面讨论中小组单元批判性思维水平（比率）

变量	均值（比率）	标准差	最小值	最大值
第一单元批判性思维水平（比率）	0.85	0.07	0.72	0.90
第二单元批判性思维水平（比率）	0.88	0.05	0.83	0.94
第三单元批判性思维水平（比率）	0.90	0.02	0.89	0.93
第四单元批判性思维水平（比率）	0.94	0.02	0.91	0.96

由表4-18可知,在同步在线讨论中,大学生第一单元I+(3)、AC+(27)、JS+(38)三种编码的总计条数是68,大学生第二单元I+(12)、AC+(160)、JS+(70)三种编码的总计条数是242,大学生第三单元I+(11)、AC+(194)、JS+(58)三种编码的总计条数是263,大学生第四单元I+(9)、AC+(194)、JS+(46)三种编码的总计条数是249。由表4-19可知,在面对面讨论中,大学生第一单元I+(10)、AC+(203)、JS+(48)三种编码的总计条数是261,大学生第二单元I+(15)、AC+(294)、JS+(64)三种编码的总计条数是373,大学生第三单元I+(8)、AC+(277)、JS+(47)三种编码的总计条数是332,大学生第四单元I+(8)、AC+(512)、JS+(88)三种编码的总计条数是608。

表4-18 同步在线讨论中大学生单元批判性思维水平(条数)

变量	三类编码(条数)			
	I+	AC+	JS+	总计
第一单元批判性思维水平(条数)	3	27	38	68
第二单元批判性思维水平(条数)	12	160	70	242
第三单元批判性思维水平(条数)	11	194	58	263
第四单元批判性思维水平(条数)	9	194	46	249

表4-19 面对面讨论中大学生单元批判性思维水平(条数)

变量	三类编码(条数)			
	I+	AC+	JS+	总计
第一单元批判性思维(条数)	10	203	48	261
第二单元批判性思维(条数)	15	294	64	373
第三单元批判性思维(条数)	8	277	47	332
第四单元批判性思维(条数)	8	512	88	608

(3)大学生共同体意识的描述性统计分析。

大学生共同体意识由修订过的中文版CCS量表来测量,该量表包括两个维度,即连接维度和学习维度。由表4-20可知,大学生连接维度得分均值是17.80($SD=1.63$),大学生学习维度得分均值19.20($SD=2.00$)。

表4-20 大学生共同体意识得分

变量	均值	标准差	最小值	最大值
连接维度	17.80	1.63	15	22
学习维度	19.20	2.00	14	22

3. 推断性统计分析

(1)研究问题1。

笔者采用单因素重复测量方差分析和事后检验(LSD多重比较)方法对大学生个人单元作品成绩进行检验,数据分析结果如表4-21和表4-22所示。在球形检验并未违反的情况下，Mauchly's W 系数为 0.93（$X^2 = 1.55$，$p = 0.908$），笔者没有进行数据修正。由表 4-21 可知，大学生个人单元作品成绩的主效应显著，即 $F(3, 72) = 19.59$，$p < 0.01$。这一结果表明大学生在四个单元中的个人作品成绩的确存在显著不同，因此，笔者对大学生作品成绩执行了多重比较。由表 4-22 可知，大学生个人单元作品成绩的两两比较均出现了显著性差异，大学生作品成绩均值随同时间推移呈现出增高趋势。这一结果很好地回复了研究问题 1，即在大学混合学习模式中，大学生作品成绩随着时间推移而出现了显著提高。因此，笔者认为大学混合学习模式有效促进了大学生个人作品创意（创新）设计能力的发展。

表 4-21　大学生个人单元作品成绩的方差分析结果

变量	第一单元	第二单元	第三单元	第四单元	F 值	p 值
大学生作品成绩	2.32 ± 0.80	3.04 ± 1.06	3.56 ± 1.26	4.12 ± 1.30	19.59**	0.000**

注：*$p < 0.05$，**$p < 0.01$

表 4-22　大学生个人单元作品成绩的多重比较结果

变量	1 vs. 2 单元	1 vs. 3 单元	1 vs. 4 单元	2 vs. 3 单元	2 vs. 4 单元	3 vs. 4 单元
比较结果 p 值	0.007**	0.000**	0.000**	0.029*	0.000**	0.020*

注：*$p < 0.05$，**$p < 0.01$

（2）研究问题 2。

笔者采用单因素重复测量方差分析和事后检验（LSD 多重比较）方法对小组单元作品成绩进行检验，数据分析结果如表 4-23 和表 4-24 所示。在球形检验并未违反的情况下，Mauchly's W 系数为 0.26（$X^2 = 3.69$，$p = 0.616$），因此，笔者没有进行数据修正。由表 4-23 可知，小组单元作品成绩的主效应显著，即 $F(3, 12) = 4.46$，$p < 0.05$。这一结果表明小组单元作品成绩的确存在显著不同，因此，笔者对小组单元作品成绩执行了多重比较。由表 4-24 可知，第一单元与第三单元比较的差异显著，第一单元与第四单元比较的差异显著；小组单元作品成绩均值随同时间推移呈现出增高趋势。这一结果很好地回复了研究问题 2，即在大学混合学习模式中，小组作品成绩随着时间推移出现了显著提高。由此可见，笔者认为大学混合学习模式有效提升了大学生通过协作方式设计作品的能力。

表 4-23　小组单元作品成绩的方差分析结果

变量	第一单元	第二单元	第三单元	第四单元	F 值	p 值
小组作品成绩	4.00 ± 1.00	4.80 ± 1.10	5.60 ± 0.55	5.80 ± 0.45	4.46	0.025*

注：*$p < 0.05$，**$p < 0.01$

表 4-24　小组单元作品成绩的多重比较结果

变量	1 vs. 2 单元	1 vs. 3 单元	1 vs. 4 单元	2 vs. 3 单元	2 vs. 4 单元	3 vs. 4 单元
比较结果 p 值	0.294	0.035*	0.021*	0.338	0.089	0.621

注：*$p < 0.05$，**$p < 0.01$

（3）研究问题3。

对于小组单元批判性思维水平的检验，笔者同样采用单因素重复测量方差分析和事后检验（LSD多重比较）的方法。小组单元批判性思维水平检验包括同步在线讨论中小组单元批判性思维水平比率检验和面对面讨论中小组单元批判性思维水平比率检验。

同步在线讨论中小组单元批判性思维水平（比率）检验的数据分析结果如表4-25和表4-26所示。同样的球形检验并未违反，在线讨论情况下，Mauchly's W 系数为 0.20（$X^2 = 14.44$，$p = 0.51$）。由表4-25可知，同步在线讨论中小组单元批判性思维水平（比率）的主效应显著，即 $F(3, 12) = 13.10$，$p < 0.01$。这一结果表明小组在四个单元的在线讨论中表现出的批判性思维水平存在显著不同。在此基础上，笔者执行了多重比较分析。由表4-26可知，第一单元分别与第三单元和第四单元比较的差异显著，第二单元分别与第三单元和第四单元比较的差异显著，第三单元与第四单元比较的差异显著；且从第一单元到第四单元，大学生所在小组的批判性思维水平（比率）均值随同时间推移呈现出增高趋势。

面对面讨论中小组单元批判性思维水平（比率）检验如表4-27和表4-28所示。同样的球形检验并未违反，面对面讨论情况下 Mauchly's W 系数为 0.472（$X^2 = 2.04$，$p = 0.85$）。由表4-27可知，面对面讨论中小组单元批判性思维水平（比率）的主效应显著，即 $F(3, 12) = 4.09$，$p < 0.05$。这一结果表明小组在四个单元的面对面讨论中所表现出的批判性思维水平存在显著不同。在此基础上，笔者执行了多重比较分析。由表4-28可知，第一单元与第四单元比较的差异显著，其他单元比较均不显著；且从第一单元到第四单元，大学生所在小组的批判性思维水平（比率）均值随同时间推移呈现出增高趋势。

表4-25　同步在线讨论中小组单元批判性思维水平（比率）的方差分析结果

变量	第一单元	第二单元	第三单元	第四单元	F 值	p 值
小组单元批判性思维水平作品	0.65 ± 0.12	0.68 ± 0.12	0.82 ± 0.03	0.89 ± 0.03	13.10	0.000**

表4-26　同步在线讨论中小组单元批判性思维水平（比率）的多重比较结果

变量	1vs.2 单元	1vs.3 单元	1vs.4 单元	2vs.3 单元	2vs.4 单元	3vs.4 单元
比较结果 p 值	0.522	0.023*	0.006**	0.048*	0.018*	0.016*

注：*$p < 0.05$，**$p < 0.01$

表4-27　面对面讨论中小组单元批判性思维水平（比率）的方差分析结果

变量	第一单元	第二单元	第三单元	第四单元	F 值	p 值
小组单元批判性思维水平作品	0.85 ± 0.07	0.88 ± .054	0.90 ± 0.02	0.94 ± 0.02	4.09	0.033*

表 4-28 面对面讨论中小组单元批判性思维水平（比率）的多重比较结果

变量	1vs. 2 单元	1vs. 3 单元	1vs. 4 单元	2vs. 3 单元	2vs. 4 单元	3vs. 4 单元
比较结果 p 值	0.324	0.131	0.046*	0.324	0.061	0.092

注：*$p<0.05$，**$p<0.01$

以上分析较好地回答了研究问题3，即在大学混合学习模式下，大学生批判性思维水平随着时间推移而出现了显著发展。这种发展在两种讨论环境中有所不同，即在同步在线讨论环境中，大学生批判性思维水平发展比较迅速和明显，而在面对面讨论环境中这种发展比较平缓。同时，笔者也关注到，面对面讨论环境中大学生批判性思维水平（比率）均值明显高于同步在线讨论环境中学习者批判性思维水平（比率）均值。这一结果暗示了一种讨论倾向，即相对于远程交互，大学生更倾向于面对面方式。

（4）研究问题4。

为了理解批判性思维水平与作品成绩之间的关系，笔者采用了相关分析和回归分析。相关分析的预测变量是作品成绩，包括大学生第四单元作品成绩、大学生个人期末作品成绩、小组第四单元作品成绩。相关分析的标准变量是批判性思维水平，包括基于同步在线讨论的大学生第四单元批判性思维水平（条数）和基于面对面讨论的大学生第四单元批判性思维水平（条数）。

由表4-29可知，基于同步在线讨论的大学生第四单元批判性思维水平（条数）与大学生第四单元作品成绩表现出显著高相关，即 $r=0.66$（$p<0.01$）。基于面对面讨论的大学生第四单元批判性思维水平（条数）分别与大学生第四单元作品成绩和大学生个人期末作品成绩表现出显著相关，即前者是 $r=0.55$（$p<0.01$），后者是 $r=0.42$（$p<0.05$）。由表4-30可知，基于在线讨论的大学生第四单元批判性思维水平（条数）与小组第四单元作品成绩表现出显著高相关，即 $r=0.97$（$p<0.01$）。这些结果表明，那些同步在线讨论和面对面讨论的积极参与者，特别是那些愿意思考且积极表达、努力澄清和阐述自己对于作品创意或者技术的理解并总是尝试用现有技巧去解决技术难题的大学生，比其他人在创意（创新）作品设计实践中获得了更好的学习成果。

表 4-29 个人作品成绩与批判性思维水平的相关分析结果

	大学生第四单元作品成绩	大学生个人期末作品成绩
基于同步在线讨论的大学生第四单元批判性思维水平	0.66**	0.31
基于面对面讨论的大学生第四单元批判性思维水平	0.55**	0.42*

注：*$p<0.05$，**$p<0.01$，***$p<0.001$（双侧）

表 4-30 小组单元作品成绩与批判性思维水平的相关分析结果

	小组第四单元作品成绩
基于同步在线讨论的大学生第四单元批判性思维水平	0.97**
基于面对面讨论的大学生第四单元批判性思维水平	0.67

注：*$p<0.05$，**$p<0.01$（双侧）

相关分析的目的在于描述两个连续变量的线性关系强度，而回归则是在两变量之间的线性关系基础上，进一步来探讨变量间的解释与预测关系的统计方法。为了求得批判性思维水平（条数）对于作品成绩的解释力，笔者在相关分析后引入了回归分析。根据前面的相关分析结果，基于在线讨论的大学生第四单元批判性思维水平（条数）与基于面对面讨论的大学生第四单元批判性思维水平（条数）存在高相关，即 $r = 0.66$ （$p < 0.01$）。因此，笔者采用一元回归分析而不是多元回归分析的处理方法。回归分析的因变量分别是大学生第四单元作品成绩和小组第四单元作品成绩；干预变量是基于在线讨论的大学生第四单元批判性思维水平（条数）和基于面对面讨论的大学生第四单元批判性思维水平（条数）。

如表 4-31 可知，基于同步在线讨论的大学生第四单元批判性思维水平（条数）对于大学生第四单元作品成绩具有 44% 的解释力，同时，$F(1,23) = 17.911$，$p = 0.000$，显示出解释力具有统计上的意义。系数估计结果显示出大学生批判性思维水平能够有效解释大学生作品成绩，即标准化回归系数 $\beta = 0.66$（$t = 4.23$，$p = 0.000$），表示大学生在同步在线讨论中的批判性思维水平越高，他们的个人作品成绩也越高。

如表 4-32 可知，基于面对面讨论的大学生第四单元批判性思维水平（条数）对于大学生第四单元作品成绩具有 30% 的解释力，同时，$F(1,23) = 10.03$，$p = 0.004$，显示出解释力具有统计上的意义。系数估计结果显示出大学生批判性思维水平能够有效解释大学生作品成绩，即标准化回归系数 $\beta = 0.55$（$t = 3.17$，$p = 0.004$），表示大学生在面对面讨论中的批判性思维水平越高，他们的个人作品成绩也越高。

如表 4-33 可知，基于同步在线讨论的大学生第四单元批判性思维水平（条数）对于小组第四单元作品成绩具有 93% 的解释力，同时，$F(1,3) = 41.19$，$p = 0.008$，显示出解释力具有统计上的意义。系数估计结果显示出大学生批判性思维水平能够有效解释小组作品成绩，即标准化回归系数 $\beta = 0.97$（$t = 6.42$，$p = 0.008$），表示大学生在同步在线讨论中的批判性思维水平越高，他们所在小组的合作作品成绩也越高。

表 4-31　同步在线讨论下大学生第四单元批判性思维水平对大学生第四单元作品成绩的回归分析

变量	β 值	t 值	p 值
基于同步在线讨论的大学生第四单元批判性思维水平	0.66	4.23	0.000

Final Model：$F(1, 23) = 17.911$，$p = 0.000$，$R^2 = 0.44$

表 4-32　同步面对面讨论下大学生第四单元批判性思维水平对大学生第四单元作品成绩的回归分析

变量	β 值	t 值	p 值
基于面对面讨论的大学生第四单元批判性思维水平	0.55	3.17	0.004

Final Model：$F(1, 23) = 10.03$，$p = 0.004$，$R^2 = 0.30$

表 4-33　同步在线讨论下大学生第四单元批判性思维水平对小组第四单元作品成绩的回归分析

变量	β 值	t 值	p 值
基于同步在线讨论的大学生第四单元批判性思维水平	0.97	6.42	0.008

Final Model：$F(1, 3) = 41.19$，$p = 0.008$，$R^2 = 0.93$

综上所述，在面对面讨论环境和同步在线讨论环境中大学生在三类编码（I+、AC+、JS+）上的贡献越多，他们的个人作品成绩就越好。在同步在线讨论环境中，大学生在三类编码（I+、AC+、JS+）上的贡献越多，他们所在小组的合作作品成绩也就越好。

(5) 研究问题5。

学习者学习与一些先前变量有所关联，这些变量是学习者个人情况、学习者的课程满意度、学习者技术素养等。而这些问题的研究大都采用了单一的教学模式，如线程学习、基于计算机的教学，或者传统教学。诸如此类的因素在混合学习环境下对学生学习可能产生的影响引起了笔者的兴趣，因而成为一项研究问题被提出。对于这一问题的分析与回答，笔者仍然采用相关分析和回归分析的方法。相关分析的预测变量是大学生学习，包括大学生第四单元作品成绩、大学生个人期末作品成绩、大学生第四单元批判性思维水平（条数）、大学生共同体意识。相关分析的标准变量是大学生信息，包括IT支持学习看法、技术素养程度、课程兴趣。

由表4-34可知，基于同步在线讨论的大学生第四单元批判性思维水平（条数）与IT支持学习看法表现出显著相关，即 $r = 0.47$（$p < 0.05$）。基于面对面讨论的大学生第四单元批判性思维水平（条数）与课程兴趣表现出高相关，即 $r = 0.56$（$p < 0.01$）。大学生共同体意识（学习维度）与IT支持学习看法表现出高相关，即 $r = 0.65$（$p < 0.01$）。这一结果表明那些对网络开放学习持有积极态度的大学生和对本课程抱有更大兴趣的大学生，他们的批判性思维水平和共同体意识程度更高。

表4-34 大学生学习成果与大学生信息的相关分析

	IT支持学习看法	技术素养程度	课程兴趣
大学生第四单元作品成绩	0.35	0.32	0.30
大学生个人期末作品成绩	0.19	0.33	0.39
基于同步在线讨论的大学生第四单元批判性思维水平	0.47*	0.15	0.40
基于面对面讨论的大学生第四单元批判性思维水平（条数）	0.37	0.37	0.56**
大学生共同体意识（学习维度）	0.65**	0.30	0.24
大学生共同体意识（连接维度）	0.17	0.08	0.13

注：*$p < 0.05$，**$p < 0.01$（双侧）

在相关分析的基础上，笔者执行了回归分析。回归分析的因变量是大学生学习，包括大学生第四单元个人作品成绩、基于同步在线讨论的大学生第四单元批判性思维水平（条数）、基于面对面讨论的大学生第四单元批判性思维水平（条数）和大学生共同体意识（学习维度）。回归分析的干预变量是大学生信息，包括性别、地域差别、学习方式偏好、IT支持学习看法、课程兴趣、未来职业选择。

由表4-35可知，大学生信息对于大学生第四单元作品成绩具有较高的解释力，整

体的 R^2 达到0.71，表示六个变量可以解释大学生第四单元作品成绩的71%。因为独立变量过多，宜采用调整后 R^2，调整后 R^2 也达到了61%的解释比率。模型检验结果指出，回归效果达到显著水平，即 $F(6, 18) = 7.26$，$p = 0.000$，具有统计上的意义。进一步对干预变量进行检验，结果显示出地域差别对大学生第四单元个人作品成绩具有最佳的解释力，其标准化回归系数 $\beta = 0.66$（$t = 4.09$，$p = 0.001$），表示省内大学生比省外大学生的个人作品成绩更高。

表4-35 对大学生第四单元作品成绩的多元回归分析

变量	β 值	t 值	p 值
性别	0.19	1.30	0.211
地域差别	0.66	4.09	0.001
学习方式偏好	0.17	1.15	0.266
IT支持学习看法	0.30	2.08	0.052
课程兴趣	-0.15	-0.94	0.358
未来职业选择	0.29	1.94	0.069

Final Model：$F(6, 18) = 7.26$，$p = 0.000$，$R^2 = 0.71$

$^*p < 0.05$，$^{**}p < 0.01$（双侧）

由表4-36可知，大学生信息对于基于同步在线讨论的大学生第四单元批判性思维水平（条数）具有较高的解释力，整体的 R^2 达到0.60，表示六个变量可以解释基于同步在线讨论的大学生第四单元批判性思维水平（条数）的60%。因为独立变量过多，宜采用调整后 R^2，它也达到了46%的解释比率。模型检验结果指出，回归效果达到显著水平，即 $F(6, 18) = 4.46$，$p = 0.006$，具有统计上的意义。进一步对干预变量进行检验，结果显示出IT支持学习看法对基于同步在线讨论的大学生第四单元批判性思维水平（条数）具有最佳的解释力，其标准化回归系数 $\beta = 0.40$（$t = 2.44$，$p = 0.025$），表示大学生对IT支持学习的赞同程度越高，他们在同步在线讨论中表现出的批判性思维水平就越强。

表4-36 对基于同步在线讨论的大学生第四单元批判性思维水平（条数）的多元回归分析

变量	β 值	t 值	p 值
性别	0.28	1.67	0.112
地域差别	0.36	1.92	0.071
学习方式偏好	0.34	1.94	0.069
IT支持学习看法	0.40	2.44	0.025
课程兴趣	0.14	0.76	0.459
未来职业选择	-0.08	-0.43	0.670

Final Model：$F(6, 18) = 4.46$，$p = 0.006$，$R^2 = 0.60$

$^*p < 0.05$，$^{**}p < 0.01$（双侧）

由表 4-37 可知，大学生信息对于基于面对面讨论的大学生第四单元批判性思维水平（条数）具有较高的解释力，整体的 R^2 达到 0.58，表示六个变量可以解释面对面环境下大学生批判性思维水平的 58%。因为独立变量过多，宜采用调整后的 R^2，它也达到了 44% 的解释比率。模型检验结果指出，回归效果达到显著水平，即 $F(6, 18) = 4.11$，$p = 0.009$，具有统计上的意义。进一步对干预变量进行检验，结果显示出性别和课程兴趣对基于面对面讨论的大学生第四单元批判性思维水平（条数）具有较好的解释力，它们的标准化回归系数分别是 $\beta = 0.39$（$t = 2.28$，$p = 0.035$）和 $\beta = 0.42$（$t = 2.27$，$p = 0.036$），表示女生比男生在面对面环境下表现出更高的批判性思维水平，而对课程抱有更大兴趣的大学生在面对面环境下表现出了更高的批判性思维水平。

表 4-37 对基于面对面讨论的大学生第四单元批判性思维水平（条数）的多元回归分析

变量	β 值	t 值	p 值
性别	0.39	2.28	0.035
地域差别	0.02	0.11	0.912
学习方式偏好	0.18	0.99	0.336
IT 支持学习看法	0.20	1.16	0.262
课程兴趣	0.42	2.27	0.036
未来职业选择	0.20	1.12	0.277

Final Model：$F(6, 18) = 4.11$，$p = 0.009$，$R^2 = 0.58$

$^*p < 0.05$，$^{**}p < 0.01$（双侧）

由表 4-38 可知，大学生信息对于大学生共同体意识（学习维度）具有较高的解释力，整体的 R^2 达到 0.49，表示六个变量可以解释大学生共同体意识的 49%。因为独立变量过多，宜采用调整后的 R^2，它也达到了 33% 的解释比率。模型检验结果指出，回归效果达到显著水平，即 $F(6, 18) = 2.93$，$p = 0.036$，具有统计上的意义。进一步对干预变量进行检验，结果显示出 IT 支持学习看法对大学生共同体意识（学习维度）具有较好的解释力，其标准化回归系数 $\beta = 0.66$（$t = 3.53$，$p = 0.002$），表示大学生对 IT 支持学习的赞同程度越高，他们的共同体学习感觉越好。

表 4-38 对大学生共同体意识（学习维度）的多元回归分析

变量	β 值	t 值	p 值
性别	-0.21	-1.09	0.290
地域差别	0.14	0.68	0.508
学习方式偏好	-0.12	-0.62	0.545
IT 支持学习看法	0.66	3.53	0.002
课程兴趣	0.03	0.16	0.873
未来职业选择	0.05	0.27	0.793

Final Model：$F(6, 18) = 2.93$，$p = 0.036$，$R^2 = 0.49$

$^*p < 0.05$，$^{**}p < 0.01$（双侧）

以上结果表明大学生信息中的性别、地域差别、IT支持学习看法、课程兴趣对大学生学习造成了一定的影响。其中，地域差别影响了大学生第四单元个人作品成绩，即省内大学生成绩优于省外大学生；IT支持学习看法影响了基于同步在线讨论的大学生第四单元批判性思维水平（条数），即大学生接受网络开放学习的程度越高，他们在同步线程讨论中表现出的批判性思维水平越高；性别和课程兴趣影响了基于面对面讨论的大学生第四单元批判性思维水平（条数），即女性大学生在面对面讨论中表现出的批判性思维水平较高。同时，大学生对课程的兴趣越高，他们在面对面讨论中表现出的批判性思维水平越高；IT支持学习看法影响了大学生共同体意识（学习维度），即大学生接受网络开放学习的程度越高，他们在小组合作学习中的学有所得感觉越好。

4.2.2 质性研究的数据分析

1. 大学生信息详述

5个小组的25名大学生参与了个体访谈。有关每位大学生的具体情况，可参见表4-39。

表4-39 大学生信息描述

参与者ID	性别	地域差别	学习方式偏好	合作学习情况	IT支持学习看法	技术素养程度	课程看法	未来职业选择
P01	女	省内	教师讲授	有时	非常同意	良好	非常感兴趣	设计
P02	男	省内	教师讲授	经常	同意	中等	感兴趣	教师
P03	男	省内	教师讲授	有时	同意	中等	感兴趣	设计
P04	女	省外	合作学习	经常	同意	中等	感兴趣	其他
P05	女	省内	合作学习	经常	非常同意	良好	非常感兴趣	设计
P06	女	省外	教师讲授	很少	同意	中等	不感兴趣	编程
P07	男	省内	自主学习	经常	同意	良好	感兴趣	设计
P08	男	省外	合作学习	经常	非常同意	中等	感兴趣	设计
P09	女	省内	自主学习	有时	非常同意	良好	感兴趣	设计
P10	男	省外	合作学习	很少	非常同意	中等	感兴趣	设计
P11	男	省外	自主学习	有时	非常同意	良好	感兴趣	其他
P12	男	省外	教师讲授	有时	非常同意	不及格	感兴趣	编程
P13	女	省内	教师讲授	有时	同意	良好	感兴趣	教师
P14	女	省内	自主学习	有时	同意	及格	感兴趣	教师
P15	女	省内	教师讲授	经常	不确定	中等	感兴趣	教师
P16	女	省内	合作学习	有时	非常同意	中等	感兴趣	教师
P17	男	省外	合作学习	经常	同意	良好	感兴趣	设计
P18	女	省内	自主学习	有时	同意	良好	感兴趣	教师

续表

参与者 ID	性别	地域差别	学习方式偏好	合作学习情况	IT支持学习看法	技术素养程度	课程看法	未来职业选择
P19	女	省内	自主学习	有时	不确定	及格	感兴趣	其他
P20	男	省外	教师讲授	有时	非常同意	中等	感兴趣	编程
P21	女	省内	教师讲授	有时	同意	中等	感兴趣	设计
P22	男	省外	自主学习	有时	不同意	中等	感兴趣	编程
P23	女	省外	教师讲授	有时	同意	及格	感兴趣	设计
P24	女	省外	自主学习	有时	同意	及格	感兴趣	教师
P25	女	省外	教师讲授	很少	同意	不及格	不确定	教师

2. 大学生访谈数据分析

为了获得大学生对于九个学习活动阶段的个人看法和感知、大学生眼中的大学混合学习模式现存问题，笔者设置了一个非结构化的访谈问题，即研究问题6。简单来说，研究问题6包括九个小问题：① 大学生对在线自主学习阶段的感知；② 大学生对课堂案例学习阶段的感知；③ 大学生对个性化作品设计阶段的感知；④ 大学生对小组同步在线讨论阶段的感知；⑤ 大学生对小组临时作品生成阶段的感知；⑥ 大学生对小组临时作品评价阶段的感知；⑦ 大学生对小组面对面讨论阶段的感知；⑧ 大学生对小组终期作品生成阶段的感知；⑨ 大学生对小组终期作品评价阶段的感知。有关研究问题6的具体细节，请参看附录5。

（1）九个学习活动阶段的大学生体验。

质性研究的主题化结果是：① 自主学习；② 课堂学习；③ 两种环境下的讨论；④ 从作品设计到作品修改的学习过程；⑤ 两次作品评价。

① 自主学习。

"自主学习"下设三个子项，即"对于课程视频的看法""遇到问题时的做法""课程视频的学习方式"。

由表4-40可知，对于课程视频的看法，有44%的大学生认为授递模式是比较适合自己的学习方式。如果加入那些认为课程视频可以辅助和补充讲课的大学生人数，那么秉持教师中心的大学生人数可以达到64%。24%的大学生认为自主学习更加适合自己。还有12%的大学生认为学习方式远不如自己对于学习的态度来得重要。因此，实际上，将自己视作学习主体的大学生比例是36%。那些偏好课堂教学的大学生对于自主学习的看法受到了很多内外部条件的加强，比如学习自控能力缺失、课业压力较重所带来的学习时间缺乏等。P21谈到了课业压力问题，即"我觉得资源挺好的，就是这几周我们其他科目的作业实在是太繁重了"。P22提到了自己控制力不足的问题，即"视频要精简一些，视频学习的时间要压缩，要在课堂上提问，大家就不敢不看了。我就是自制能力不够"。与此同时，一些相左的观点也已经出现。P02谈到了大学混合学习模式对于大学生控制力的培养以及它的普及化应用问题，即"它在考验学生的控制能力的同时，也是在培养学生的自控能力。问题是很多课程都要这样上课"。P07 认为教师讲课很大程度上是在浪费他们的时间，即"自学很不错，但是视频比较啰嗦，上课也很啰嗦。只要把知识点罗列出来就好了，不要再讲了"。或许这样的观点比较激进，但是，这些大学生正在逐步认识到自己对于学习所负有的责任，也正在努力调整自己的心态，朝向更好的知识获取方式和更高的能力发展目标。

表 4-40　"对于课程视频的看法"的分类和描述

分类	数据来源	比率	描述和解释
A 课程视频辅助讲课	P01 P09 P11 P12 P21	20%	以讲课为主、网络视频为辅。讲课的效率更高，但是时间有限。网络视频强调时间消耗和大学生较好的自控学习能力，可以作为一种课后的有益补充
B 偏爱讲课	P03 P04 P06 P13 P15 P17 P19 P22 P23 P24 P25	44%	如果通过网络视频来学习，存在三个问题。首先，大学生自制能力较差，不能按照个人原定计划将视频看完。其次，大学生其他课业压力比较大，网络视频内容比较多。最后，通过观看视频的方式来获取较好的教学效果，必须边看边练习。诸如此类的问题都与时间有关，从某种程度上说，有限的时间限制了网络视频的学习效果
C 偏爱课程视频	P02 P05 P08 P14 P16 P20	24%	首先，网络视频可以培养大学生的学习控制能力，这是其他方式所不具备的优点。其次，课堂中跟随教师既定步骤的学习是对大学生时间的极大浪费。最后，听教师讲课所获得的知识与自己从网上查到并实践过的知识有所不同，前者肤浅，后者深入
D 讲课和课程视频等同效果	P07 P10 P18	12%	无论是通过讲课或通过网络视频来学习，对大学生而言，它们的区别仅在于方式的不同。学习的效果如何，很大程度上取决于大学生本身，而不取决于知识传播的媒介。即便一些国内大学生比较推崇的课堂学习，也可以出现想听的人在听，不想听的人在玩手机的情况

由表 4-41 可知，在大学生观看课程视频的过程中，如果遇到问题，80% 的大学生会去询问同学，36% 的大学生会向教师求教，36% 的大学生会去百度。由这些数据可知，本书研究中的大学生更倾向于询问同伴而不是求教于教师。追问原因，很多大学生给出的答案是怕老师以及即时性回复的缺乏。三个比较典型的回复是："我不敢问老师，我有些怕老师。我从小就是这样的，就算老师叫我去办公室，不是批评我，我也会紧张。"（P09）"有时跟老师说话，就不知道该用什么语气，有些老师很注重礼貌，我怕自己掌握不好语气。"（P14）"我们有小组任务，有时候你可以在几个寝室里窜，问他们有什么思路、如何做之类的。不知道老师什么时候有空。看视频也好，还是做任务，大多数是在晚上，老师都下班了，而且我不用 QQ 的。"（P11）

表 4-41 "遇到问题时的做法"的分类和描述

分类	数据来源	比率	描述和解释
A 只问百度	P02 P20 P22	12%	选择百度,因为技术性的问题都能够在网上找到
B 只问教师	P03	4%	通过QQ,可以得到及时的回复
C 只问同学	P09 P10 P12 P14 P15 P19 P21 P25	32%	同学之间可以解决既定的问题,这样的方式迅速、方便、有效
D 问同学和教师	P01 P04 P13 P18 P23 P24	24%	遇到问题,会求助于教师和同学。求助同学是因为比较方便,求助教师是因为教师比较权威
E 问百度和同学	P07 P11 P16 P17	16%	先查百度,再问同学,这两个方法都比较方便和迅速
F 问百度、同学以及教师	P05 P08	8%	百度、同学、教师都会问到。先查百度,再问同学,最后咨询教师
J 不问,直接跳过	P06	4%	遇到问题,当时跳过,希望教师上课时巧遇该问题,通过教师讲解,最终解决问题

由表 4-42 可知,有 19 名大学生回复了这一问题。其中,16% 的大学生只看了一个单元或者更少的视频内容,学习方式是观看;58% 的大学生看了两个单元以上的内容,学习方式比较深入,例如,记录知识点和制作案例;26% 的大学生看过全部的课程视频,学习方式更加深入,例如,抄录 DOC 文档要点和制作案例,甚至有的大学生谈到,在制作作品时他们会根据需要来回放已经看过的重点内容。很多大学生将没有坚持看完课程视频的原因归咎于时间的消耗和期中考试的学业压力。这的确是大学混合学习模式施行时的现实条件,但是,P05 在谈到这一问题时说:"其实,反倒是那些课堂上搞不明白的人,他不去看的可能性更大。对我来说,我就会觉得上课浪费了我大量的时间,视频我可以自己拉着看。"拉动滚动条是一件非常简单的事情,但是,知道拉动滚动条与愿意亲身实践与体验这一方法却有着天壤之别。从大学生观看课程视频时所呈现出的学习自觉性和他们所选择的观看方式,笔者认为,一些大学生与知识建构者的身份之间还留有一段距离。

表 4-42 "课程视频的学习情况"的分类和描述

分类	数据来源	比率	描述和解释
A 看过少许视频	P03 P10 P21	16%	看过几次,总计不超过一个单元的内容; 单纯地看,不练习
B 看过一些视频	P01 P02 P04 P08 P09 P12 P13 P15 P19 P22 P24	58%	看过一些,至少看过两个单元以上的内容。为数不少的大学生受到期中考试影响,没有将视频看完; 看视频、记笔记,也会跟着视频学做视频案例

续表

分类	数据来源	比率	描述和解释
C 看过全部视频	P06 P05 P14 P18 P20	26%	四个单元的内容都看过； 观看，练习，抄录 DOC 文档要点。在制作综合案例时也会回访视频，当下载遇到问题时选看"我要自学网"的课程视频

② 课堂学习。

"课堂学习"下设两个子项，即"对于课堂综合案例的看法"和"对于教师支持的看法"。

由表4-43可知，80%的大学生比较喜欢大学混合学习模式的第二个学习活动。按照他们自己的话说就是："上课还行。做了这些案例，才知道自己有没有掌握 AI 的技巧，毕竟仅仅看视频，也不知道自己掌握的程度"（P18）；"我还挺喜欢这一阶段的，当有问题时，老师可以随时为我们答疑"（P06）；"前一两次做的时候，感觉光看文档不知道怎么做，而后老师细化了一些文档，我也熟练了，感觉好多了"（P12）。

通过分析访谈数据，笔者认为，大学生认同课堂综合案例学习的主要原因有三点：首先，做综合案例远远比单纯的听讲或者在线观看视频更加有效地增加了他们的 AI 技巧，而这些技巧恰恰是作品创意设计的技术基础。其次，教师提供了一对一的即时学习支持。他们一声招呼，教师就会立刻来到他们身边，帮助他们解决实际问题。最后，教师提供了 DOC 文档，这份文档可以指导他们按照既定步骤、循序渐进地完成综合案例制作。此外，很多大学生在怀有积极心态的同时，也在访谈中主动说出了他们在学习体验中的一些细节，比如说他们在自主学习阶段的技巧缺失，而后随着综合案例的不断深入而获得了弥补；他们看到自己作品后的心理满足感和任务完不成时的强迫症发作；他们对更多和更难案例的执着追求。

与此同时，笔者也关注到 20% 的大学生表现出不适应的症状。其中，两名大学生一再向笔者阐述了 AI 知识点讲授的重要性。一名大学生强调说共性讲解比一对一答疑更为重要；另一名大学生提到了因为案例制作较慢而引发的心理焦虑问题。总体来看，这一阶段的学习活动比较重要。它不仅弥合了前一段由于时间关系和大学生个人因素而引起的 AI 技巧缺失，而且激发了大学生对于高级技巧应用的不断思考或者另辟蹊径解决实际问题的独特思路。正如一大学生所言："我在解综合案例时我没有遇到问题，可能是因为我没有用老师文档中的那些技巧方法。我用自己的方式去呈现的，只要达到目的就行了。"（P16）

表 4-43 "对于课堂综合案例的看法"的分类和描述

分类	数据来源	比率	描述和解释
A 适应	P01 P02 P03 P04 P05 P06 P07 P08 P09 P11 P12 P15 P16 P18 P19 P20 P22 P23 P24 P25	80%	综合案例制作比单纯的视频观看要好。自己动手操作，教师从旁指导，可以学到更多的 AI 技巧
B 不适应	P10 P13 P14 P17 P21	20%	综合案例比较大，大学生可以完成一部分，然后，再去做其他综合案例。简而言之，就是希望教师尽量在课堂上多讲一些知识点，特别是基于共性问题的知识点

由表 4-44 可知，52% 的大学生认为教师在课堂综合案例阶段提供了必要的教学支持，教学策略无须改进；而 48% 的大学生针对教师支持提出了改善建议：

a. 讲授共性问题（12%）；

b. 从头到尾演示一遍综合案例（4%）；

c. 课堂讲授知识点，综合案例作为作业形式出现（4%）；

d. 进一步细化 DOC 文档（4%）；

e. 后期的 DOC 文档一定不能过于细化（8%）；

f. 课堂上的综合案例再增加一些（12%）；

g. 教师提供额外的课下讨论时间（4%）。

首先，建议 a 与 AI 技巧有关。大学生共性问题稽留的原因在于，大学生对于课程视频学习的忽略。其次，建议 b 与综合案例的全程演示有关。然后，建议 c 谈到了将综合案例布置为作业的情况。建议 c 与建议 a 直接相关，是教学向传统模式的回归。还有，建议 d 和建议 e 可以整合成一条建议，即 DOC 文档应该按照先细后粗的方法来制定，以克服大学生开始制作案例时的难以下手的问题，满足大学生能力提升后的独立思考需求。再者，建议 f 是关于增加综合案例的数量。最后，建议 g 是关于增加师生面对面讨论的机会。

表 4-44 "对于教师支持的看法"的分类和描述

分类	数据来源	比率	描述和解释
A 无须改进	P01 P02 P06 P09 P14 P15 P17 P18 P19 P20 P22 P23 P25	52%	无须改进,现在提供的教学支持尚可
B 讲授共性问题	P11 P13 P24	12%	共性的问题先讲一下,然后,单独给大家辅导
C 从头到尾演示案例	P10	4%	要用广播控制,然后,将综合案例的所有步骤,从头到尾地进行演示
D 将综合案例布置成作业	P21	4%	课堂讲授基本知识点,大家掌握得比较牢固,综合案例可以以作业形式布置下去,让大家在课后完成即可
E 细化 DOC 文档	P05 P07	8%	进一步细化 DOC 文档
F 粗略化后期的 DOC 文档	P12	4%	到了后面,DOC 文档一定不能做得过细,要稍微留下一些余地让大学生自由发挥
G 增加综合案例	P03 P04 P08	12%	课堂上的综合案例再增加一些,以期学到更多的知识点和技巧
H 增加课下师生讨论时间	P16	4%	教师提供额外的课下讨论时间,可以继续讨论综合案例中的高级技巧

③ 两种环境下的讨论。

"两种环境下的讨论"下设四个子项,即"对于两种讨论的看法""对于教师参与讨论的看法""对于作品没有入选的看法""对于讨论提升学习成果的看法"。

由表 4-45 可知,56% 的大学生选择了面对面方式是自己最喜欢的讨论方式。与这一情况相对应的是,28% 的大学生更愿意接受同步在线讨论。此外,12% 的大学生认为他们无法选择,因为两种讨论都是他们乐于接受的方式。面对面讨论的特点是强制大学生必须同时出席,因此也带来诸多头脑风暴的好处。同步在线讨论具有跨越远程的特点,因而讨论双方更加自由。这两种方式看起来各有优势,但是,在研究中,还是有不少的大学生强调了同步在线讨论的松散性。诸如此类的观点包括:"在线交流一点也不热情。异步在线讨论更不可行,没有人会回复你。如果真有问题,我舍友当时就能给我答案。"(P06)"F2F(Face to Face)讨论时,大家可能会更加积极一些。而网上有一句没一句的,大家都爱搭不理的。"(P19)"在线的那个,约束性不强,可能你提出问题根本得不到应答,感觉好像自己在说。"(P23)"在线讨论,我比较松懈,有时候就

不想发言了。"（P25）

表 4-45 "对于两种讨论的看法"的分类和描述

分类	数据来源	比率	描述和解释
A 两种讨论都不好	P01	4%	两种讨论都不喜欢，不在于形式，主要的问题是大学生和小组其他同学无法融合
B 面对面讨论更好	P02 P05 P06 P07 P08 P09 P13 P14 P17 P18 P19 P21 P22 P23	56%	面对面讨论的优势在于：首先，面对面讨论可以进行思想的碰撞。其次，面对面讨论因为可以传达情感，可以避免被误解。再次，面对面讨论带有强制性，大学生一定能够收到回复。再来，面对面讨论不会延迟和掉线，提问和回复都比较流畅。最后，面对面讨论效率很高，传情达意比较迅速
C 同步在线讨论更好	P03 P11 P12 P15 P20 P24 P25	28%	同步在线讨论有三个优势：首先，提意见时互不谋面，可以避免双方尴尬。其次，QQ 讨论时，大家更加自由和方便。最后，在线讨论时可以随时上网查找资源，并截图，方便引入更多的外部材料
D 两种讨论都好	P04 P10 P16	12%	两种讨论各有利弊。同步在线讨论时，可以随时截图，然后，立刻传给大家看；而面对面讨论时，可以及时了解大家的意图

由表 4-46 可知，88% 的大学生认可了教师在讨论活动中所提供的教学支持，即教师在某些时候审时度势地来拉回、加速、扭转、结束或者旁观讨论进程的做法。大学混合学习模式中，教师是跟进整个进程的伴随者，他对于讨论进程的参与并不复杂，主要包括五种基本情况：① 拉回进程。教师出现时，大学生可以就先前未能解决的问题进行发问。② 加速进程。教师出现时，受到大学生主动邀请，他可以立刻加入当下已趋白热化的讨论进程。③ 扭转进程。教师出现时，他可以为各持己见的大学生提供新的视角和新的观点，从而破除僵局，将讨论进程向前推进。④ 结束进程。教师出现时，发现大学生开始跑题，超过一定的时限后，教师可以终止当下的进程，并重提可以继续讨论的关注点，及时拉回大学生的注意力。⑤ 旁观进程。教师出现时，大学生正陷入热烈的争论而无暇四顾，他可以默默关注，甚至离开，为小组讨论留下空间。

此外，从 88% 的大学生支持教师有时参与讨论和 8% 的大学生认为教师也可以不参与讨论的情况看，大学生自我促进讨论的意识开始觉醒。与此相关的一些观点包括："你偶尔来一下就好了。你总是来，我会觉得有人看着我，我会比较焦虑。"（P15）"我觉得你现在的参与就挺好，不要总是盯着我们的线程。如果总是盯着，就会造成你说的话比我们说的话还要多。"（P17）"我觉得有你的参与好一些，你不要随时和我们在一起，有时间你可以看一下我们的进程，偶尔参与一下，没必要一直参与，让我们可以自己去发表观点。当然，还需要你适当去引导一下，有时候谈着谈着，就纠结到一个问题上了。"（P12）"我并不反对老师参与进来，因为老师在这方面毕竟更有经验，看得比较多一些，尤其在大家有矛盾的时候，比如两个人支持一个观点，另外三个人不支持这个观点,但是那两个人又觉得不想放弃。这时候,老师就会站在一个相对公正的立场上,客观地分析一下,因为设计上,大家都有自己的主观意愿。"(P05)

表4-46 "对于教师参与讨论的看法"的分类和描述

分类	数据来源	比率	描述和解释
A 无所谓的态度	P01 P07	8%	教师参与或不参与都可以,讨论的主体是大学生,应该由他们自己负责
B 教师有时出现	P02 P03 P04 P05 P06 P08 P10 P11 P12 P13 P14 P15 P16 P17 P18 P19 P20 P21 P22 P23 P24 P25	88%	教师有时参与讨论的作用包括:首先,教师作为指引者,可以保证讨论的方向不偏离。其次,教师可以打破讨论的僵局,促使进程继续前行。然后,教师可以提供新的创意和点子。再者,教师的评价相对公正。最后,教师可以总结陈词,对大家的学习有所助益。教师一直参与讨论的问题在于:首先,讨论的人会觉得压抑和焦虑。其次,可能老师说的比学生说的还多。最后,教师的权威观点会在不经意之间,中断或者改变原有的讨论进程
C 教师经常出现	P09	4%	在大学生讨论时,教师最好是能够随叫随到

由表4-47可知,16%的大学生表示作品落选影响了他们的后续设计;64%的大学生认为作品落选没有给他们造成影响;还有20%的大学生认为作品落选使他们感到沮丧,但是没有因此影响到以后的设计工作。总体来看,84%的大学生在作品推选中保持了比较平和的心态,这一结果有两个主要原因:首先,推选机制比较公平,是一种小组内部的QQ投票推选。其次,在四个单元的学习过程中,有更多的大学生体验了自己的成果被推选为优秀样稿的快乐,即在四个单元的任务完成过程中,每个小组都至少出现了两个人以上作品入选的情况。

在与一些受到沮丧心情影响的大学生访谈时,他们屡次提到了一个不错的解决方案:"有一点沮丧,无论是谁,前面准备了很多,后面作品被扔了都会感觉很可惜。现在有了小组系列作品,我会把自己的东西融入小组作品里去。"(P19)小组系列作品是第三单元和第四单元的任务设置。简单来说,小组成员可以将自己的最初样稿适当修改,目的是匹配小组优秀样稿的理念和风格。然后,将这个人作品与小组作品整合成一个系列化的成果。这一活动带有自觉性的特点,即对那些拒绝修改自己作品的大学生或者没有嵌入自己个人作品的大学生,从教学层面来看并没有设置相应的惩罚机制。想法的初衷源于笔者对任务的考虑,例如,第三单元的画册设计不可能只有封面和封底,第四单元的网页设计也不可能是单张主页。

表 4-47 "对于作品没有入选的看法"的分类和描述

分类	数据来源	比率	描述和解释
A 不会沮丧	P01 P02 P03 P04 P05 P07 P08 P10 P11 P12 P13 P16 P22 P23 P24 P25	64%	不会感到沮丧。主要有以下几点原因：（1）看到别人更加优秀的作品，觉得心里很服气。（2）觉得能从别人那里学到创意，这是双赢局面。（3）觉得自己的价值可以在讨论时得到体现。（4）下一个作品设计任务又来了，大学生的注意力被分散和转移
B 感到沮丧但不影响后续作品	P14 P15 P18 P20 P21	20%	如果作品不入选，开始时会感到有些沮丧，但不会影响后续作品
C 感到沮丧且影响后续作品	P06 P09 P17 P19	16%	如果作品不入选，会感到沮丧

由表 4-48 可知，12%的大学生认为讨论没有意义。88%的大学生认为讨论提升了他们某个方面的能力，例如，AI 技巧（4%）、AI 细节的掌控能力（16%）、更好的创意能力（40%）、技巧和创意能力（28%）。

表 4-48 "对于讨论提升学习成果的看法"的分类和描述

分类	数据来源	比率	描述和解释
A 讨论没有意义	P01 P03 P11	12%	讨论活动对于作品设计帮助不大
B 讨论对技巧有帮助	P09	4%	讨论活动对于技巧提升有明显的作用
C 讨论对作品细节有帮助	P12 P15 P19 P24	16%	讨论活动对于作品细节的调整有帮助
B 讨论对创意或审美有帮助	P02 P05 P06 P07 P08 P10 P20 P21 P22 P25	40%	通过讨论，大学生获得了更多的想法和建议。甚至在一些小组中，一度出现了讨论结果颠覆了整个小组作品最初创意的情况
D 讨论对创意和技巧同样有帮助	P04 P13 P14 P16 P17 P18 P23	28%	讨论时的彼此分歧，造就了新的观点，从而影响和丰富了作品的创意；新的观点需要引入新的方法，为此大学生开始分享彼此已经掌握的技巧或独自到网上去搜索和学习相关的 AI 教程，从而实现了技巧上的提升

在教学中，笔者引入了两次正式讨论，即同步在线讨论和面对面讨论。讨论的意义在于为序列化的任务提供一个教师支持下的小组对话，以鼓励和促进大学生批判性思维水平的不断发展。简单来说，讨论就是一个大学生双方介绍作品，提出意见，引入外部

知识或经验，为自己的作品辩解，批判性评估，甚至协商、妥协或固执地保留意见的过程。思考成果被写入一份小组反思报告大纲，据此来指导和支持小组作品的不断修改和完善。比较理想的情况下，小组成员间的讨论越激烈，产生的观点越多，相应地，小组作品的质量提升越快，小组成员个人创意、审美、技巧或者细节的把握能力也会越强。但是，也存在两种比较特殊的情况：a. 小组成员之间的讨论确实存在问题，例如："没什么帮助。论坛和QQ里说过的话，面对面再重复一次，我感觉没有意义。组外意见很快地过一下。我没有感觉我们组在上升。"（P01） b. 小组成员虽然看起来是比较积极地参与了讨论，却没有在作品设计和修改中投入精力，例如："好像帮助不大。我感觉问题也可能在于太相信其他组员，自己就不好好做了。"（P03）

④ 从作品设计到作品修改的学习过程。

"从作品设计到作品修改的学习过程"下设两个子项，即"对于个人作品设计的看法"和"对于小组作品修改的看法"。第二个子项包括对于小组临时作品修改和小组终期作品修改的看法。

由表4-49可知，12%的大学生认为自己在个人作品设计阶段存在问题。按照他们的说法就是："从想这个事到完全做出来，要花五六个小时，时间花费比较大。这毕竟是一个作品的完成流程，自己也会学到东西。但是，我不爱做。"（P11）"我觉得构思和完成作品，一个星期的时间比较紧。有时候，我想出了一个创意，很想把它做好，但没有时间。还有，里面的一些效果，我想用AI做，实际上有时候不会，我就只能到网上找教程。"（P13）笔者将这些困难归结为时间花费问题、个人兴趣问题以及资源匮乏问题。88%的大学生认为自己比较适应个人作品设计活动。其中，4%的大学生提到应该增加任务设置的难度；12%的大学生提到了个人独立设计作品的喜好；24%的大学生提出了小组系列作品的建议；50%的大学生完全适应个人作品设计阶段的活动。因此，大学生的三点建议可以归结为增加任务难度、倡导个人作品设计和倡导小组系列作品设计。

表4-49 "对于个人作品设计的看法"的分类和描述

分类	数据来源	比率	描述和解释
A 不适应个性化作品设计	P11 P13 P20	12%	大学生在从概念构想到作品创建的学习过程中存在问题。这些问题是时间花费问题、个人兴趣问题、资源匮乏问题
B 适应个性化作品设计	P04 P05 P07 P08 P10 P12 P15 P18 P19 P22 P24 P25	50%	从无到有完成一个作品的设计与制作，是一个能够锻炼大学生创意设计能力的机会。这一过程会遇到很多突发情况和新问题，大学生愿意通过自己的努力去适应和解决。最后，当大学生看到自己的作品时，内心充满成就感

续表

分类	数据来源	比率	描述和解释
C 倾向于设计自己的作品	P01 P02 P14	12%	花费时间来进行个人作品设计没有问题,但是,对于要将个人作品整合到小组作品的做法感到不适应
D 倾向于小组系列作品	P03 P06 P09 P17 P21 P23	24%	有感于小组同学精心制作的作品最终落选的问题,大学生认为,可以将单元任务设置为小组系列作品,从而在小组作品中,纳入每一个人成果的精华,体现每一个小组成员的存在价值。
E 更高的学习要求	P16	4%	从设计到完成一幅作品的学习过程是在考验、锻炼、成就一个人。作为教师,理应更好地监控和管理大学生的设计和制作过程,理应对大学生所提交的样稿提出更高的技术要求,如强制大学生在他们的作品融入更多的AI新技巧

由表4-50可知,20%的大学生可能独立修改了自己执笔的小组作品,却没有参与其他人执笔的小组作品修改;也可能从未修改过小组作品,因为他们没有创作出任何优秀样稿。其余80%的大学生都以各种协作方式参与了小组作品的修改。其中,32%的大学生通过提出建议的方式参与了其他人执笔的小组作品修改;44%的大学生至少参与过一次小组作品的合作修改;4%的大学生以修改、提建议、整合作品的方式参与了每一次小组作品的修改。

表4-50 "对于小组作品修改的看法"的分类和描述

分类	数据来源	比率	描述和解释
A 作品作者独立修改	P01 P07 P10 P22 P23	20%	尊重原作者,尊重同步在线讨论和面对面讨论的成果,小组作品应该由作品执笔人独立修改
B 以提出建议的方式协助修改	P04 P05 P08 P11 P13 P14 P18 P20	32%	作为小组成员,通过提出建议的方式,积极参与小组作品的修改工作
C 以合作的方式协助修改(至少参与过一次合作修改)	P02 P03 P06 P08 P12 P15 P17 P19 P21 P24 P25	44%	小组成员合作修改小组作品包括四种方式:(1)每个人都修改一遍,然后,选出最优样稿作为小组作品;(2)针对动画作品,每个人负责其中的一个环节,然后,将最后的成果整合为一个小组作品;(3)负责小组的细节部分,为小组作品添砖加瓦;(4)最终选取的小组作品是基于两个人的样稿设计,即两位作者先后修改并整合样稿
D 真正的合作修改	P16	4%	多次修改自己的作品(自己的作品就是小组优秀作品);通过小组的自发讨论,给作品执笔人提建议;负责最后的小组作品整合工作

从技术处理视角看,小组作品的修改是一种个体行为。但是,作为一个承载着两次讨论的集体智慧成果,不可避免地携带了一些合作的色彩。按照笔者的原意,小组作品修改在操作层面完全可以由个人执笔完成。还有对于小组作品修改所引发的私下讨论,笔者也没有做出硬性规定或者为此实施过教学督促。与此相关的考虑很简单,就是大学混合学习模式的学习任务从某种程度上说已经过于繁重,即这些活动包括了每个单元一次的自主学习、每个单元一次的个人作品设计、每个单元两次的讨论和每个单元两次的评价工作。在这种情况下,还有很多大学生自觉地选择了不同的合作方式(表4-48)来参与小组作品的修改。

⑤ 两次作品评价。

"两次作品评价"下设两个子项,即"对于小组临时作品评价的看法"和"对于课堂评价的看法"。

由表4-51可知,96%的大学生积极参与了针对他人作品的评价工作。其中,36%的大学生认为评价工作完全没有问题;16%的大学生担心自己作品被批评,希望可以推行匿名评价,强调意见提出者应该指出具体问题,要求他们可以提供基于问题修改的细节,以减少彼此之间的不愉快;32%的大学生谈到了建议雷同的问题;12%的大学生认为自己的评价不可避免地有选择性倾向。

表4-51 "对于小组临时作品评价的看法"的分类和描述

分类	数据来源	比率	描述和解释
A 积极参与(没有问题)	P03 P04 P06 P08 P10 P12 P13 P18 P22	36%	评价别人的作品有两个好处:首先,可以吸取他们作品中的精华部分,为己所用。其次,建议或者意见对他人作品的修改有好处。毕竟作者自己无法比较公允地评估自己的作品,而别人则有可能比较中肯地说出作品中的缺失所在
B 积极参与(照顾他人感受)	P01 P16 P19 P23	16%	在给对方提出建议的时候,双方可能感到不愉快。除非以匿名评价的方式或通过指出具体问题所在和提供问题解决的具体方略,来消除他人评价可能引发的负面情绪
C 积极参与(意见雷同或者不理解他人作品)	P02 P09 P14 P15 P17 P20 P21 P24	32%	大学生乐于给出意见,但是,他们遇到两种问题:首先,大多数人的意见趋向一致。其次,有的大学生不太理解对方的作品,乱提意见。这些问题的出现与大学生审美程度有关,同时,也不排除有人在敷衍了事
D 积极参与(存在评价倾向性问题)	P05 P07 P11	12%	这里出现了两种态度:其一,对于那些大众化的作品,大学生无话可说;而对于那些精彩的作品,大学生更倾向于多多挑刺。其二,对于那些近乎完美的作品,即便有缺点也假装看不到;而对于那些普通的作品,就会极力想指出它们的缺点
E 消极参与(不理解他人作品)	P25	4%	不愿意参与评价,因为无法理解别人的作品

由表 4-52 可知，64%的大学生支持了课堂作品展示；28%的大学生支持了网络作品展示；8%的大学生游移于两者之间，无法抉择。总体而言，所有大学生都认同了作品展示的意义。一些希望在课堂展示作品的大学生认为，展示过程是一个学习的机会。一些支持网络展示作品的大学生在不否认展示具有教学意义的前提下，更加关注自己听讲的机会是否因作品展示而被硬性裁减。

表 4-52 "对于课堂评价的看法"的分类和描述

分类	数据来源	比率	描述和解释
A 课堂展示作品	P01 P02 P03 P05 P06 P07 P11 P12 P13 P15 P16 P19 P20 P21 P24 P25	64%	课堂展示作品有四点好处：首先，课堂具有约束性，可以强制所有大学生共同关注一件优秀作品。其次，小组代表宣讲的过程也是大学生彼此学习创意和技巧的机会。再次，通过课堂展示中小组代表的亲身宣讲，大学生才能关注到那些隐藏在 Word 说明文档中字里行间的小细节。最后，课堂展示可以调动小组成员的积极性，以及挑起其他小组同学较劲的心理
B 网络展示作品	P04 P09 P10 P17 P18 P22 P23	28%	课堂时间还是用来讲课，作品可以上传到网络，让大学生自己下载并观看作品，浏览 Word 作品说明文档
C 课堂或者网络展示作品各有利弊	P08 P14	8%	课堂宣讲占用了讲课的时间，但是，网络上传无法将大学生召集起来，共同精读作品。两者各有利弊，因此，存在矛盾心理

（2）大学混合学习模式的现存问题。

Moustakas 强调了真实和想象意义上、基于知觉和自我反思的对于现象本质的理解。为了有效界定现象与真实存在意义的关系，对于大学生在九个学习活动阶段中的个人体验和感知，笔者采用了 Moustakas 方法。但是，该方法在操作过程中对大问题的分块切割处理，显然不太适用于一种全局视野下的细节问题追索。因此，对于大学混合学习模式现存问题的分析，笔者采用了另外一种思路：① 笔者逐一审看全部材料；② 笔者为材料中与问题有关的信息建立自由编码和命名；③ 笔者在自由编码的基础上构建出基于主题的树状编码；④ 专职教师 B 检验所有编码，包括自由编码和整个树状编码的结构。同时，检验它们与材料之间的关联；⑤ 笔者和专职教师 B 展开讨论，将不确定或者不一致的编码和信息删除或对整个树状结构进行修改，以期达成比较一致的看法；⑥ 笔者析出大学混合学习模式的问题分类框架。由表 4-53 可知，大学混合学习模式存在 47 个细节问题，这些问题与 5 个主题密切相关：自主学习阶段包括 8 个问题；课堂学习阶段包括 6 个问题；两种环境下的讨论阶段包括 16 个问题；从作品设计到作品修改的学习过程阶段包括 8 个问题；两次作品评价阶段包括 9 个问题。

表 4-53　大学混合学习模式现存问题的分类框架

分类			计数（参考点）
自主学习阶段的问题	时间不足		45
	自控力缺乏		
	不喜欢基于视频的学习方式		
	下载问题		
	上课与看视频效果等同的问题		
	看不懂视频或者抓不住重点		
	大学生提问的问题	不愿意问老师	
		遇到问题就跳过	
课堂学习阶段的问题	缺乏技巧讲授和案例细节		27
	缺乏共性问题的讲解		
	综合案例少		
	综合案例制作时间不足		
	DOC 文档比较粗略		
	将综合案例布置成作业的问题		
两种环境下的讨论阶段的问题	课下讨论的问题		70
	讨论之后作品没有得到提升		
	讨论中的交流和沟通问题		
	假想的异步在线讨论问题		
	作品没有入选的问题	感到沮丧但不影响后续作品制作	
		感到沮丧且影响后续作品制作	
		感到惋惜	
	面对面讨论问题	教师参与面对面讨论问题	
		不好意思提意见或面对面讨论障碍	
		其他问题	
	同步在线讨论问题	缺乏控制且无人回复问题	
		在线讨论效果低下	
		教师参与在线讨论的问题	
		在线讨论比较混乱	
		容易得罪人的问题	
		网络掉线故障	

续表

分类			计数（参考点）
从作品设计到作品修改的学习过程阶段的问题	个性化作品设计的问题	时间不够的问题	40
		作品设计有难度	
		个人作品设计等同于作业	
		个人作品设计过程失控问题	
		个人作品设计学到东西较少	
		小组系列作品的问题	
	合作的问题	小组成员合作存在问题	
		讨论没有促进合作	
两次作品评价阶段的问题	小组临时作品评价问题	重复性评价	35
		不好意思评价别人的作品	
		选择性地评价作品	
		找不出别人作品的问题	
		意见粗略且缺乏细节	
	课堂评价的问题	课堂评价占用上课时间	
		赞同课堂评价但评价时间过长	
		赞同课堂评价但提出其他问题	
		面对面评价和网络评价都有问题	
总计			217

4.3 教学适应性研究的研究结论

4.3.1 量化研究的研究结果

大学混合学习模式教学适应性研究的量化部分包括五个问题：（1）研究问题1：在大学混合学习模式中，随时间推移，大学生个人单元作品成绩是否有显著提高？（2）研究问题2：在大学混合学习模式中，随时间推移，小组单元作品成绩是否显著发展？（3）研究问题3：在大学混合学习模式中，随时间推移，小组单元批判性思维水平是否显著发展？（4）研究问题4：在大学混合学习模式中，大学生第四单元批判性思维水平对于大学生第四单元作品成绩、大学生个人期末作品成绩和小组第四单元作品成绩是否有影响？（5）研究问题5：大学混合学习模式下，大学生学习是如何被大学生信息所影响的？针对这些问题，笔者从量化数据分析结果；从学生访谈数据分析成果；从国外已有文献视角出发，展开了比较详细的分析和讨论。

1. 研究问题1

单因素重复测量方差和LSD事后分析结果表明大学生个人单元作品成绩随时间推移产生了显著性差异。大学生第二单元作品成绩（$M=3.04$）显著高于大学生第一单元作品成绩（$M=2.32$）；大学生第三单元作品成绩（$M=3.56$）显著高于大学生第二单元作品成绩（$M=3.04$）；大学生第四单元作品成绩（$M=4.12$）显著高于大学生第三单元作品成绩（$M=3.56$）。因此，笔者认为，大学混合学习模式对于大学生个人作品成绩的逐步提升是有效的。

这一结论与美国教育部的一项研究成果保持一致。这项研究着重提到了在线学习和混合学习的有效性，即在线学习与混合学习优于传统教学。同时指出，当学习者与内容交互能够被有效控制时，当为学习者提供了更多的机会来反思课程材料时，当学习者能够通过自我调节学习来理解课程内容时，在线学习可以得到强化。考虑到在线学习是混合学习的一个组成部件，因此，笔者认为，当三个条件都满足时，混合学习成效也可以得到进一步提升。本书的研究至少满足了两个条件：首先，在自主学习阶段，笔者为大学生提供了大量的优秀样稿和基于案例的视频教程；其次，大学生与内容的交互建立在真实任务的基础上，这种交互几乎发生在所有的学习活动阶段，并不断受到来自教师和小组共同体成员的督促。从这一意义出发，本书结论是合理的。

2. 研究问题2

单因素重复测量方差和LSD事后分析结果表明小组单元作品成绩随时间推移产生了显著性差异。小组单元作品成绩均值随时间发展呈现出增高趋势，但是，小组单元作品成绩的显著性提升只出现在第三单元与第一单元的均值比较中，以及第四单元与第一单元的均值比较中。小组第三单元作品成绩（$M=5.60$）显著高于小组第一单元作品成绩（$M=4.00$）；小组第四单元作品成绩（$M=5.80$）显著高于小组第一单元作品成绩（$M=4.00$）。由这些数据可知，大学混合学习模式对于小组单元作品成绩的提升是有效的。

小组作品成绩的提升与小组成员的合作密切有关。通过对主题四"从作品设计到作品修改的学习过程"中"对于小组作品修改的看法"的分析，笔者注意到80%的大学生分别以不同的合作方式为小组作品质量的不断提升贡献了自己的力量，也见证了小组作品质量提升的过程。这些方式包括提出建议；每个人都参与小组作品修改（至少一次）；每个人负责作品中的一部分，再通过多边讨论的方式整修作品；两人合作修改作品。因此，笔者认为，大学生对合作工作的积极参与，为小组作品质量随时间发展的显著提升提供了一些合理的解释。

3. 研究问题3

单因素重复测量方差和LSD事后分析结果表明小组单元批判性思维水平（比率）随时间推移产生了显著性差异。就同步在线讨论而言，只有第一单元与第二单元的大学生所在小组的批判性思维水平（比率）均值相比较没有出现显著不同。其中，第三单元批判性思维水平（比率）（$M=0.82$）显著高于第一单元批判性思维水平（比率）（$M=0.65$）和第二单元批判性思维水平（比率）（$M=0.68$）；第四单元批判性思维水平（比率）（$M=0.89$）显著高于第一单元批判性思维水平（比率）（$M=0.65$）、第二单元批判性思维水平（比率）（$M=0.68$）以及第三单元批判性思维水平（比率）（$M=0.82$）。同时，从第一单元到第四单元，大学生所在小组的批判性思维水平（比率）均值随着时间推移呈现出增高趋势。就面对面讨论而言，小组单元批判性思维水平（比率）随同时间发展呈现出增高趋势。但是，大学生所在小组的批判性思维水平（比率）的显著性提升只出现在第四单元和第一单元的均值比较中。第四单元批判性思维水平（比率）（$M=0.94$）显著高于第一单元批判性思维水平（比率）（$M=0.85$）。同时，从第一单元到第四单元，大学生所在小组的批判性思维水平（比率）均值随着时间推移呈现出增高趋势。以上数据表明，两种讨论都有助于大学生批判性思维的发展，但是，同步在线讨论比面对面讨论更好地帮助了大学生反思能力的提升。

在线学习提升了大学生批判性思维能力的结论被一些国外研究所证实，如在线学习为教师和学习者提供了一个超越时间和空间束缚的社会环境，提升了学习者的批判性思维，帮助学习者不断反思了他们自己的观点。当然不可否认，这种方式对于学习者而言，也是一个不小的挑战。在线学习的现存问题主要包括：有限的学习者参与；不充分的同辈观点分析；学习者缺乏动机、责任感、时间；学习者有效交流的失败。诸如此类的问题也同样存在于本书之中。通过对主题三"两种环境下的讨论"中"对于两种讨论的看法"的分析，笔者了解到56%的大学生支持了面对面讨论。他们在评估两种讨论时，将灵感和火花的缺乏、情感缺失、自由散漫的无控制性、答非所问的掉线、网速延迟归结为同步在线讨论的主要问题。此外，还有一个因素可能影响了本书研究中大学生的在线学习效果，即大学生能够经常"乱窜宿舍"的习惯削弱了他们对于在线讨论的兴趣。

4．研究问题4

回归分析结果表明大学生第四单元作品成绩中大约44%的变化（$R^2=0.44$）可以被基于同步在线讨论的大学生第四单元批判性思维水平（条数）所解释。基于同步在线讨论的大学生第四单元批判性思维水平（条数）是大学生第四单元作品成绩的显著预测变量，它的标准化回归系数$\beta=0.66$（$t=4.23$，$p=0.000$），表明同步在线讨论环境下大学生批判性思维水平越高，他们的个人作品成绩也就越好。同时，大学生第四单元作品成绩中大约30%的变化（$R^2=0.30$）可以被基于面对面讨论的大学生第四单元批判性思维水平（条数）所解释。基于面对面讨论的大学生第四单元批判性思维水平（条数）是大学生第四单元作品成绩的显著预测变量，它的标准化回归系数$\beta=0.55$（$t=3.17$，$p=0.004$），表示大学生在面对面讨论中的批判性思维水平越高，他们的个人作品成绩也越高。此外，小组第四单元作品成绩中大约93%的变化（$R^2=0.93$）可以被基于在线讨论的大学生第四单元批判性思维水平（条数）所解释。基于在线讨论的大学生第四单元批判性思维水平（条数）是大学生第四单元作品成绩的显著预测变量，它的标准化回归系数 $\beta = 0.97$（$t = 6.42$，$p = 0.008$），表明同步在线讨论环境下大学生批判性思维水平越高，他们所在小组的合作作品成绩也就越好。

Kaasbøll 认为，批判性思维对学习者的学术成绩有线性效果影响。这一提法与本文的研究结论相类似。本书研究中的四次学习任务与四次创意作品设计相关，而每次作品的设计是一个从理念和风格的确立到技能与高级技能应用的过程。这一过程既包含了作品成果的创新，也包含了基于创新成果的反思和推理过程。创新与思考的交替工作过程可以被解释为：首先，任务要求作品具有个性化风格。针对每次任务，笔者都为大学生提供了大量可参照样稿，并鼓励他们有选择地借鉴和整合样稿，在此基础上，根据主题方向进行个性化作品创意设计。用大学生自己的话说，就是："首先，主题是要和任务要求相符的。然后，再把你想到的放上去。另外还要有自己的想法"（P16）。其次，作品的创意过程势必伴随着反思。为了完成作品创新，大学生要经历两次讨论，一次是同步在线讨论，讨论包括针对个人作品给出建议、选出小组优秀样稿、提出针对小组优秀样稿的修改意见；另一次是面对面讨论，讨论包括整合组内和组外意见，重新考虑小组作品的修改问题。讨论和反思结果深刻影响了个人和小组作品，用他们的话说，就是："讨论对作品有提高，可以把小组作品提升一个档次。创意和技巧方面都可以得到提升。因为每个人的想法都不同。技巧上，每个人掌握 AI 的深度都不同，每个人都可以从他人的作品中得到启发。"（P18）从这样的视角出发，笔者不难理解大学生的批判性思维水平对大学生个人作品成绩和小组成绩产生的显著性影响。

此外，结论中还有一个小问题值得关注，即同步在线讨论环境而不是面对面讨论环境下大学生批判性思维水平对作品成绩产生了更加深刻的影响。这一问题可以用大学生自控力和大学生批判性思维水平的关系予以解释。Richard 和 Myron 认为，在线学习环境对于改善学习者控制自己学习进程的能力是关键性的。这一学习自控能力提升了学习者的批判性思维能力和合作学习能力。按照这样的说法，在线学习环境、大学生的学习自控能力、大学生批判性思维能力的获得存在一种对应关系，即可能学习自控能力较强的大学生，相应地在远程环境下表现出较高的批判性思维能力，同时，这些大学生可能更加积极地将那些讨论后的真知灼见用于作品的不断修改和完善。在线学习环境对大学生学习自控能力的要求很容易将那些所谓的积极参与面对面讨论，却在作品修改环节中毫无建树的大学生排除在外。从这一视角看，本书的研究结论能够得到比较合理的解释。

5. 研究问题 5

（1）大学生信息对大学生作品成绩的影响。

多元回归分析结果表明大学生第四单元作品成绩中大约 61% 的变化（调整后 $R^2 = 0.61$）可以被大学生信息中性别、地域差别、学习方式偏好、IT 支持学习看法、课程兴趣、未来职业选择这六个变量的线性组合所解释。其中，地域差别是大学生第四单元作品成绩的显著预测变量，它的标准化回归系数 $\beta = 0.66$（$t = 4.09$，$p = 0.001$），表明省内大学生的个人作品成绩比省外大学生的个人作品成绩更好。

通过查阅大学生信息问卷，笔者注意到省内大学生包括 P01、P02、P05、P07、P09、P13、P14 在内的 7 名大学生。通过对主题三"两种环境下的讨论"中"对于个人作品设计的看法"的分析，笔者发现这些大学生（除了 P13 之外）都比较积极地参与了个人作品的设计工作。同时，通过查阅小组作品的执笔人名单，笔者发现包括 P01、P02、P05、P09、P10、P14、P15、P16、P17、P19、P20、P21、P23 在内的 13 名大学生主导了小组作品的创意设计工作。其中，5 名大学生来自省内，占到整个省内大学生的 71%；8 名大学生来自省外，占到整个省外大学生的 44%。由这些数据推知，省内大学生比省外大学生更加积极地参与了个人作品的创意设计工作。

（2）大学生信息对同步在线讨论环境下大学生批判性思维水平的影响。

多元回归分析结果表明大学生第四单元批判性思维水平（条数）中大约 46% 的变化（调整后 $R^2 = 0.46$）可以被大学生信息中性别、地域差别、学习方式偏好、IT 支持学习看法、课程兴趣、未来职业选择这六个变量的线性组合所解释。其中，IT 支持学习看法是同步在线讨论环境下大学生第四单元批判性思维水平（条数）的显著预测变量，其标准化回归系数 $\beta = 0.40$（$t = 2.44$，$p = 0.025$），表明大学生对 IT 支持学习的赞同程度越高，他们的批判性思维水平就越高。

国外一些文献研究认为，学习者先前的计算机体验和在线课程学习更好地预言了他们的学习成果，同样地，学习者使用计算机的自信也是如此。确切地说，计算机支持学习的体验和自信是一种网络效能感。有着高度计算机效能感（网络效能感）的学习者抱有更加积极的计算机使用态度，这些学习者更加倾向于施展更加有效的学习策略以及可能取得更好的学习成绩。那些对网络学习抱有积极态度和拥有网络学习经验的大学生，因为有着更好的网络效能感，而在同步在线讨论中获得了更好的批判性思维水平发展。从这一视角看，本书的研究结论与国外相关文献结果保持一致。

（3）大学生信息对面对面讨论环境下大学生批判性思维水平的影响。

多元回归分析结果表明大学生第四单元批判性思维水平（条数）中大约 44% 的变化（调整后 $R^2 = 0.44$）可以被大学生信息中性别、地域差别、学习方式偏好、IT 支持学习看法、课程兴趣、未来职业选择这六个变量的线性组合所解释。其中，性别和课程兴趣是面对面环境下大学生第四单元批判性思维水平的显著预测变量，它们的标准化回归系数分别是 $\beta = 0.39$（$t = 2.28$，$p = 0.035$）和 $\beta = 0.42$（$t = 2.27$，$p = 0.036$），表示女生比男生在面对面讨论环境下表现出更高的批判性思维水平；同时，对课程抱有更大兴趣的大学生在面对面讨论环境下表现出了更高的批判性思维水平。

首先，关于性别因素影响了面对面讨论环境下大学生批判性思维水平的问题，国外文献没有提供直接的证据。但是，Rovai 和 Baker 认为，女性学习者自我报告了在线讨论环境下学习者之间和学习共同体内部的更好连接体验。一般来说，面对面讨论比同步在线讨论出现了更多的社会呈现指示和认识呈现指示。如前所述，社会呈现与情感有关。由此推知，女性大学生可能在面对面讨论环境中获得了比同步在线讨论环境中更好的情感连接和合作体验。这种体验通过小组成员之间的问题和回复，创建出一种可以开诚布公地进行学术讨论的亲密关系，而亲密关系又使得更多真实的个人观点出现在讨论之中。基于创意的争论是你来我往的问题解释和观点澄清，与 AC + 编码有关；而基于技巧的讨论，涉及问题的具体解决方案，与 JS + 编码有关。因此，笔者认为，保持着密切联系的大学生之间不断发展了彼此的批判性思维能力。从这一视角看，本书的研究结论可以得到合理的解释，即在面对面讨论环境下，女性获得了更好的情感连接和合作体验，而这两点因素极有可能进一步促进了女性大学生批判性思维的发展。

其次，关于课程兴趣影响了面对面讨论环境下大学生批判性思维水平的问题。在本书的研究中，大学生的课程兴趣指的是大学生对于这门课程感兴趣的程度。兴趣是一种内部激励因素。一般来说，内部激励包括：对卓越的追求、工作的驱动力、求胜心。而学习者个人目标定位（内部目标定位）是学习者对于一门课程的一般目标，由学习者参与学习任务的程度来标识，其目的是接受挑战、满足好奇心理、掌握任务中的有关技巧。从这样两个观点出发，笔者认为，兴趣与大学生内部目标定位有关。简而言之，兴趣驱动了个人目标定位的生成，即大学生的卓越追求和求胜心态使得他们愿意参与任务、勇于接受挑战、勤于学习有关任务完成的各种技巧。国外一些文献强调了"目标定位对（远程）学习的重要性"。特别是"目标定位对学习者取得良好成绩尤为重要"。那些有着一个明确内部目标定位的学习者被认为更有可能赢得既定的目标。从以上观点来看，本书的研究结论与国外文献保持一致，即那些有着较强课程兴趣的大学生，更为坚定地树立了作品臻于完美的内部目标追求，也因此更加积极地参与了两种讨论，从而获得了更好的批判性思维水平发展。

此外，笔者关注到兴趣对于面对面讨论而不是同步在线讨论中大学生批判性思维水平提升的影响更为显著。这一情况的出现可能源于大学生对面对面讨论的喜爱。根据对主题三"两种环境下的讨论"中"对于两种讨论的看法"的分析，笔者注意到 56% 的大学生认为他们更喜欢面对面讨论。在他们的眼里，面对面讨论的优势在于：头脑风暴般的思想碰撞；可以传达情感，心领神会；提问和回复相当流畅；解决问题的效率更高。这些优点不同程度地促进了面对面讨论环境下大学生批判性思维水平的提升。

（4）大学生信息对大学生共同体意识中学习感觉的影响。

多元回归分析结果表明大学生共同体意识（学习维度）中大约 33% 的变化（调整后 $R^2 = 0.33$）可以被大学生信息中性别、地域差别、学习方式偏好、IT 支持学习看法、课程兴趣、未来职业选择这六个变量的线性组合所解释。其中，IT 支持学习看法是大学生共同体意识中学习维度得分的显著预测变量，其标准化回归系数分别是 $\beta = 0.66$（$t = 3.53$，$p = 0.002$），表明大学生对 IT 支持学习的赞同程度越高，他们的共同体学习意识中的学习感觉就越好。

如前所述，大学生对 IT 支持学习的看法与网络效能感有关，而有着高度计算机效能感（网络效能感）的学习者抱有更加积极的计算机使用态度，这些学习者更加倾向于施展更加有效的学习策略，以及可能取得更好的学习成绩。在本书研究中，基于同步在线讨论环境的学习活动和成果包括：大学生对于课程视频的学习；大学生对于网络开放资源的利用；发生在远程环境下的小组成员讨论；基于论坛的组外作品评价；大学生私下讨论组中关于作品修改问题的反复追究。其中，在线视频学习活动与技巧掌握相关；在线讨论涉及创意和细节的提高；而评价活动与审美情趣的提升有关。由此可见，那些有着更加积极在线学习态度和更加良好在线体验的大学生，获得了更加优秀的在线学习成果，他们也因此产生了更好的基于这门课程的学习感觉。

4.3.2 质性研究的研究结果

1. 自主学习

(1) 自主学习情况。

根据"对于课程视频的看法"的数据分析，64%的大学生依然是传统模式的拥护者，并将这一观念产生的原因归咎于大学生自控能力差和时间不足的问题。36%的大学生认为自己能够接受以观看视频为主的自主学习，认为这种方式的优点在于可以培养学习自控能力、节省时间，通过基于网络案例的实践来深化自己的学习。总体来看，在本书研究中，超过半数的学生依然看重传统教学，认为大学生获取知识的主要场所是课堂，而教师要对其中所发生的一切学习活动负有主要责任。不可否认，随着MOOC（Massive Open Online Courses）等网络开放课程的出现，一些生活在数字化时代且不断思考的积极大学生已经出现，他们正在成为大学混合学习模式研究持续性发展的新促进力量。

根据"遇到问题时的做法"的数据分析，80%的大学生认为他们遇到问题时，更愿意询问同伴。36%的大学生求教于以百度为代表的网络。36%大学生则会求助于教师。一些大学生指出，他们不愿意求助教师的原因是同学和网络具有回复即时性的优点，以此来替代让自己见面就怕的教师，无损于学习成果的获得。同时，他们将自己敬畏教师权威的原因归结为一种从小开始的习惯。怕的心理导致了大学生和教师之间的不对等关系，从而在学习领域，大学生始终将教师搁置在一个传道授业解惑的权威位置。大学生面对教师时的害怕心理对社会性建构学习伤害很大，因为学习共同体建立的前提是大学生平等身份的确立。如前所述，大学生共同体身份的获得包括两个因素：其一是共同体成员密切的连接，其二是共同体成员在小组共同事务中所具有的能力和所承担的责任。由此可见，师生之间感情连接的缺乏限制了研究中师生学习共同体的形成与发展。

根据"课程视频的学习情况"的数据分析，只有19名大学生回复了这一问题。其中，16%的大学生观看了比较少的视频内容，58%的大学生观看了一半以上的视频内容，只有26%的大学生观看了全部视频内容或者查看了与视频相关的知识点细节。本书研究涉及的课程视频涵盖了AI基础知识的讲解，因而，没有看完视频的大学生，在学习上留有欠缺。造成这一情况的主要原因有三个：其一是观念问题。相对于大学混合学习模式，大学生还是倾向于传统教学方式。其二是大学生时间不够。他们当时的课程安排是周一到周五全天有课，在课程学习期间，还有一次期中大考。其三是大学生自主学习能力的缺乏。学生自主学习能力可以用于任何一种课堂，但是，在远程教学环境中，随着师生准分离状态的出现，这种能力成为"学生中心"学习的关键。在本书研究中一部分大学生自主学习能力的缺失，不仅影响了他们对于 AI 基础知识的理解和掌握，也限制了他们在高阶能力方面的发展。

（2）自主学习问题。

"自主学习问题"包括"时间不足""自控力缺乏""不喜欢基于视频的学习方式""下载问题""上课与看视频效果等同的问题""看不懂视频或者抓不住重点""大学生提问的问题"。

①"时间不足"也是"自控力缺乏"的一种表现。

"时间不足"的问题主要源于大学生的课业压力繁重，使得他们没有多余的时间用于观看课程视频。在谈到如何在目前条件下解决这一问题时，一位大学生说："我觉得上课浪费了大量的时间，视频可以自己拉着看。"（P05）因此，"时间不足"的问题说到底就是"自控力缺乏"的一种借口。当然，笔者不能忽视的一点是，认同视频学习取代上课的大学生占到总人数的 36%，而能够从始至终看完整个课程视频的大学生只占到统计总人数（19 人）的 26%。由这些数据可知，在目前阶段，课程参与者的自主学习能力较低。

Richard 和 Myron 认为：学习者自治或独立学习是线程学习的一个关键因素。学习者自治包含很多自我调节学习的属性，例如，动机、网络技术体验、时间管理技能、学习环境管理技能以及学习帮助管理技能。其中，动机、网络技术体验、时间管理能力、学习环境管理能力与本文研究中出现的问题有直接关联。时间不足的问题可以由大学生时间管理能力的缺失来解释。而自控力的缺失有三种可能：首先，因为跨越远程，大学生环境管理能力有缺失；其次，大学生技术素养的高低程度影响了大学生的网络技术体验；最后，大学生对课程的看法和他们的未来职业选择，不同程度地弱化了他们的目标取向。有鉴于此，本书的学习模式可以考虑在课堂上讲解基本知识点和技巧，在课下允许大学生按照自己的意愿和时间，扩展新知识和学习新技巧。

②下载问题、不喜欢基于视频的学习方式、上课与看视频效果等同的问题、看不懂视频或者抓不住重点。

"下载问题"是网络本身的问题；"不喜欢基于视频的学习方式"和"看不懂视频或者抓不住重点"的问题与大学生学习风格有关；"上课与看视频效果等同的问题"是学习自控能力强的大学生在抱怨教师的课堂讲授。针对下载问题，笔者可以提供基于案例的微视频，以缓解网速慢的问题。针对大学生的不同学习方式诉求，笔者可以在视频案例之外，提供基于案例的、富含图文信息的 DOC 文档，并高亮显示重要知识点和关键技巧。然后，将这些静态媒体连同视频和素材一起打包上传。针对教师讲解过于烦琐的问题，可以在讲课或者提供视频之外，允许大学生携带自己的便携式笔记本来上课，以方便大学生在被教师控屏的同时，可以自定步调地跟随 DOC 文档来操作案例。

③大学生提问的问题。

在自主学习阶段，一些大学生遇到问题时有两种做法：其一，4% 的大学生表示对于不会的知识点会选择跳过；其二，64% 的大学生表示自己不会求助于教师。第一个问题与大学生不求甚解的学习态度有关，第二个问题源于一种上学以来的积习。

师生之间的关系对学习也有效果。在西方世界，如英国，师生之间的关系是非正式的。学生可以期望与教师展开辩论。相反，在东方世界，如中国，师生之间的关系是正式的。教师被看作是一个专家，而且不允许被质疑。教师领导着班级，学习者是跟随者。学习者不期望做决策，他们期望被教师领导。教师权威被尊敬，课堂中的所有工作完全被结构化了，中国学生不参与课堂，也不向教师提问。如果中国希望学习者获得批判性思维能力而变成一个善于独立思考的人，应该尝试转变教师的讲授方式。由此可见，国内师生之间由来已久的正式关系是大学生敬畏教师的始作俑者。这种关系的破除要求教育者改变原有的授导模式，促使学习朝向大学生中心的建构模式。

2．课堂学习

（1）课堂学习情况。

根据"对于课程综合案例的看法"的数据分析，80% 的大学生比较适应这一阶段的学习。他们认为通过自己动手操作和教师从旁指导，学到了更多的知识和技巧。20% 的大学生对这一阶段的学习给出了自己说法。他们认为制作案例占用了大量本该由教师讲授知识点和技巧的时间。希望教师可以增加案例的数量，而不必强求每一个案例必须被做完。

大多数大学生对于课堂综合案例环节的肯定，显示出他们对于面对面学习的偏好。当然，本书研究的面对面学习采用了建构模式，类似于时下的翻转课堂。大学生偏好面对面学习的结论与 Welch 的研究成果保持一致。在 Welch 的研究中，大多数参与者认为，与同步在线学习和异步在线学习相比，面对面学习最好；同步在线环境和异步在线环境，由于具有技术上的复杂性，可以排在第二位和第三位。即便如此，Thomas 和 MacGregor 仍然坚持说，同步在线环境对头脑风暴是有好处的，可以作为一个可以自由表达观点的论坛，也有利于建立共同体友谊和社会联系；而异步在线学习对需要反思、时间、深入思考的任务是最好的选择。

根据"对于教师支持的看法"的数据分析，52% 的大学生表示对目前教师提供的教学支持感到满意，无须改进。48% 的大学生认为目前的教学支持有待改善，并结合个人情况，提出 7 条宝贵意见。这些建议与"课堂学习问题"联系紧密，将在"课堂学习问题"中予以重点讨论。

（2）课堂学习问题。

"课堂学习问题"包括"缺乏技巧讲授和案例细节""缺乏共性问题的讲解""综合案例少""综合案例制作时间不足""DOC 文档比较粗略""将综合案例布置成作业的问题"。结合"对于教师支持的看法"数据分析中大学生提出的 7 条建议，笔者提出了这一阶段的教学改进策略。

① 缺乏共性问题的讲解、将综合案例布置成作业的问题、综合案例少、综合案例

制作时间不足。

共性问题来自大学生 AI 基本技能的缺失。如前所述，16% 的大学生看过少许视频，58% 的大学生看过一些视频，而仅有 26% 的大学生看过完整的视频。对于这一问题的解决，在大学生自我调节学习能力比较低的情况下，可以考虑恢复传统教学方式：将基本知识点讲授放在课堂上；在课后提供基于单元内容的综合案例库，教师指定大学生完成案例库中的一个案例，但是，允许大学生多做案例多加分。这样一来，"缺乏共性问题的讲解""最好将综合案例布置成作业的问题""综合案例少""综合案例制作时间不足"都得到了很好的解决。

② 缺乏技巧讲授和案例细节、DOC 文档比较粗略。

关于"缺乏技巧讲授和案例细节"的问题，笔者不提倡在课堂上给出过于具体的知识点讲解。这样考虑的原因有两个：首先，总是有一部分嫌老师啰嗦的大学生，他们已经具备了相当的自主学习能力。来自教师一方繁文缛节式的讲解，会让他们讨厌上课，也会对他们的有效学习造成时间上的浪费。其次，细致的讲解并不会减缓大学生对于知识的遗忘速度。按照他们自己的话说，就是"你一步一步地讲，其实也不是太难。从 Word 文档里也可以查看技巧和手法。但是，当时照着那个（Word 文档）做一下，之后如果不练习，就一点印象都没有了"（P19）。能够被记忆的知识点，往往是那些经过思考和反刍之后的东西，过分地讲解无疑剥夺了他们作为学习反思者的一部分权利。Rabow 认为，通过讲课，学习者能够记住和反刍主题，而通过讨论，学习者不得不用批判性思维能力去保持并综合信息。Freire 用储户和托管者来形容教师和学习者。学习者是托管者，教师是储户。知识从储户流向托管者，银行理论最小化和关闭了学习者的创造力。Applebee 强调了情境外知识和行动中知识的概念。前者让学习者陷入了已知的学术传统，后者允许学习者发展一种新的解释，分析一个新的情境，找出并整合支持新观点的证据。有鉴于此，笔者更加倾向于先快速讲授基本知识点和相关技巧，然后投放大量案例，同时提供与案例相关的支持性文档，再加上一对一教师辅导。以这样的方式，同时满足不同大学生的学习要求，也特别关注了大学生多种技能混合和高级技能应用的能力。

关于"DOC 文档比较粗略"的问题，笔者认为，DOC 文档可以先细后粗。具体来说，就是在大学生能力不足时图文并茂，详细一些，让大学生制作作品时有章可寻；到了课程后期，随着大学生知识和技巧的进一步提升，必须减少知识点，或只罗列关键知识点，甚至不再给出 DOC 文档，以增强他们自己看图仿制的能力，也可以增加他们自我完善知识结构和自我反思的机会。

3. 两种环境下的讨论

（1）两种环境下的讨论情况。

根据"对于两种讨论的看法"的数据分析，56% 的大学生认为面对面讨论是自己最喜欢的讨论方式；28% 的大学生更喜欢在线讨论；12% 的大学生认为他们无法选择，因为两种讨论各有利弊。考虑到为数众多的大学生偏爱面对面讨论的实际情况；一些大学生对在线讨论缺乏控制的诟病；提问必须有回复的教学要求，笔者在讨论方式上采用了同步在线讨论的决策。这一选择充分证明了一点，即本书研究中的混合学习与国外真正意义上的、旨在培养大学生高水平思考的、基于异步讨论机制的社会性建构学习之间尚有差距。

根据"对于教师参与讨论的看法"的数据分析，88%的大学生认为教师有时参与的方式可以接受；8%的大学生认为教师支持可有可无；还有4%的大学生强调了教师全程出席的支持方式。大多数大学生对于教师有时出现的赞同态度表明，大学生在基于对话的交互学习过程中不断意识到自己的主体地位。这种来自大学生内心深处的学习自制觉醒是一件好事，由此带来的一个教学启示是，是否可以在讨论进程中推行大学生促进交互策略，以代替现存的教师促进策略。在某种程度上，大学生自我促进可能优于教师有时促进。教师在同步在线讨论中花费了大量时间，教师在同步在线讨论中以权威形象出现，是两个比较典型的教师促进讨论问题。在访谈中，这两个问题都被大学生提到过。除此之外，同辈促进是线程学习者所喜欢的最流行的合作设计。学习者发现同辈促进讨论更加有意义，可以产生更多的互动，同时感到他们的贡献创建了强烈的共同体意识。综合上述观点，笔者认为大学生同辈促进策略可能比单纯的教师促进更加适合国内的情况。其实，只要考虑一下国内大学生对于教师的惧怕心理，这项策略就已经具有了一定的实践价值。因此，大学生促进策略理应成为未来研究的重点内容。

根据"对于作品没有入选的看法"的数据分析，64%的大学生认为作品落选没有给他们造成影响；16%的大学生表示作品落选影响了他们的后续作品设计；还有20%的大学生认为作品落选使他们感到沮丧，但是，没有因此影响以后的设计工作。16%的大学生在谈到能够缓解沮丧心情的策略时，提到了小组系列作品的方法。就第三单元和第四单元的实际情况来看，这种做法意外弥补了小组成员的部分情感缺失，因此，值得在今后的教学中予以重点关注。

根据"对于讨论提升学习成果的看法"的数据分析，12%的大学生认为讨论没有意义；4%的大学生认为讨论对于AI技巧有帮助；16%的大学生认为讨论提升了他们对于AI细节的掌控能力；40%的大学生表示讨论对于更好的创意能力有效果；28%的大学生认为讨论对于技巧和创意能力都有提升作用。从这些数据可知，88%的大学生肯定了讨论对于学习成果的促进作用。这一结果与研究问题4中的两个结论保持一致，即在面对面讨论和同步在线讨论环境中大学生批判性思维水平越高，他们的个人作品成绩也就越好，他们所在小组的合作作品成绩也就越好。

（2）两种环境下的讨论问题。

"两种环境下的讨论问题"包括"课下讨论的问题""讨论之后作品没有提升""讨论中的交流和沟通问题""假想的异步讨论问题""作品没有入选的问题""面对面讨论问题""同步在线讨论问题"。

① 作品没有入选的问题。

"作品没有入选的问题"包括"感到沮丧但不影响后续作品制作""感到沮丧且影

响后续作品制作""感到惋惜"。感到沮丧是一种自我感受,感到惋惜是体会到别人作品被放弃时的一种同情。由之前的数据分析可知,笔者注意到36%的大学生为作品没有入选而感到沮丧。为此,笔者考虑在一定程度上保留大学生的个人作品。同时,在保证小组作品得到充分讨论的前提下,将这些作品和小组优选作品统合成一个小组系列作品。

② 面对面讨论问题。

"面对面讨论问题"主要包括"教师参与面对面讨论的问题""不好意思提意见或面对面讨论障碍""其他问题"。目前,教师在面对面讨论中的出现是轮流式的。用大学生的话来说,这种方式"不能及时地为我们解决问题。"(P09)如果不是身兼研究者的角色,在以后的教学中,教师可以做到随叫随到。至于"不好意思提意见或面对面讨论障碍"与学习者自身性格有关。"其他问题"分别是第三次面对面讨论受到了期中考试的影响;面对面讨论内容与同步在线讨论内容高度重复;讨论有时产生了胶着现象;面对面讨论时信息比较繁杂,不利于整理。这些情况除去第一个问题外,可以由教师及时发现和就地解决:对于重复问题,教师可以给出自己的意见,也可以要求大学生基于意见提出问题解决的思路和方案;对于胶着现象,教师可以及时破冰;对于信息的繁杂,教师可以帮助大学生将问题重新锚接在组内意见和组外意见的框架下。

③ 同步在线讨论问题。

"同步在线讨论问题"包括"缺乏控制且无人回复的问题""在线讨论效果低下""教师参与在线讨论的问题""在线讨论比较混乱""容易得罪人的问题""网络掉线故障"。关于"教师参与在线讨论的问题",大学生明确提出教师没有参与个人作品的评价工作;鉴于教师在几个小组轮流出现,再加上在线讨论本身的跳跃性,使得教师无法在恰当的时机加入有效的观点;教师对于大学生个人作品的了解不够。以上所有问题,除去网络掉线故障,都与同步在线讨论的传递方式有关,因而,无法从教学层面予以更好地解决。但是,对于同步在线讨论环境下的个人作品评价,教师可以在讨论的最后,通过QQ讨论组,以私聊的方式传达给大学生。

④ 课下讨论的问题、讨论之后作品没有提升、讨论中的交流和沟通问题、假想的异步在线讨论问题。

首先,"课下讨论的问题"包括两个主要内容:课下进行讨论的大学生很少、男性大学生和女性大学生之间存在着私下不说话的问题。其次,"讨论之后作品没有提升"是光说不练的问题。然后,"讨论中的交流和沟通问题"是指小组成员之间存在沟通和交流问题。最后,对于"假想的异步在线讨论问题",大学生给予了否定的回复。他们认为"那根本就不行,完全讨论不起来"(P16)。以上所有问题,均与大学生关联较大,因而无法从教学层面予以更好地解决。此外,"假想的异步在线讨论问题"再次确认现阶段大学混合学习模式采用同步在线讨论方式的适切性。

教学讨论环节所面临的这些实际问题,充分暴露了大学生对交互学习的不适应,例如,大多数大学生过渡倾向于面对面讨论、倚重教师主导的课上讨论、在提出意见时表现出与其学术身份不相符的尴尬心理。这些情况指向了混合学习模式本土化后的一个遗留问题，即从学生适应能力来看，混合学习模式将会在很长一段时间内，是一种教学试验品。

4. 从作品设计到作品修改的学习过程

（1）从作品设计到作品修改的学习过程情况。

根据"对于个人作品设计的看法"的数据分析，12%的大学生认为个人作品设计有难度，原因在于时间不足、兴趣缺乏、教程资源匮乏的问题。时间花费问题可以通过延长任务交割期限来解决；而资源匮乏问题可以通过教师一方提供更多的AI案例资源来解决。88%的大学生认为自己能够适应这一过程，同时提出了三点建议：增加任务难度、开展个人作品设计、进行小组系列作品设计。首先，在目前来看，增加任务难度对于平面设计的初学者并不适合，也有违作品创意设计的宗旨。其次，倡导独立设计作品的大学生普遍提到小组成员之间的交流问题和小组作品最终统合的问题，这些问题确实是合作学习关注的焦点。对于交流问题而言，需要教师持续关注和有效促进共同体的建立和发展。至于小组作品的统合问题，其实就是小组系列作品的设计问题。小组系列作品对于大学生基于共同体的个人发展是一个比较有价值的提议。它不仅可以补偿落选大学生的情感缺失，也是职业平面设计师工作的原貌再现。但是，在本书研究中，大学生整合个人作品的水平确实不尽人意。就第三单元和第四单元的学习情况看，他们只是完成了表面意义上的统合，例如，强行将背景颜色变成模板颜色，根据模板外框，也为自己的内页设置了同样的外框效果。从某种程度上说，这不是整合，而是对原有作品的破坏。有鉴于此，如何指导并促进大学生实现个人作品与小组作品的融合值得深入研究。

根据"对于小组作品修改的看法"的数据分析，20%的大学生独立修改了小组作品，或者完全没有参与小组作品的修改工作；32%的大学生至少参与过一次基于合作的小组作品修改；44%的大学生认为自己通过提供建议的方式，有效参与了其他小组成员执笔的作品修改工作；还有4%的大学生亲自参与了所有单元的小组作品修改工作。通过这些数据，笔者认为，80%的大学生以提供建议和操作参与这两种方式加入了小组作品合作修改的行列。其中，一个小组的大学生自发创立了私下讨论组，真正实现了小组作品修改细节的随时讨论和随时修改。考虑到教学层面并没有给出强制性要求，笔者认为，在其他课程课时压力很大的情况下，这些基于设计任务的自发性小组交互和协作是非常难能可贵的。

（2）从作品设计到作品修改的学习过程问题。

"从作品设计到作品修改的学习过程问题"包括"个性化作品设计的问题"和"合作的问题"。

① 个性化作品设计的问题。

"个性化作品设计的问题"包括"时间不够的问题""作品设计有难度""个人作品设计等同于作业""个人设计作品过程失控问题""个人作品设计学到东西少""小组系列作品的问题"。

首先,"时间不够的问题"和"作品设计有难度"可以合成一个问题来看。个人作品设计是一个从概念构想到素材收集,到所有素材得以完美呈现,再到所有素材实现页面布局的创作过程。这一过程对于大学生的创意设计能力和技术基础,提出了相当高的要求。同时,考虑到一个星期需要完成一幅创意作品的时限安排,以及大学生从周一到周五满课的外在条件,笔者认为,两个单元一次而不是一个单元一次的任务,可以更好地提升作品的质量,允许大学生合理安排时间。

其次,"个人作品设计等同于作业"的问题与大学生的个人心态有关。这些大学生将作品设计当作一项课后作业,认为作品设计"与我的职业无关"(P04);"我之所以设计作品都是因为要完成而完成"(P06);在设计作品的过程中,"自己也会学到东西,但是不爱做"(P11)。对于这些大学生,笔者基本会尊重他们的选择,在教学上不做过多要求。

还有,"个人作品设计过程失控问题"和"个人作品设计学到的东西少"也可以看成是一个问题。一些大学生对个人作品设计提出了更高的要求,认为教师有责任控制个人设计作品的整个过程,例如,教师理应设置不同阶段的截止日期和要求大学生分时段提交设计和制作中的草稿作品;教师应该强调个人作品设计中的高级技巧,而不是单纯地突出作品的创意和美感。这些问题的提出对于教学双方而言,都是非常严苛的。在大学生已经满课和教师已经满负荷工作的前提下,试图控制作品设计过程或者强求作品中的高级技巧应用,可能随时激化双方矛盾而带来适得其反的负面效果。有鉴于此,这些问题在教学层面不予考虑。

最后,在谈到对于个人作品设计的看法时,24%的大学生倡导形成"小组系列作品"。这项建议的提出背景有两个:首先,笔者从第三个单元开始,植入了一个小组成员统合作品的过程。其次,这一过程的确平复了一些大学生在作品落选后的沮丧心情,这些大学生一般都是个人作品设计中的积极分子。对于作品整合的问题,大学生也分为两派。支持者强调了情感弥补和作品保留的好处。质疑的声音或者反对者认为"但是合作,我觉得有点难,我从小就没合作过"(P01),"要和小组作品吻合,这个比较难"(P02),"因为我们全盘否定了选优样稿,他不能及时拿出来,所以,我们就没有可以参照的模板了"(P14),以及"就是如果融合的话,会不会自己样稿中独特的部分没有了,都成了别人的东西"(P18)。诸如此类问题的出现,要求笔者重新界定并仔细思考作品整合的方式。首先,考虑到成员之间的合作,教师需要沿用大学生自由分组的原则,其目的是在大学生共同兴趣和紧密关系的前提下来谈论本组合作。其次,考虑到统合难的问题,小组成员的个人作品必须保持一个主题方向。为此,教师可以在任务布置时,提供可参考性样稿,并引入一个面对面讨论,以确定小组作品设计与制作的同一主题方向。然后,考虑到小组作品对于其他成员作品的影响,教师需要为小组作品提交和小组成员的个人作品提交设置不同的截止日期,并敦促大学生严格遵守。最后,关于融合之后个人作品中个性化特点的保留问题,为了实现更深层次的作品统一,教师应该要求大学生依据小组样稿,重新设计个人作品。因为那种简单的操作,例如,背景颜色的统一、添加同色的外框、随便插入一个别人的 LOGO，是一种低端水平上的统合。

② 合作的问题。

如前所述，小组作品修改可以看作是一个成员合作的过程，80%的大学生支持了这一看法。基于小组作品修改的合作过程出现了两类问题："小组成员合作存在的问题"和"讨论没有促进合作"。"小组成员合作存在的问题"主要包括小组成员自身的问题，例如，个性太强，无法与其他成员融合；小组长失职；小组成员之间各持己见，互不妥协；分工多合作少；私下讨论找不到人。"讨论没有促进合作"主要包括每次讨论都是列出问题，却不解决；讨论之后无人愿意修改作品；感觉讨论之后经过合作修改的作品越改越不理想。

这些问题的出现不仅关乎大学生个人的合作态度和合作能力，也与小组合作的实际情况有关。通过访谈数据分析，笔者发现第 1 组（P02、P05、P08、P21、P24）和第 5 组（P11、P13、P16、P18、P20）的所有成员都认为自己通过亲自参与作品修改或者通过提供建议的方式促进了小组作品的完善。此外，第 5 组的大学生在访谈中普遍提到了他们用于作品修改过程的私下讨论组。按照他们的讲法，在自发的私下讨论组中，他们想说什么就说什么，可以边提出建议边修改作品。说到合作成功的因素，据平时观察来看，这两个小组有四大相似之处：首先，小组成员的设计能力呈现出异质化趋势。其次，小组长均由一位男性大学生担任，其自身的创意作品设计能力属于中等程度，却在小组管理工作方面极其认真负责。然后，每个小组都有一位设计能力较强的女性学习带头人；同时，她们本人对于作品设计具有偏执的挑刺和执着精神。最后，每一个小组都有一位负责作品协作修改工作的女性参与者，设计能力较好且勤奋认真。以上特点，如小组成员的异质化和小组成员的角色化，可以作为分组时的一种参考。小组成员的角色化意味着教师可以考虑为小组合作中的成员分配不同的角色，如同教师为在线讨论中的大学生分配角色一样。诸如此类的做法值得笔者在今后的教学中予以关注并加以实践，以期获得更好的合作成效。

5．两次作品评价

（1）两次作品评价情况。

根据"对于小组临时作品评价的看法"的数据分析，4%的大学生因为看不懂别人的作品而对评价持有反对意见；96%的大学生都积极参与了小组临时作品评价，也提出评价工作中的三大问题。首先，评价后可能引起对方的不快。其次，多数意见趋于雷同。最后，有些大学生存在选择性评价问题。总的来说，评价中出现的三种问题非常典型。关于顾忌对方感受的问题，一个好的解决办法是勤恳的治学态度、礼貌的措辞以及真诚的评价。大学生提出的一些建议，如给予具体问题和提供修改细节，也属于真诚评价的范畴。除去敷衍了事的个案，评价雷同的问题与大学生审美情趣有关，即大学生普遍存在审美素养不高的问题。作品评价的选择性倾向与大学生个人偏好和倾向有关，即有的大学生只针对好作品挑刺，而另一些大学生只针对一般性作品挑刺。同时，它还与另外一个问题连接在一起，即是否每一幅作品都是辛劳之做，都值得花费时间去评估。

综上所述，作为一种补充，教师或专家可以直接参与和指导小组临时作品评价活动。

根据"对于课堂评价的看法"的数据分析，64%的大学生赞同课堂作品展示，28%的大学生赞同网络作品展示，8%的大学生认为两种方式各有利弊、无法选择。课堂作品展示或者网络作品展示的选择，其实反应出大学生对于学习的不同理解。前者强调建构学习，即大学生将课堂评价看作是一个可以提升创意和技巧的学习机会，而学习是渗透到每一个活动环节的主体参与。后者提倡授递学习，即大学生认为课堂评价占用了教师本该用来教授的时间，而知识和技巧的宣讲与接受才是教学重点所在。超过半数大学生对于课堂评价学习的认同和肯定使笔者坚信，随着混合学习课程的逐步增加，大学生从教师中心转向大学生中心是可能的。此外，大学生普遍认为，可以将评分环节放在课后，强调评分后给出建议的重要性，要求在第一时间将意见返回给执笔人。这些提议都值得关注，并可以在之后的教学中予以改进。

（2）两次作品评价问题。

"两次作品评价问题"包括"小组临时作品评价的问题"和"课堂评价的问题"。

① 小组临时作品评价的问题。

"小组临时作品评价"包括五个问题，即"重复性评价""不好意思评价别人的作品""选择性地评价作品""找不出别人作品的问题""意见粗略且缺乏细节"。

关于"不好意思评价别人的作品"，笔者认为，一个好的解决方法是要求问题的提出者必须表现出某种诚挚态度和专业精神，目的是通过作品创意发展和技巧提升来抵消别人在听到批判和反对声音时所感受到的沮丧和挫败。另外，问题提出者也要注意说话的语气和方式。尖锐和刻薄的一味指责并不好，虚伪和假意的奉承也不可取。在学术的框架下，对待别人作品的态度应该是尊重、求实、理解、协商。当然，这里还有一个问题，就是建议者本人的审美情趣和艺术境界也要不断提升的问题。与此相关的两个问题是"重复性评价"和"找不出别人作品的问题"。"其实，我们大多数人的意见还是差不多的。可能我们现在的审美还没有突出的地方、漂亮的地方，我们都会觉得漂亮。"（P02）"我和大多数人的想法都是一样的。我也没有看过别人的评价，但是我的意见还是会和他们一致。"（P15）要想解决这些问题，比较可行的方法就是加强大学生自身的人文、艺术，特别是设计理论方面的知识和修养。有鉴于此，教师可以在课后有计划地提供一些经典著作选读，目的是与大学生一起通过阅读、思考以及讨论，以此来提高彼此的艺术修养和审美情趣。

"选择性地评价作品"是一个很难避免的问题。"那些大众化作品，就是让人有话说，有的很好的作品，我就不知道要说什么了。特别是对于那些好的东西，我默认为是一种完美的东西，即便有优缺点也会装作看不见。"（P07）事实如此。那些震撼人心的作品，的确很难从创意和技巧上被挑刺。那些敷衍了事的作品，也因为全是糟点，而让人无从下手去评估。反观那些中等的作品，让人一眼便能看出问题所在，但是，这些问题也势必落入俗套。

"意见粗略且缺乏细节"对大学生本人的创意和技巧提出了很高的要求。能够一针见血地指出作品中的关键问题，进而引出多种解题的思路；评估每一种思路的优势和不足；尝试给出每一种思路的修正技巧，这些能力与职业平面设计师的素养有关。大学生目前的设计能力相比职业设计师的专业能力，尚有一段不小的差距。不过，教学中一个不错的折中方案是，由教师给出富含细节的作品评价，并提供与修改方案有关的样稿案例，以此来精确界定问题并阐述可视化的解决策略。

② 课堂评价的问题。

在课堂评价环节，共出现了四类问题："课堂评价占用了上课时间""赞同课堂评价但是提出其他问题""赞同课堂评价但课堂评价时间过长""面对面评价和网络评价都有问题"。

第一个问题是"课堂评价占用了上课时间"。一般来说，课堂评价的时长是一节课，即 50 分钟的时间，由六个小组的代表宣讲自己的作品，大概每个小组有 8 分钟的时间，需要完成三类工作，即宣讲、回答大学生提出的问题以及评分。由此可见，分配到每个小组的时间有限。为了进一步缩短评价时间，笔者改进后的课堂评价可以将评分的环节留到课后来完成。此外，在课堂评价环节，大学生参与课程评价的积极性不是很高，即小组代表的发言往往不能引发他人的共鸣或者争执。争论、辩解、协商和评估是一个基于推理的批判性思维发展过程，大学生在这一过程中的消极表现证明了他们批判性思维倾向的缺失。

第二个问题是"赞同课堂评价但是提出其他问题"。64% 的大学生赞同课堂评价，但是，一些人提出了自己的另类看法，例如，"下面的同学最好也能讲一下"（P02），"应该派最了解作品的人来介绍比较好"（P08），"是不是可以公开这些分数"（P16），"我认为这个意见一定要反馈给作品执笔人的手里"（P16），"我认为应该把自己设计这些作品的初衷讲出来"（P19）。这些建议很有价值，笔者将在以后的教学中予以关注和改进。

第三个问题是"赞同课堂评价但课堂评价时间过长"。28% 的大学生坚持认为评价部分应该放在课后，借助于网络来完成。对他们而言，通过深入了解别人的作品来提升自己的审美；通过聆听作品之后的彼此讨论来了解别人创意的优势；通过细节争论来提高自己的技巧；通过评价来激励人心；通过宣讲来获得学习之后的满足感；通过了解分数的一次次提升来促使自己更加积极地投入学习，还不如听教师讲课来得重要。这种看法沿袭了传统教学的思路，即讲授就是学习。

第四个问题是"面对面评价和网络评价都有问题"。8% 的大学生认为两种评价方式各有利弊，无法置评。评价对于学习的作用是毋庸置疑的，加上这种说法比较中庸，因而可以忽略不计。

4.3.3　最后的研究结论

借助于混合研究方法，笔者详细讨论了大学生对于大学混合学习模式的适应性。通过量化研究，笔者回答了大学混合学习模式对于大学生学习的影响：（1）在大学混合学习模式中，大学生个人作品成绩随着时间推移出现了显著提高。（2）在大学混合学习模式中，大学生所在小组的合作作品成绩随着时间推移出现了显著提高。（3）在大学混合学习模式中，大学生批判性思维水平随着时间推移出现了显著提高。通过质性研究，笔者阐述了大学生对于大学混合学习模式九个学习活动阶段的感知和体验：（1）36%的大学生认为自己能够适应基于网络视频的自主学习；在19名大学生中，84%的大学生表示自己观看了一半以上的视频内容。（2）80%的大学生认为自己能够适应基于综合案例的课堂学习；52%的大学生对教师在这一学习环节中所提供的教学支持感到满意。（3）88%的大学生认可了教师在讨论活动中所提供的教学支持，即教师在某些时候审时度势地来拉回、加速、扭转、结束、旁观讨论进程的做法；88%的大学生认为两次讨论对作品设计有帮助，这些帮助分别是AI技巧的提高、创意设计能力的发展、作品细节处理能力的增强。（4）88%的大学生认为自己能够适应作品从个人设计到小组讨论再到合作修改的学习过程；80%的大学生认为自己以不同的方式参与了小组作品修改的合作工作，例如，负责作品的一个方面、提供建议或全程参与。（5）96%的大学生积极参与了小组临时作品评价环节；64%的大学生表示自己赞同课堂评价环节。以上研究结果表明，大学混合学习模式有效促进了大学生个人作品创意（创新）设计能力和批判性思维能力的发展，而且大部分大学生比较适应和认同这一教学传递方式。

第 5 章 大学混合学习模式与传统教学模式的比较研究

教学适应性研究可以帮助笔者了解大学生在大学混合学习模式中的学习情况和他们对大学混合学习模式中九个学习活动阶段的看法和感知。但是，大学混合学习模式的有效性如何，还没有一个比较清晰的结论。因此，在教学适应性研究的基础上，笔者增加了大学混合学习模式与传统教学模式的比较研究。

5.1 比较研究的研究方法

5.1.1 教学设置

比较研究依托的课程是"现代教育技术"。该课程的授课对象是江苏省某大学体育教育专业的大三本科生，共 68 人；该课程的教学内容包括现代教育技术理论和信息技术应用。前者以理论讲授为主，后者以上机实验为主。正是借助上机实验环节，笔者设计、组织和施行了比较研究。在"现代教育技术"课程的实验环节，笔者将同一个班级的大学生分成两个大组，分别采用了两种不同的教学模式，即一种是批判性思维能力发展指向下的大学混合学习模式，一种是传统教学模式。大学混合学习模式是一种协作知识建构学习：（1）依托于混合学习环境（课堂和QQ）；（2）强调学习者之间的对话（同步在线讨论和面对面讨论）；（3）基于真实任务的合作（产品设计从个人样稿到小组临时作品再到小组终期作品）。相比之下，传统教学模式沿用了教师课堂讲授和学习者课后独立完成作业的方式。

将 AI 作品设计与制作甄选为"现代教育技术"课程的实验内容，笔者主要考虑了两个因素：研究需要和学生需求。其一，从研究需要来看，笔者希望大学混合学习模式的实证研究可以扩大采样范围，一个较好的选择就是公共课。同时，基于大学混合学习模式的课程教学需要至少半年以上的准备，主要用于教学方案的设计、资源的制备、教学管理的设计和学习评估的设计。同时考虑这两点因素，"现代教育技术"实验课是一个比较切实的选择。其二，从学生需求来看，笔者在"现代教育技术"课程的导言部分施行了一项"你想要学习的多媒体软件"的匿名问卷小调查，班级中大部分学习者都选择了以 PS 和 AI 为代表的图片处理技术。在课程结束后，笔者随机抽取了 25 名大学生进行个体访谈。受访学生表示，通过将 AI 技术用于他们正在学习、兼职或创业的课程与项目，他们不断发展了自己对于平面设计的深刻理解。从他们的个人经历可以看出，以 AI 为代表的图形设计对于球类比赛规则和实况的图形绘制、Flash 矢量合成、体育用品公司的 LOGO 设计、私人运动俱乐部的 VI 设计、体育教学视频的后期效果处理等具有重要意义。由此可见，本书研究中的课程对于研究本身和大学生来说都是双赢的结果。

囿于上机实验的课时限制，比较研究中的教学内容只包含了"数字图形设计"课程的前面三个单元的内容：AI 基本图形和简单上色、AI 对象的基本操作和颜色管理、AI 钢笔绘图和文字处理。整个教学历时 20 周时间，平均每 6 周时间完成一个单元的学习任务。具体来说，第 1 周是导言。第 2 周到第 19 周是三个单元的课程。其中，传统教学模式组的上机实验时间是从第 2 周开始的所有偶数周，到第 18 周结束；混合学习模式组的上机实验时间是从第 3 周开始的所有奇数周，到第 19 周结束。第 20 周是课程考核。之所以采用这样的课时设置，笔者充分考虑了"现代教育技术"课程的隔周上机安排。就每个学习者而言，他们的上机实验情况完全符合学校对该课程教学实验的基本要求。对于加倍的实验课时和增加的最后一次 AI 作品考核时间，笔者与实验室负责教师和全体学生通过协商，在相互尊重和理解的基础上，达成了共识。

5.1.2 研究设计

1. 关于分组

比较研究部分采用了实验法，将学生分为两组，分别施行不同的教学模式，即一个是混合学习模式组，一个是传统教学模式组。在学生自由组合的基础上，笔者将 68 名学生分为 14 组，每组 4~5 人。然后，随机将这些学习者指定到混合学习模式组和传统教学模式组。其中，混合学习模式组有 7 组，共有 35 人；传统教学模式组有 7 组，共有 33 人。在分组结束后，笔者向所有参与者详细解释了这两种学习方式的特点和分组的意义，同时也征询了他们对于分组的意见和建议。在两个基本条件被满足的前提下，所有学习者达成了同意意向。这两个条件是：（1）通过 QQ 平台，笔者必须能够及时回复学习者所提出的所有问题；（2）课程视频要向所有学习者开放。

2. 两个教学模式组的比较

两个教学模式组均由同一名教师教授，学习同样的 AI 课程内容，设置相同的课时（课堂时间），以同样的方式进行评估。它们的不同之处在于：（1）学习方式存在不同。参与混合学习模式组的学生是在一个由课堂和 QQ 组成的混合学习环境中，通过对话和合作来建构知识；参与传统教学模式组的学生是在课堂上，通过听讲和做案例来积累知识。（2）教学进度和教学中所使用的案例有一些差别。混合学习模式组是一次课完成一个教学单元的内容，这些内容只包含基础案例；传统教学模式组是三次课完成一个教学单元的内容，其中，两次课程用于讲授基础案例，一次课程用于讲授综合案例。

（3）提交的作业有所不同。混合学习模式组学生提交的作业是创意作品；传统教学模式组学生提交的作业是基于实战案例的仿制作品。更为重要的是，两个教学模式组的学习活动有所不同。参与混合学习模式组的学生经历了一个基于真实任务的作品设计过程；参与传统教学模式组的学生是在课后完成了一个实战案例仿制任务。

（1）混合学习模式组。

混合学习模式组的学习活动包括课堂案例学习、在线自主学习、个性化作品设计、小组在线同步讨论、小组临时作品生成、小组面对面讨论、小组终期作品生成。这样的安排与大学混合学习模式中九个学习活动阶段的初始设定（请参阅第3章内容）有些出入。首先，笔者考虑了教学适应性研究中学习者的一些建议和学习者存在的一些问题。例如，学习者自主学习能力不足；学习者课余时间有限；学习者一再强调课堂讲授知识点，将课程案例放在课后；小组成员因为自己的作品没有被入选而感到沮丧。其次，笔者考虑了比较研究中课程参与者的实际水平。这些大三学生以前没有修习过任何与平面设计相关的课程；他们的课时有限，因为这门课程的实验课是隔周上课。有鉴于此，笔者不得不重新思考并设计适用于该课程的大学混合学习模式的学习活动内容。重构后的学习活动包括7个主要环节，其具体内容如下：

① 课堂案例学习。

在课堂案例学习环节，教师主讲AI基础知识点、提供一对一指导、协助大学生独立完成基础案例的过程。笔者将课堂案例学习放在首位，并且强调了AI基础知识点的讲授，其主要原因在于"现代教育技术"课程的大学生没有任何平面设计的经验。在案例讲授之后，教师预留了15分钟时间，专门用于布置小组任务、发放样稿资源、组织小组成员基于任务和样稿展开面对面讨论，目的是督促小组成员确定统一的任务方向和选好可参考性样稿。

② 在线自主学习。

因为隔周上机、课时有限和案例众多，教师通过百度网盘，提供了所有与基础案例相关的视频教程，并且允许大学生在课后根据自己的学习情况，有选择地通过快进的方式回顾和复习案例。与教学适应性研究中的学习活动设置不同，这里的在线学习发生在课堂教学之后，而且视频课程被切割成基于小案例的微视频，以方便学习者的自学活动。

③ 个性化作品设计。

在个性化作品设计环节，大学生根据任务主题、自己的兴趣和职业倾向，在课后独立设计并制作作品。

④ 小组同步在线讨论。

在小组同步在线讨论环节，大学生将自己的个人作品提交到基于QQ的小组讨论组。在小组范围内，就个人样稿的创意问题和技术问题，展开深入讨论。同时，以匿名投票的方式，选出小组优秀样稿。考虑到小组成员同时上线的问题，同步在线讨论通常会根据大学生的课业情况被安排在晚上。

⑤ 小组临时作品生成。

小组临时作品生成阶段主要包括了两类活动：小组成员修改自己的个人作品，小组代表修改小组优秀样稿。修改后的小组优秀样稿被称作小组临时作品。

⑥ 小组面对面讨论。

在小组面对面讨论环节，小组成员针对小组临时作品和小组成员的个人作品，展开比较深入且持久的讨论。在讨论过程中，学习者还自觉发起了个人作品临时修改活动。小组代表以设计总监身份，有效指导了这些活动。在现场的修改活动中，小组成员充分参照了小组临时作品，并着重考虑了小组作品的一致性问题。

⑦ 小组终期作品生成。

小组代表修改了小组临时作品，小组成员修改了自己的个人作品。被修改后的小组临时作品被称作小组终期作品。最后，由小组长牵头，将所有作品压缩打包，通过基于QQ的小组讨论组提交给教师一方。

（2）传统教学模式组。

传统教学模式沿袭了原有的教学方式，其学习活动过程包括四个主要阶段：教师课堂讲授基本知识点、大学生自主学习案例、大学生课堂仿制综合案例、大学生课后制作实战案例。这些活动的具体内容如下所示：

① 教师课堂讲授基本知识点。

在课堂上，教师主讲AI基础知识点、提供一对一指导、协助大学生独立完成基础案例。两种模式在这一阶段的讲授内容、活动方式和教学支持完全相同，只是课时不同。混合学习模式属于快速讲授，一次课完成一个单元；传统教学模式是普通讲授，两次课完成一个单元。

② 大学生自主学习案例。

教师通过百度网盘，提供了所有与基础案例相关的视频教程，并且允许大学生在课后根据自己的学习情况，有选择地通过快进的方式回顾和复习案例。对两个教学模式组而言，这一阶段的学习活动基本相同。

③ 大学生课堂仿制综合案例。

在课堂上，教师讲授一个综合案例的关键知识点、提供一对一指导、协助大学生独立完成综合案例的制作。

④ 大学生课后制作实战案例。

在每个单元中，传统教学模式组的大学生必须完成一个与单元学习内容相对应的实战案例。案例完成后，每个大学生需要打包作品，并通过班级QQ群将作品提交给班长，再由班长转给教师。从某种程度上说，相对于混合学习模式组中的作品设计任务，传统教学模式组中的课后实战案例制作是一种教学补偿策略。

总体而言，混合学习模式组讲得略快，知识点不难，技能练习时间不够，但是，充分关注了学生基于真实任务的对话和合作。这种模式旨在发展大学生的创意设计能力和批判性思考能力。相比之下，传统教学模式组的知识点讲解比较细致和深入，技能练习时间比较充裕,但是,大学生之间缺乏互动和合作。此外,平时的案例和作业只关注了大学生对原有样稿的仿制。这种模式更加偏重于学生对于知识点和技能的掌握,是国内大学普遍存在的一种学习方式。

5.1.3 控制变量、自变量和因变量

比较研究包括三种变量,即控制变量、自变量和因变量。控制变量是大学生前测分数,包括大学生前测个人作品成绩、大学生前测批判性思维倾向、大学生前测批判性思维能力。自变量包括组内变量的时间因素,即前测时间和后测时间;组间变量的两种模式,即混合学习模式和传统教学模式。因变量不能被操作,是通过收集和测量数据而获得的结果。比较研究的因变量包括大学生后测个人作品成绩、大学生后测批判性思维倾向和能力。其中,大学生个人作品成绩用 AI 创意作品评价量规来测量,大学生批判性思维倾向用加利福尼亚批判性思维倾向问卷中文版(CCTDI-CV 量表)来测量,大学生批判性思维能力用 Watson-Glaser 批判性思维能力评价量表(WGCTA 量表)来测量。为了清楚地阐述并说明这三类变量,笔者将所有变量归纳在表 5-1 中。

表 5-1 比较研究中的变量

自变量	控制变量	因变量
时间:前测时间与后测时间 两种模式:大学混合学习模式和传统教学模式	大学生前测个人作品成绩 大学生前测批判性思维倾向 大学生前测批判性思维能力	大学生后测个人作品成绩 大学生后测批判性思维倾向 大学生后测批判性思维能力

5.1.4 研究问题

比较研究包括三个研究问题,具体内容如下所示:

(1)研究问题 7:就大学混合学习模式和传统教学模式而言,在这两种模式中,大学生个人作品成绩存在差别吗?

(2)研究问题 8:就大学混合学习模式和传统教学模式而言,在这两种模式中,大学生批判性思维倾向和能力存在差别吗?

(3)研究问题 9:大学生批判性思维倾向与能力对大学生个人作品成绩的影响如何?

5.1.5 研究工具

比较研究主要考查了大学生的个人作品成绩、大学生的批判性思维倾向和能力是否存在显著性差异,因此,笔者引入了三种与之相关的测量工具。与大学生个人作品成绩有关的评估工具是 AI 创意作品评价量规;与大学生批判性思维倾向与能力相关的测量工具是 CCTDI-CV 量表和 WGCTA 量表。

1. 批判性思维倾向量表

尽管国外研究者对批判性思维的界定存在分歧,但是,他们认为批判性思维至少包

括两个内容：倾向和能力。加利福尼亚批判性思维倾向问卷 CCTDI 量表是专门用于测量个体的批判性思维倾向的。CCTDI 包括批判性思维倾向的 7 个特质，即寻求真相、开放思想、分析能力、系统化能力、批判性思维的自信心、求知欲和认知成熟度。量表设置了 75 个项目，采用了 6 分制的李克特量表，从"1 = 非常赞同"到"6 = 非常不赞同"。整个量表施测所需时长是 20 分钟。

CCTDI 量表是比较成熟的倾向测量量表，主要适用于大学生。近十年的研究表明，CCTDI 有较好的信度和效度。2002 年，香港学者彭美慈等对 CCTDI 量表进行了本土化研究，制定出一份中国本土化的批判性思维能力测试量表，即 CCTDI-CV 量表。该量表保留了原来 CCTDI 量表的 7 个特质，但是，将项目缩减到 70 个，每一特质有 10 个项目。量表的正性项目是 30 题，负性项目有 40 题。CCTDI-CV 量表简化了 CCTDI 量表的计算得分程序，但总分值与 CCTDI 量表相等，最高是 420 分。对于 CCTDI-CV 量表而言，总分≤210 分，代表负性批判性思维能力；总分在 211～279 分之间，代表中等批判性思维能力；总分≥280 分，代表正性批判性思维能力；总分≥350 分，表明批判性思维的倾向较强。

专家们对 CCTDI-CV 量表进行了评定，结果显示 7 个特质的 CVI 指数（内容效度指数）是 0.6～1。其中，寻找真相、开放思想和分析能力是 1；系统化能力和批判思维的自信心是 0.9；求知欲和认知成熟度分别是 0.8 和 0.6；总的 CVI 是 0.89。由此可见，量表的内容效度较好。关于量表的信度，由检验可知，CCTDI 量表的 α 值是 0.90，7 个特质的 α 值在 0.54～0.77 之间波动，显示出较好的内部一致性。本书研究中所使用的 CCTDI-CV 量表来自彭美慈的研究成果，CCTDI-CV 量表的具体内容可以参阅附录六。

2. 批判性思维能力量表

WGCTA 量表用于测试学习者的批判性思维能力。量表维度分别是推理、假设的认可、演绎、解释、论述的评价。量表包括 80 个题项，每题 1 分，总分 80 分。总分越高，说明批判性思维能力越高，相反，说明批判性思维能力越低。

WGCTA 量表有着较高的信度和效度，量表的分半信度从 0.69～0.85 不等，重测信度系数是 0.73。同时，该量表的效标关联效度较好，与一些测试高度相关，例如，Stanford 成就测试、Otis-Lennon 智能测试和 Miller 分析测试、美国大学测试。吴彦茹的研究表明，WGCTA 量表实验前后两次施测所获得的 α 值分别为 0.77 和 0.76。朱秀丽进一步检验了 WGCTA 量表的实证效度。在她的研究中，四所不同学校学生的平均分由高到低排列依次为上海（289.16 分）、西安（286.17 分）、北京（280.43 分）、山东（273.98 分）。随着年级的升高，学生的得分也逐渐增加，即一年级平均 277.41 分、二年级 277.69 分、三年级 280.07 分、四年级 291.98 分。因此，她认为国外研究中 WGCTA 量表随着教学体系的不同而导致学生得分存在显著性差异的情况与国内研究完全类似。本书研究中的 WGCTA 量表引自朱秀丽和朱薇的两篇论文研究，WGCTA 量表的具体内容可以参阅附录七。

5.1.6 研究参与者

在课程开始之后，按照学生的兴趣和意愿，笔者将"现代教育技术"课程的 68 名大学生分为 14 组，每组多则 5 人，少则 4 人。然后，通过随机指定的方法，将这 14 组大学生分配到混合学习模式组和传统教学模式组。混合学习模式组包括 7 个小组，共有 35 人，其中男生 25 人，女生 10 人；传统模式教学组包括 7 个小组，共有 33 人，其中男生 25 人，女生 8 人。但是，在教学实践过程中，一些大学生因为外出打比赛或纯粹的个人因素，临时缺席了部分课程，特别是缺席了两次作品考试、缺席了四次批判性思维倾向和能力测试。因此，实际上只有 48 名大学生自始至终参与了比较研究。其中，混合学习模式组有 24 人，男生 15 人，女生 9 人；传统教学模式组有 24 人，男生 17 人，女生 7 人。

5.1.7 数据收集与处理方法

比较研究中的数据包括：（1）大学生前测和后测个人作品成绩；（2）大学生前测和后测批判性思维倾向；（3）大学生前测和后测批判性思维能力。

1. 个人设计作品的评估

笔者对大学生个人设计作品的评估有两次。前测发生在课程前期，准确来说是在第 1 单元结束之后的第 8 周。实际参与课程初期作品设计与制作的大学生是 63 人，缺席 5 人。后测发生在课程结束后，准确来说是在第 20 周，占用了大学生的课余时间。实际参与课程终期作品设计与制作的大学生是 64 人，缺席 4 人。两次作品评估均采用了当堂考试的形式，时长是 120 分钟，作品形式是基于给定样稿的作品设计。当然，在有效时间范围内，笔者允许学生随意上网搜集、下载能够用于最后成品的个性化素材。

大学生个人作品成绩依然采用了 AI 创意作品评价量规来评估。评估标准与教学适应性研究的情况相同，还是将学生成绩分为优秀、良好、中等、及格、较差、很差 6 个等级。其中，90~100 分是优秀，赋值为 6；80~89 分是良好，赋值为 5；70~79 分是中等，赋值为 4；60~69 分是及格，赋值为 3；30~59 分是较差，赋值为 2；0~30 分是很差，赋值为 1。在实际评估时，笔者和一位具有艺术教育背景（硕士学位）的专职教师 B 组成专家小组，参阅和依照 AI 创意作品量规的内容，各自独立参与了学生作品的评分工作。由表 5-2 可知，在前测和后测两次创意作品设计考试中，两个评估人给出的分数变量之间的相关均值高达 0.91，表明 AI 创意量规的评分者信度较高。为了保证评分工作的一致化，两位评估人充分讨论了评分结果中出现的一些明显分歧，经过双方协商，最终达成一致。

表 5-2 量规的评分者信度

	大学生前测个人作品成绩	大学生后测个人作品成绩
量规评分者信度	0.90	0.91

2. 批判性思维倾向和能力的测量

笔者对大学生批判性思维倾向和能力的测量包括前测和后测。前测发生在课程的第2周，占用了"现代教育技术"课程的理论课时。后测发生在课程的第19周，同样占用了"现代教育技术"课程的理论课时。在两次测量中，倾向和能力同时施测。倾向问卷发放在前，施测时间是20分钟；能力问卷发放在后，施测时间是40分钟。前测发放试卷61份，回收问卷61份，删除有漏答情况或同一回复的5份问卷，得到有效问卷56份。后测发放问卷63分，回收问卷63份，删除有漏答情况或同一回复的3份问卷，得到有效问卷60份。统计前测和后测的有效问卷，一共获得48份有效问卷。

5.1.8 数据分析方法

数据收集之后，一个数据分析程序被引入，目的是回答之前提出的研究问题。为了能够阐述清楚，笔者在表5-3中列出研究问题、变量和分析方法之间的对应关系。

表5-3 研究问题、变量和分析方法之间的对应关系

研究问题	变量			分析方法
	自变量	控制变量	因变量	
研究问题7：就大学混合学习模式和传统教学模式而言，在这两种模式中，大学生个人作品成绩存在差别吗？	两种教学模式	大学生前测个人作品成绩	大学生后测个人作品成绩	协变量方差分析
研究问题8：就大学混合学习模式和传统教学模式而言，在这两种模式中，大学生批判性思维倾向和能力存在差别吗？	两种教学模式	大学生前测批判性思维倾向和能力	大学生后测批判性思维倾向和能力	协变量方差分析
研究问题9：大学生批判性思维倾向与能力对大学生个人作品成绩的影响如何？	大学生后测批判性思维倾向和能力		大学生后测个人作品成绩	相关分析回归分析

首先，对于样本数据，笔者进行了描述性统计分析，主要包括大学生个人作品成绩分析、大学生批判性思维倾向和能力得分分析。其次，针对三个研究问题，笔者采用了两种推断性统计分析方法来处理数据，即方差分析和回归分析。针对两种模式下，大学生个人作品成绩、批判性思维倾向和能力是否存在显著性差异问题，笔者执行了方差分析。考虑到大学生前测个人作品成绩、前测批判性思维倾向和能力得分对于后测个人作品成绩、后测批判性思维倾向和能力得分的影响，笔者采用了协变量方差分析的方法，即将大学生前测成绩当作一个控制变量处理。同时，为了理解大学生批判性思维水平对于大学生个人作品成绩的影响，笔者执行了相关分析和回归分析。相关分析关注了大学生批判性思维倾向和能力与大学生个人作品成绩之间的线性关系，在此基础上，回归分

析提供了统计学意义上大学生批判性思维倾向和能力对于大学生个人作品成绩的解释力。

5.2 比较研究的数据分析

5.2.1 描述性数据分析

1. 大学生个人作品成绩

针对大学生个人创意作品设计能力，笔者施行了两次测量。前测发生在第 1 单元课程结束后，后测发生在整个课程结束后，两次作品均采用了 AI 创意作品评价量规来评估。

由表 5-4 可知，混合学习模式组前测个人作品成绩均值是 1.88（$SD=0.80$），混合学习模式组后测个人作品成绩均值是 3.79（$SD=1.41$）。传统教学模式组前测个人作品成绩均值是 2.75（$SD=1.15$），传统教学模式组后测个人作品成绩均值是 3.25（$SD=0.99$）。

表 5-4　大学生个人作品成绩的描述性统计分析

分组	前测		后测	
	均值	标准差	均值	标准差
混合学习模式组 $N=24$	1.88	0.80	3.79	1.41
传统教学模式组 $N=24$	2.75	1.15	3.25	0.99

2. 大学生批判性思维倾向和能力得分

对于大学生批判性思维倾向和能力，笔者施测两次。前测发生在开学之初，采用了 CCTDI-CV 批判性思维倾向量表。后测发生在课程结束后，采用了 WGCTA 批判性思维能力量表。

由表 5-5 可知，混合学习模式组前测批判性思维倾向得分均值是 302.63（$SD=34.65$），混合学习模式组后测批判思维倾向得分均值是 307.25（$SD=28.94$）。传统教学模式组前测批判性思维倾向得分均值是 299.29（$SD=32.77$），传统教学模式组后测批判性思维倾向得分均值是 305.67（$SD=28.51$）。

表 5-5　大学生批判性思维倾向得分的描述性统计分析

分组	前测		后测	
	均值	标准差	均值	标准差
混合学习模式组 $N=24$	302.63	34.65	307.25	28.94
传统教学模式组 $N=24$	299.29	32.77	305.67	28.51

由表 5-6 可知，混合学习模式组前测批判性思维能力得分均值是 45.92（$SD=$

7.50），混合学习模式组后测批判性思维能力得分均值是 49.71（$SD = 4.93$）。传统教学模式组前测批判性思维能力得分均值是 46.83（$SD = 6.12$），传统教学模式组后测批判思维能力得分均值是 47.04（$SD = 6.63$）。

表 5-6　大学生批判性思维能力得分的描述性统计分析

分组	前测		后测	
	均值	标准差	均值	标准差
混合学习模式组 $N = 24$	45.92	7.50	49.71	4.93
传统教学模式组 $N = 24$	46.83	6.12	47.04	6.63

5.2.2　推断性数据分析

（1）研究问题 7。

针对两组大学生个人作品成绩是否存在显著差别的问题，笔者使用了协方差分析的方法，目的是消除前测数据（大学生前测个人作品成绩）可能给分析结果（大学生后测个人作品成绩）带来的影响。分析中的自变量是两种不同的教学模式，协变量是大学生前测个人作品成绩，因变量是大学生后测个人作品成绩。

根据数据分析结果，首先，Levene 的同质性检验为不显著，表示这两组样本的情况没有明显差别，由此，方差分析可以被执行。其次，由表 5-7 可知，协变量效果（前测成绩）达到显著，即 $F(1, 45) = 4.57$，$p < 0.05$，表示前测个人作品成绩对于后测个人作品成绩影响显著。前测成绩高的大学生，他（她）的后测成绩也高。同时，组间效果（教学模式）的检验达到显著水平，即 $F(1, 45) = 5.45$，$p < 0.05$，表示混合学习模式组大学生个人作品成绩明显高于传统教学模式组大学生个人作品成绩。这一结果表明对于大学生个人作品成绩而言，混合学习模式比传统模式更加适合于培养大学生的作品创意设计能力。

表 5-7　两组大学生个人作品成绩差异的协方差分析

来源	平方和	自由度	均方	F 值	p 值
前测成绩	6.31	1	6.31	4.57	0.038
教学模式	7.52	1	7.52	5.45	0.024
误差	62.14	45	1.38		
总计	377.00	48			

（2）研究问题 8。

对于研究问题 8 的分析，笔者也采用了协方差分析的方法。分析中的自变量是两种不同的教学模式，协变量是大学生前测批判性思维倾向和能力得分，因变量是大学生后测批判性思维倾向和能力得分。

根据数据分析结果，首先，Levene 的同质性检验为不显著，表示这两组样本的情况没有明显差别，因此，方差分析可以被执行。其次，由表 5-8 可知，协变量效果（前测成绩)达到显著,即 $F(1, 45) = 17.05$,$p < 0.01$,表示前测批判性思维倾向得分对于后测批判性思维倾向得分影响显著。前测批判性思维倾向得分高的大学生,他(她)的后测得分也高。同时,组间效果(教学模式)的检验没有达到显著水平,即 $F(1, 45) = 0.00$,$p > 0.05$,表示两种教学模式下,大学生批判性思维倾向得分并未产生显著性差异。

表 5-8 两组大学生批判性思维倾向差异的协方差分析

来源	平方和	自由度	均方	F 值	p 值
前测成绩	10 434.62	1	10 434.62	17.05	0.000
教学模式	0.11	1	0.11	0.00	0.989
误差	27 533.21	45	611.84		
总计	4 546 000.00	48			

根据数据分析结果,首先,Levene 的同质性检验为不显著,表示这两组样本的情况没有明显差别,因此,方差分析可以被执行。其次,由表 5-9 可知,协变量效果(前测成绩)显著,即 $F(1, 45) = 25.02$,$p < 0.01$,表示前测批判性思维能力得分对于后测批判性思维能力得分影响显著。前测批判性思维能力得分高的大学生,他(她)的后测得分也高。同时,组间效果(教学模式)的检验达到显著水平,即 $F(1, 45) = 5.23$,$p < 0.05$,表示混合学习模式组大学生批判性思维能力得分明显高于传统教学模式组大学生批判性思维能力得分。

表 5-9 两组大学生批判性思维能力差异的协方差分析

来源	平方和	自由度	均方	F 值	p 值
前测成绩	561.02	1	561.02	25.02	0.000
教学模式	117.34	1	117.34	5.23	0.027
误差	1 008.90	45	22.42		
总计	113 982.00	48			

以上结果表明:混合学习模式组大学生批判性思维倾向与传统教学模式组大学生批判性思维倾向之间的差异不明显,混合学习模式组大学生批判性思维能力与传统教学模式组大学生批判性思维能力之间的差异比较显著。简而言之,混合学习相对于传统教学而言,在发展大学生批判性思维能力方面更加有效。

(3)研究问题 9。

为了解释大学生批判性思维倾向与能力对大学生作品成绩的影响,笔者使用了相关分析和回归分析。相关分析的预测变量是大学生后测个人作品成绩,相关分析的标准变量是大学生后测批判性思维倾向与能力。

根据相关分析结果,大学生后测批判性思维倾向与能力没有表现出显著相关。同时,由表 5-10 可知,大学生后测个人作品成绩与大学生后测批判性思维能力表现出显著相关,即 $r = 0.33$ ($p < 0.05$)。因此,在参考 WGCTA 量表的基础上,笔者将批判性

思维能力展开为五个维度能力：推理、假设的认可、演绎、解释、论述的评价，目的是检验这五项能力中的哪些影响了大学生的个人作品成绩。

表5-10　大学生后测作品成绩与大学生批判性思维倾向和能力的相关分析

	大学生后测作品成绩
大学生后测批判性思维倾向	-0.07
大学生后测批判性思维能力	0.33*

注：*$p<0.05$，**$p<0.01$（双侧）

根据相关分析结果，大学生后测批判性思维能力中的"推理能力"和"解释"存在高相关，即 $r=0.33$（$p<0.05$）。同时，由表5-11可知，大学生后测作品成绩与大学生推理能力表现出显著高相关，即 $r=0.51$（$p<0.01$）。因此，在相关分析的基础上，笔者执行了多元回归分析。回归分析的因变量分别是大学生后测个人作品成绩，干预变量是大学生后测批判性思维能力中的"推理能力""假设的认可""演绎""论述的评价"。

表5-11　大学生后测作品成绩与大学生批判性思维能力子项的相关分析

	大学生后测作品成绩
推理能力	0.51**
假设的认可	0.13
演绎	0.13
解释	0.20
论述的评价	-0.13

注：*$p<0.05$，**$p<0.01$（双侧）

由表5-12可知，大学生批判性思维能力对于大学生个人作品成绩具有较高的解释力，整体的 R^2 达到0.28，表示四个变量可以解释大学生个人作品成绩的28%。因为独立变量过多，宜采用调整后 R^2，它也达到了22%的解释比率。模型检验结果指出，回归效果达到显著水平，即 $F(4, 43)=4.26$，$p<0.01$，具有统计上的意义。进一步对干预变量进行检验，结果显示出推理能力对大学生个人作品成绩具有较好的解释力，其标准化回归系数 $\beta=0.50$（$t=3.75$，$p=0.001$），表示大学生推理能力越强，他或她的作品成绩越好。

表5-12　对大学生后测作品成绩的多元回归分析

变量	β 值	t 值	p 值
推理能力	0.50	3.75	0.001
假设的认可	-0.00	-0.01	0.995
演绎	0.08	0.57	0.573
论述的评价	-0.15	-1.15	0.256

Final Model：$F(4, 43)=4.26$，$p=0.005$，$R^2=0.28$

以上结果表明：大学生的推理能力对大学生个人作品成绩具有一定的影响，推理能力越强的大学生，其个人作品成绩也越好。既然推理是人们根据已知的事实或假想的情况得出的结论，那么针对一幅创意作品而言，推理可能更多根植于人们对于作品评价的言论。那些能够从各种不同的思想和观点中汲取有效改进意见的大学生，可能最终将自己的作品推向更加完善的境界。

5.3 比较研究的研究结论

（1）研究问题7。

协方差分析结果表明，两种模式下大学生个人作品成绩存在显著性差异，即混合学习模式下大学生后测作品成绩（$M=3.79$）显著高于传统教学模式下大学生后测作品成绩（$M=3.25$）。因此，笔者认为，对于创意作品设计类工作，混合学习模式明显优于传统教学模式。这一结论与一些国外文献的研究结果保持一致。

目前来看，对于混合学习的教学成效研究，国外文献有两种看法：① 就学习者成绩而言，混合学习优于传统模式。② 混合学习模式中学习者获得的成果与传统教学中学习者获得的成果并没有什么不同。针对混合模式在大学生成果方面并没有表现出预期中的优越性，Larson 和 Sung 给出了自己的解释。他们认为，课程设计、内容材料的选择、教师与学习者之间的交互、学习者动机，可能发挥了比传递方式更为复杂的作用。两位研究者强调说，如果教师使用了最好的实践活动，那么传送方式将不再是一个决定学习者成果的主要因素。换句话说，有效的模式设计，而不是单纯地将课程放在课堂或远程的方式，促进了教学效果的达成。

此外，相对于传统模式，混合学习模式还存在其他优势。Tang 和 Byrne 认为，混合学习改善了教师的远程教学支持；提供给学习者更好的指导；增加了分享数字化课程材料和学习目标的方便性；提供了更加有效的虚拟学习共同体；增加了学生评估和反馈的方便性；提供了更加有效的课程管理和控制。Dziuban 和他的同事认为，混合学习获得了更好的课程满意度。混合学习的这些优势对于学习成果的促进作用，需要更多量化数据和质性数据的支持和佐证，也应该成为未来研究的关注点之一。

（2）研究问题8。

协方差分析结果表明，两种模式下大学生批判性思维倾向没有出现显著性差异，虽然混合学习模式下大学生后测批判性思维倾向得分（$M=307.25$）略高于传统教学模式下大学生后测批判性思维得分（$M=305.67$）。同时，协方差分析结果表明，两种模式下大学生批判性思维能力存在显著性差异，即混合学习模式下大学生后测批判性思维能力得分（$M=49.71$）显著高于传统教学模式下大学生后测批判性思维能力得分（$M=47.04$）。研究结果表明，两种模式下大学生批判性思维倾向的发展不存在显著性差异；而混合学习模式相对于传统教学模式，对大学生批判性思维能力发展的支持效果更好。

首先，两种模式下，批判性思维倾向的发展没有出现显著性差异，这一结论与国外研究中的观点相左。Korkmaz和Karaku认为，与传统教学模式相比，混合学习模式贡献了更多的批判性思维倾向。同时，通过检验CCTDI量表子项，这种贡献主要包括开放的思想和寻求真理。对于这一矛盾情况，笔者的解释是：① 研究受制于实验条件；② 存在大学生是否真实作答的问题。首先，笔者是将同一个班级的大学生分为实验组和控制组，可能两个小组的大学生因为同吃同住的生活条件，获得了更多时间的接触和意见交换，即在寻求真理、开放思想、思考的自信心、求知欲等方面达成了一些共识。其次，一些大学生在问卷回复过程中，可能过高估计了自己的某些倾向与水平。朱薇认为，对于CCTDI-CV批判性思维倾向量表而言，总分≤210分代表负性评判性思维倾向；总分在211～279分之间代表中等程度的批判性思维倾向；总分≥280分代表正向批判性思维倾向。在本书的研究中，混合学习模式中大学生的前测批判性思维倾向均值（$M=302.63$）和后测批判性思维倾向均值（$M=307.25$）、传统教学模式下大学生的前测批判性思维倾向均值（$M=299.29$）和后测批判性思维倾向均值（$M=305.67$）都远远超过了280，即大学生批判性思维倾向达到了较高水平。这一结论显然与大学生的课堂问题回答情况和他们在远程和面对面环境中的讨论表现出入较大。

其次，混合学习模式下大学生的批判性思维能力显著高于传统教学模式下大学生的批评性思维能力，这一结论与国内外研究中的观点保持一致。一些国外研究认为，e-learning对于增强高等教育领域的批判性思维能力是一个更加适合的环境。同时，技术不仅为我们提供了更多的教学方式，也强化了批判性思维能力发展的需求。此外，吴彦茹学者也证实了混合式学习对于大学生批判性思维能力发展的促进作用。

（3）研究问题9。

多元回归分析结果表明，大学生后测作品成绩中大约22%的变化（调整后$R^2=0.22$）可以由大学生批判性思维中的"推理能力""假设的认可""演绎""论述的评价"这四个变量的线性组合所解释。其中，"推理能力"是大学生后测作品成绩的显著预测变量，其标准化回归系数$\beta=0.50$（$t=3.75$，$p=0.001$），表明大学生的推理能力对大学生作品成绩具有一定的影响，即推理能力强的大学生，其作品成绩也越好。

很显然，大学生进行作品设计和制作的过程是一个作品从基于文字表达的个性化理念的产生，到一些可视化元素（如图形、图像、文字、色彩）的塑造成型，再到依据页面构成理论，将可视化元素有序地呈现在屏幕上的创作过程。在这过程中，作品从概念到成品的每一个阶段都体现了个体设计者自己的观点、情感或者个人意义，即实现了个体的创意。因而，大学生的作品具备了独创性的特点。加上大学生作品的设计方向往往与一些具体的应用领域有关，例如，个人简历投放、企业LOGO设计、书籍装帧处理、网页设计，因此，作品设计本身也包括了有效性的特质。因此，笔者认为，大学生的作品设计过程是一个创新过程，同时具备独创性和有效性的特点。而批判性推理则是原创性工作有效性的保证。在创新过程中，反思是大学生对于艺术处理过程的思考，即学习者基于领域的标准来评价他们的工作以及工作的过程。推理对于大学生作品设计的意义在于提供了一种思考的方式，即从有益的个人或者集体建议中汲取有效的信息，用于作品设计中创意和技巧的提升，也保证了这种创意的存在价值。这种方式更加接近于演绎推理，即从一个或几个一般性前提中得出具体的和符合逻辑的结论。

在大学混合学习模式中，通过查阅大学生组内意见和组外意见，笔者发现很多大学生在回复作品问题时，往往会给出一些比较模糊的说法，例如，"这里太空""颜色太冲""感觉版面比较脏"；同时他们在解决问题时也经常会提供一些比较笼统的建议，例如，"调一下亮度""加一些小图案""采用笔刷效果"。这些建议和回复非常类似于演绎推理中的一般性前提或笔者将它们称作是一般性看法。从这些看法到作品质量的提升，大学生需要进一步澄清讨论中的主要观点；在观点梳理的基础上进行焦点选择；根据焦点内容进行尝试性的作品修改工作；反复查看和对比修改后的视觉效果；最后才能确定选择哪一种颜色、增加什么样的图案、采用哪一种笔刷支持下的字体效果。这一过程中的每一个环节都体现了大学生对于意见和建议的反思，即他们被演绎推理所支配。在此基础上，他们完成了自己对于作品的创意重构和技巧重构工作。从这样的意义出发，笔者认为推理对于作品设计具有重要意义。

（4）最后的研究结论。

两种模式的比较研究主要回答了三个问题：

① 混合学习模式比传统教学模式更加适合培养大学生的作品创意设计能力；

② 相对于传统教学模式，混合学习模式在发展大学生批判性思维能力方面更加有效；

③ 大学生的推理能力对大学生作品成绩具有一定的影响，推理能力越强的大学生，其作品成绩也越好。

这些结论很好地证明了大学混合学习模式的有效性。这一前沿模式的特点是：

① 提供混合的学习环境，在线学习至少占到学习总时长的 50% 以上；

② 以改善和提升大学生创意作品设计能力和批判性思维能力为目标；

③ 设置基于真实任务的小组合作学习，学习成果的生成经历了一个从个人作品到小组临时作品，再到小组终期作品的设计、修改、整合过程；

④ 强调小组合作中的充分讨论，讨论采用了面对面方式和同步在线方式。

此外，通过教学适应性研究，笔者也关注到大学混合学习模式中学习活动实践环节存在的一些问题。考虑到这些问题和国外文献中的一些观点，例如，很多因素而不是单纯的技术影响了大学生在这种前沿模式中的成功和坚韧；就大学生成果而言，在混合学习和传统教学之间没有显著性的区别等，笔者认为，有必要在更加广泛的专业领域内、花费更长的时间去实践、评估和改善这一前沿模式，以增加相关研究成果的可信性、切实性、可借鉴性、可移植性。

第 6 章 结论与展望

6.1 总结与发展

6.1.1 研究总览

鉴于国内大学混合学习领域存在的诸多问题，本书研究的主要目的是厘清并避免这些问题，并尝试建构一个真正意义上的基于社会性建构理论的大学混合学习模式。总体而言，笔者主要完成了四个方面的工作：因为大学混合学习领域现存问题的梳理；大学混合学习模式的建构研究；大学混合学习模式的教学适应性研究；大学混合学习模式与传统教学模式的比较研究。

1. 国内大学混合学习领域现存问题的梳理

在 Nvivo 质性分析工具的帮助下，笔者查阅并分析了 182 篇国内外混合学习的高相关文献。通过文献比较，笔者界定并梳理了国内大学混合学习中存在的主要问题包括：理论基础含混；学习者高阶认知目标与情感目标缺失；混合策略不清楚、忽视在线学习环节、交互和合作促进策略缺失；实验设计不规范、统计分析方法简化、质性研究粗略、量化研究结果与质性研究结果相割裂。

2. 大学混合学习模式的建构研究

批判性思维、合作和交互构成大学混合学习的三大要素。批判性思维发展既是认知目标，也指向了一个知识协作建构的过程。而交互和合作则为混合学习的成功提供了两种不可分割的学习方式。同时，对于一个既定产品的产生过程而言，例如，一个工业产品的设计过程或一个真实问题的解决过程，批判性思维往往与创造性相互依存。因为个人观点同时与产品和评估有关，即创作者生产作品，与此同时，他们也评判所产出的作品。从这些观点出发，为了完成大学混合学习模式的建构，笔者引入了 Nemiro 创新过程模型，在此基础上，详细参阅了更为具体的基于 Nemiro 创新过程模型的 Esperanza 序列任务框架。根据 Nemiro 模型和 Esperanza 序列任务，笔者认为，基于问题决策或作品创作的大学混合学习模式的教学设计具有五个特点：（1）设置真实的任务；（2）提供与任务相关的外部材料;(3)鼓励大学生与外部材料进行交互;(4)推动大学生的创新活动从个人成果到小组临时成果再到小组终期成果的发展;(5)为小组合作活动提供充分的讨论。讨论采用了面对面方式和同步在线方式。

笔者将这五个特点放在迪克-凯利(Dick&Carey)线性教学设计框架之中,将大学混合学习模式分解为:(1)学习准备的开展。这一工作包括"学习共同体的构建",即对学习者进行分组和帮助大学生形成学习共同体;"学习情境的构建",即引入开放资源和拟定教学策略。(2)高阶学习目标的确立。大学混合学习的学习目标是提升大学生的批判性思维能力。(3)学习内容与任务的设置。这一工作包括为学习者提供单元化的学习内容和真实的任务。(4)学习环境的创建。要求在线学习部件至少占到整个学习的50%以上。(5)两种交互的设置。两种交互包括学习者与内容之间的交互和学习者与学习者之间的交互。(6)小组合作的促进。这种合作是一个基于面对面讨论和同步在线讨论的成果生成过程,这一过程是个人成果到小组临时成果,再到小组终期成果的蜕变。(7)学习的评估。学习成果包括基于问题的决策或作品、批判性思维倾向与能力。

依照这一模式,大学混合学习包括交互学习和合作学习。交互学习包括学习者与内容的交互、学习者之间的人际交互。小组合作学习是指面对面讨论和同步在线讨论基础上的个人成果到小组临时成果,再到小组终期成果的生成与发展。因此,大学混合学习模式支持下的学习活动被分为九个阶段:在线自主学习、课堂案例学习、个性化成果设计、小组同步在线讨论、小组临时成果生成、小组临时成果评价、小组面对面讨论、小组终期成果生成、小组终期成果评价。九个阶段的学习活动不是固定的,有时,为了获得更好的教学效果,可以根据实际情况,重构大学混合学习模式中的关键要素,例如,学习内容、学习环境、交互与合作方式、评价工具和内容。

3. 大学混合学习模式的教学适应性研究

考虑到大学混合学习模式及其学习活动的实际应用价值和适用情况,笔者执行了大学混合学习模式的教学适应性研究。该项研究以"数字图形设计"课程为载体;将注册该课程的29名大一学生分为6组,鉴于其中一组的人数不足5人,实际上被计入研究的只有5组,共25人;其教学实践历时17周,一共完成了5个单元的教学任务,平均每3周完成一个单元的内容。教学适应性研究采用了混合研究方法。通过量化研究,笔者关注了大学混合学习模式下大学生创意作品成绩的提升和基于人际讨论的批判性思维能力的发展。通过质性研究,笔者深入考查了大学生对于九个学习活动的感知和体验。

(1)量化研究。

量化研究包括5个研究问题:① 研究问题1:在大学混合学习模式中,随着时间的推移,大学生个人单元作品成绩是否显著提高?② 研究问题2:在大学混合学习模式中,随时间推移,小组单元作品成绩是否显著发展?③ 研究问题3:在大学混合学习模式中,随时间推移,小组单元批判性思维水平是否显著发展?④ 研究问题4:在大学混合学习模式中，大学生第四单元批判性思维水平对于学习者第四单元作品成绩、大学生个人期末作品成绩和小组第四单元作品成绩是否有影响？⑤ 研究问题5：大学混合学习模式下，大学生学习是如何被学习者信息所影响的？

为了测量并收集研究数据，笔者引入了四种工具：① AI创意作品评价量规，用以评估大学生的作品。② Newman模型，用以评估大学生的批判性思维能力。③ CCS课堂共同体量表，用以测量大学生的共同体意识。④ 大学生信息问卷，用以了解大学生的基本情况。在统计分析方法方面，针对大学混合学习模式下大学生作品成绩是否提升，批判性思维水平是否发展，笔者采用了单因素重复测量方差分析和LSD事后检验；针对大学混合学习模式下大学生批判性思维水平与学习者作品成绩的关系，大学生信息与大学生学习的关系，笔者采用了相关分析和回归分析。

量化研究结果表明：① 在大学混合学习模式中，大学生个人作品成绩随着时间推移出现了显著提高；② 在大学混合学习模式中，大学生所在小组的合作作品成绩随着时间推移出现了显著提高；③ 在大学混合学习模式中，大学生所在小组的批判性思维水平随着时间推移出现了显著提高；④ 在面对面讨论和同步在线讨论环境中，大学生表现出的批判性思维水平影响了他们的个人作品成绩与小组合作作品成绩；⑤ 大学生信息中的性别、地域差别、IT支持学习看法、课程兴趣影响了大学生作品成绩、大学生批判性思维水平、大学生共同体意识。

（2）质性研究。

质性研究部分只有一个问题，即研究问题6：大学生对于大学混合学习模式中九个学习活动阶段的看法如何？研究问题6下设九个小问题：① 大学生对在线自主学习阶段的感知；② 大学生对课堂案例学习阶段的感知；③ 大学生对个性化作品设计阶段的感知；④ 大学生对小组同步在线讨论阶段的感知；⑤ 大学生对小组临时作品生成阶段的感知；⑥ 大学生对小组临时作品评价阶段的感知；⑦ 大学生对小组面对面讨论阶段的感知；⑧ 大学生对小组终期作品生成阶段的感知；⑨ 大学生对小组终期作品评价阶段的感知。

为了深入理解大学生对九个学习活动的感知和体验，笔者安排了与课程学习者的面对面访谈。访谈被安排在课程结束前，每次访谈持续1个小时，访谈内容由一台摄像机记录。为了分析学习者访谈内容的分析，笔者引入了Moustakas方法，并依据该方法将整个质性分析程序分为九个步骤：① 文本誊写；② 将文本导入Nvivo；③ 数据的群组化；④ 数据的删减；⑤ 数据的主题化；⑥ 数据的检验；⑦ 文本描述的构建；⑧ 结构化描述的构建；⑨ 文本描述与结构化描述的整合。

此外，为了更好地改善概念意义上的大学混合学习模式，使它具备更多的实践化特点，在访谈数据的基础上，笔者梳理并总结了基于大学混合学习模式的"数字图形设计"课程的实践问题。对于这些实践问题的分析，笔者没有采用Moustakas方法，而是引入了一种自下而上的新思路：① 审看材料；② 对材料中与问题有关的信息设置自由编码和命名；③ 参照自由编码构建出基于主题的树状编码框架；④ 检验所有编码，包括自由编码和整个树状编码的结构；⑤ 两位评估人讨论这一结构；⑥ 创建大学混合学习模式的问题分类框架。

　　质性分析研究结果表明：① 36%的大学生认为自己能够适应基于网络视频的自主学习；在 19 名学习者中，86%的大学生表示自己观看了一半以上的视频内容。② 80%的大学生认为自己能够适应课堂学习；52%的大学生对教师在这一学习环节中所提供的教学支持感到满意。③ 88%的大学生认可了教师在讨论活动中所提供的教学支持，即教师在某些时候审时度势地来拉回、加速、扭转、结束、旁观讨论进程的做法；88%的大学生认为两次讨论对作品设计有帮助，这些帮助分别是 AI 技巧的提升、创意设计能力的发展、作品细节处理能力的提高。④ 88%的大学生认为自己能够适应作品从个人设计到小组讨论，再到合作修改的学习过程；80%的大学生认为自己以不同的方式，参与了小组作品的合作修改，例如，负责作品的一个方面、提供建议或全程参与。⑤ 96%的大学生积极参与了小组临时作品评价；64%的大学生表示自己赞同课堂评价而不是网络评价。由这些数据可知，一些大学生在大学混合学习模式中出现了不适应的情况。例如，对于网络视频学习的不适应，对于课堂学习环节中教师支持的不适应，对于课堂评价的不适应。但是，大多数大学生都认为该模式的确有益于他们 AI 技巧、作品创意理念和作品细节处理能力的提升。同时，他们认为自己有效参与了基于作品设计任务的小组合作。

　　与此同时，笔者也关注到大学混合学习模式存在的一些问题，这些问题包括：① 自主学习阶段出现的 7 个主要问题：a. 时间不足；b. 自控力缺乏；c. 不喜欢基于视频的学习方式；d. 下载问题；e. 上课与看视频效果等同的问题；f. 看不懂视频或者抓不住重点；g. 学习者提问的问题。② 课堂学习阶段出现的 6 个问题：a. 缺乏技巧讲授和案例细节；b. 缺乏共性问题的讲解；c. 综合案例少；e. 综合案例制作时间不足；f. DOC 文档比较粗略；g. 将综合案例布置成作业的问题。③ 两种环境下的讨论阶段出现的 7 个主要问题：a. 课下讨论的问题；b. 讨论之后作品没有提升；c. 讨论中的交流和沟通问题；d. 假想的异步讨论问题；e. 作品没有入选的问题；f. 面对面讨论问题；g. 同步在线讨论问题。④ 从作品设计到作品修改的学习过程阶段出现的 2 个主要问题：a. 个性化作品设计的问题；b. 合作的问题。⑤ 两次作品评价阶段出现的 2 个主要问题：a. 小组临时作品评价问题；b. 课堂评价的问题。这些问题及其解决策略，涉及大学混合学习模式中学习活动的修正和未来研究的走向，将在后面的部分予以详细阐述。

　　4. 大学混合学习模式与传统教学模式的比较研究

　　为了进一步理解并确认大学混合学习模式的教学效果，在教学适应性研究的基础上，笔者开展了大学混合学习模式与传统教学模式的比较研究。该研究所依托的项目是"现代教育技术"课程的实验部分。参与该课程的大学生有 68 人，是江苏省某大学大三体育教育专业的注册学生。68 名大学生按照个人意愿被分为 14 组，并被随机指定到混合学习模式组（7 组，35 人）和传统教学模式组（7 组，33 人）。由于大学生的缺席比较严重，实际上只有 48 人参与了本书的研究。其中，混合学习模式组 24 人，男生 15

人，女生9人；传统教学模式组24人，男生17人，女生7人。整个实验课程历时20周时间，一共包括3个单元的学习内容，平均每6周完成一个单元的内容（包括所有学习者），混合学习模式组和传统教学模式组是隔周上课。

比较研究包括三个研究问题：① 研究问题7：就大学混合学习模式和传统教学模式而言，在这两种模式中，大学生作品成绩存在差别吗？② 研究问题8：就大学混合学习模式和传统教学模式而言，在这两种模式中，大学生批判性思维倾向和能力存在差别吗？③ 研究问题9：大学生批判性思维倾向与能力对学习者个人作品成绩的影响如何？

为了测量大学生的作品成绩、批判性思维倾向和能力，笔者引入三种评估工具：① AI创意作品评价量规，用来测量大学生个人作品成绩。② CCTDI-CV量表，用来测量大学生批判性思维倾向。③ WGCTA量表，用来测量大学生批判性思维能力。在统计分析方法上，为了考查两种模式下大学生作品成绩、批判性思维倾向和能力是否存在差异，笔者采用了协方差分析的方法，即将大学生的前测成绩或得分作为控制变量，将大学生的后测成绩或得分作为因变量，将两种模式作为自变量。为了考查大学生作品成绩与批判性思维倾向和能力之间的关系，笔者采用了相关分析和回归分析的方法。

比较研究结果表明：① 混合学习模式比传统教学模式更加适合培养大学生的创意作品设计能力。② 相对于传统教学模式，混合学习模式在发展大学生批判性思维能力方面更加有效。③ 大学生的推理能力影响了大学生的作品成绩，即推理能力越强的大学生，其作品成绩也越好。

6.1.2 研究发现与讨论

1. 大学混合学习模式中学习活动的最后确立

（1）"数字图形设计"课程的九个学习活动。

学习活动是教学过程设计的关键要素，可以直接作用于教学实践。一套具有本土化特点的、行之有效的学习活动，对学习模式的修正和发展至关重要。因此，在大学混合学习模式概念框架的基础上，笔者重新研读了教学适应性研究中质性分析部分的数据和结论。通过梳理大学生对九个学习活动的感知和体验以及他们在学习过程中所遇到的问题，一共获得17项教学改进策略和5项未来研究方向，如表6-1所示。

表 6-1　新模式的现存问题和改进策略

情况或者问题描述	来源	教学改进策略和未来教学方向
（1）64%的大学生依然是传统教学模式的拥护者	主题一 自主学习	教学策略1：将自主学习放在上课之后，即先上课，后自主学习
（2）26%的大学生完成了全部视频的观看	主题一 自主学习	
（3）只有36%的大学生愿意求助于教师	主题一 自主学习	
（4）"时间不足""自控力缺乏"	主题一 自主学习	教学策略2：上课讲解知识和技巧
（5）"下载问题"	主题一 自主学习	教学策略3：提供课程案例的微视频
（6）"不喜欢基于视频的学习方式""看不懂视频或者抓不住重点"	主题一 自主学习	教学策略4：提供富含图文信息的DOC文档，并高亮显示重要知识点和关键技巧
（7）"上课与看视频效果等同的问题"	主题一 自主学习	教学策略5：允许大学生携带便携式电脑上课，提供课程案例的DOC文档
（8）"不愿意问老师""遇到问题就跳过"	主题一 自主学习	
（9）80%的大学生适应课堂综合案例学习	主题二 课堂学习	
（10）52%的大学生对教师提供的支持感到满意	主题二 课堂学习	
（11）"缺乏共性问题的讲解""最好将综合案例布置成作业""综合案例少""综合案例制作时间不足"	主题二 课堂学习	教学策略6：课上讲解基本知识和技巧，课后提供综合案例资源库，规定学习者必须完成一个综合案例的制作，同时贯彻多做多加分原则
（12）"缺乏技巧讲授和案例细节"	主题二 课堂学习	教学策略7：快速讲解，提供大量课程案例、课程案例的DOC文档、一对一形式的教师支持
（13）"DOC文档比较粗略"	主题二 课堂学习	教学策略8：前期提供图文并茂的DOC文档，中期提供关键技巧的DOC文档，后期不再提供文档
（14）56%的大学生偏爱面对面讨论；28%的大学生更喜欢在线讨论	主题三 基于两种环境的讨论	教学策略9：两种讨论形式保持不变，既有面对面讨论，也要有同步在线讨论 研究内容1：就大学混合学习模式而言，开展面对面讨论和在线讨论在学习者作品成绩提升和批判性思维水平发展方面的比较研究
（15）88%的大学生赞同教师有时参与的方式	主题三 基于两种环境的讨论	

续表

情况或者问题描述	来源	教学改进策略和未来教学方向
（16）64%的大学生认为，作品落选没有让他们感觉沮丧；20%的大学生认为作品落选使他们沮丧，但没有影响后续作品设计	主题三 基于两种环境的讨论	
（17）88%的大学生认为，讨论提升了他们的技巧、创意、审美或者细节处理能力	主题三 基于两种环境的讨论	研究内容2：研究在线讨论和面对面讨论对于学习者作品设计能力的提升作用
（18）"感到沮丧但不影响后续作品制作""感到沮丧且影响后续作品制作""感到惋惜"	主题三 基于两种环境的讨论	教学策略10：采用小组系列作品
（19）"教师参与面对面讨论的问题""不好意思提意见或面对面讨论障碍""其他问题"	主题三 基于两种环境的讨论	教学策略11：教师在场、随叫随到 研究内容3：就大学混合学习模式而言，开展教师促进策略与学习者促进策略在教学成效方面的比较研究
（20）"缺乏控制且无人回复的问题""在线讨论效果低下""教师参与线程讨论的问题""在线讨论比较混乱""容易得罪人的问题""网络掉线故障"	主题三 基于两种环境的讨论	研究内容4：研究异步在线讨论实施的可行性；就大学混合学习模式而言，开展异步在线讨论与同步在线讨论在学习成效方面的比较研究
（21）"课下讨论的问题""讨论之后作品没有提升""讨论中的交流和沟通问题""假想的异步讨论问题"	主题三 基于两种环境的讨论	
（22）88%的大学生认为自己能够适应个人作品设计工作	主题四 对于作品从设计到修改的看法	
（23）80%的大学生通过提供建议和亲自操作的方式，参与了小组作品合作修改	主题四 对于作品从设计到修改的看法	
（24）"时间不够的问题""作品设计有难度"	主题四 对于作品从设计到修改的看法	教学策略12：两个单元设置一个任务。两个单元包含两次基本知识和技巧讲授、一次综合案例作业、两次讨论、两次评价。任务开始时是第一次讲课后，任务结束时是第一次讨论前，历时两周
（25）"个人作品等同于作业"	主题四 对于作品从设计到修改的看法	
（26）"个人设计作品过程失控问题""个人作品设计学到的东西少"	主题四 对于作品从设计到修改的看法	

续表

情况或者问题描述	来源	教学改进策略和未来教学方向
(27)"小组系列作品问题"	主题四 对于作品从设计到修改的看法	教学策略13：为了形成共同体意识，采用学习者自由分组的原则。为了保持小组作品主题的一致性，执行先期讨论原则。为了保证小组作品的统一，明确规定小组作品和个人作品的提交截止日期，小组作品提交在前，个人作品提交在后。为了融合小组作品和个人作品，要求学习者根据小组作品重新设计自己的样稿；将面对面讨论之后的一周设置为小组合作修改作品周，并在这周的课堂上实现小组成员之间的密切合作，即基于面对面的协作式作品修改
(28)"小组成员合作存在的问题""讨论没有促进合作"	主题四 对于作品从设计到修改的看法	研究内容5：研究学习者合作促进策略
(29) 96%的大学生积极参与了小组临时作品评价工作	主题五 对于两次作品的评价看法	
(30) 64%的大学生赞同课堂作品展示；28%的学习者赞同网络作品展示	主题五 对于两次作品的评价看法	
(31)"不好意思评价别人的作品"	主题五 对于两次作品的评价看法	
(32)"重复性评价""找不出别人作品的问题"	主题五 对于两次作品的评价看法	教学策略14：通过经典选读，教师帮助学习者提高自身的审美素养
(33)"选择性地评价作品"	主题五 对于两次作品的评价看法	
(34)"意见粗略且缺乏细节"	主题五 对于两次作品的评价看法	教学策略15：在小组临时作品评价阶段，教师针对每一幅作品给出自己的看法
(35)"课堂评价占用上课时间""赞同课堂评价但评价时间过长""面对面评价和网络评价都有问题"	主题五 对于两次作品的评价看法	教学策略16：沿用课堂评价，通过网络来评分
(36)"赞同课堂评价但提出其他问题"	主题五 对于两次作品的评价看法	教学策略17：作品宣讲人必须是作品执笔人，公布小组作品等级，意见通过私聊方式返回给执笔人，为作品宣讲设置一个通用模板

根据这些教学改进策略，笔者将基于大学混合学习模式的"数字图形设计"课程的学习活动重新界定为八个阶段，再加上课程引入，一共九个阶段，其具体内容如下所示：

① 课程引入部分。

在课程开始时，教师介绍混合学习模式；指导大学生登录 CMS 系统和 QQ 系统；督促大学生自由分组并限定每组人数是 5 人。然后，通过前测考试和遵守异质分组原则来调整分组，在大学生普遍同意的基础上确定分组；为大学生小组分配讨论角色和合作角色。

② 八个学习活动部分。

a. 课堂讲授、综合案例作业、经典选读作业。课堂讲授是连续两次课、奇偶两个单元内容连续讲。关于课前部分，在上课之前的 5 分钟时间里下发案例资源包，包括微视频、DOC 文档（先细致后粗略）、素材，目的是让学生将资源下载到自己的便携式电脑，然后，自定步调进行课堂自主学习。关于课上部分，教师提供大量基础案例，并以案例为线索，快速讲解单元内容的知识点和技巧，大学生可以边听讲边练习，教师提供一对一辅导。关于课后部分，教师将课堂宣讲的基础案例上传到百度云盘，大学生可以复习讲过的重点内容。关于综合案例作业，在奇数单元授课结束后，教师上传多个综合案例资源，指定大学生完成其中一个案例，在此基础上，允许大学生多做案例多加分。综合案例资源包括素材、基于关键知识点的微视频、列有关键知识点的 DOC 文档。综合案例作业的提交时间是下一个奇数单元授课开始时，原则上由小组长于截止日期前将个人综合案例作品打包并提交到 CMS 分组论坛。关于经典选读作业，在偶数单元授课结束后，教师根据两个单元的所学内容，上传一份经典著作，允许大学生课后自由阅读，并与教师在基于 QQ 的小组讨论组里展开讨论。

b. 个性化作品设计。个人设计创意作品的过程分为任务布置、任务制作、任务提交。关于任务布置，在每个奇数授课单元结束时，教师布置小组任务，并要求小组成员进行面对面讨论，以确定小组主题。关于任务制作，每个小组成员有两周时间用于个人作品设计。关于任务提交，在同步在线讨论到来之际，小组成员按照既定的顺序，将个人作品提交到基于 QQ 的小组讨论组。

c. 小组同步在线讨论。小组同步在线讨论将占用一次课时，属于课上讨论，其内容包括个人作品的修改和择优、优秀样稿的修改。小组同步在线讨论的基本过程是：小组成员轮流展示自己的样稿，其他人负责给出个人评价意见；在同步在线讨论的最后，通过 QQ 投票的方式，由小组成员选出能够代表小组优秀样稿；围绕该作品，小组成员继续深入讨论；教师分时参与小组在线同步讨论，指导学习者分角色促进讨论。

d. 小组临时作品生成。小组临时作品修改指的是小组优秀样稿的修改，历时一周。这一工作始于同步在线讨论之后，结束于面对面讨论之前。根据同步在线讨论的结果，作品原作者对小组优秀样稿进行修改，修改后的作品称为小组临时作品。

e. 小组临时作品评价。小组临时作品评价发生在面对面讨论之前，属于课后网络评价。首先，小组长负责将修改过的小组临时作品提交到 CMS 分组论坛。其次，小组之外的成员以个人名义，张贴和发布对小组临时作品的评价意见。最后，教师或者专家在所有学习者评价之后，附上自己对于作品的看法，指出作品创意或者技巧所存在的问题，并提供问题解决的具体方案。

  f. 小组面对面讨论。小组面对面讨论将占用一次课时，属于课上讨论，其内容包括针对小组临时作品的组内意见讨论、针对小组临时作品的组外意见讨论。首先，组内意见部分由小组成员轮流发言，共同协商。其次，组外意见部分由小组成员将意见和建议逐条列出，并据此对小组临时作品展开保护式或修正式的讨论，决定是否拒绝、保留或接受他人的意见。然后，在讨论结束时，小组记录员负责将讨论结果写入反思报告大纲，并将大纲交与小组临时作品的执笔人。最后，教师全程参与讨论，并随叫随到。

  g. 小组系列作品整合。小组系列作品的整合开始于小组面对面讨论之后，并占用一次课时，一共历时两周。小组系列作品的整合工作包括三个任务：首先，小组临时作品的执笔人继续完善自己的样稿，并在课堂合作的前一天，将完善后的作品和相应的作品说明文档提交到基于 QQ 的小组讨论组。其次，小组成员根据小组临时作品，在课堂上以边讨论边合作的方式，在教师和小组作品执笔人的指导下，完成自己作品的重构工作，以期达到个人作品与小组临时作品的真正统一。再次，利用接下来的一周时间，小组成员继续修改和整合作品，并为自己的作品撰写 DOC 说明文档。最后，小组长在下一个奇数单元授课开始的前一天，将修改后的小组系列作品和相应的 DOC 说明文档，提交到 CMS 分组论坛。修改后的小组临时作品被称为小组最终作品。

  h. 小组系列作品评价。小组系列作品评价包括三项内容：课堂宣讲和全班讨论、课后评分、评分和意见的汇总与发放。首先，课堂宣讲和全班讨论发生在面对面环境中。小组最终作品执笔人宣讲小组系列作品，全体成员就作品的创意和技巧展开讨论。其次，课后评分发生在远程环境中。学生登录到其他小组的 CMS 分组论坛，下载和审看其他小组的小组系列作品，将个人评分结果和个人建议发送到基于 QQ 的小组讨论组。最后，评分和意见的汇总和发放发生在远程环境中。教师及时将小组得分和评价意见，通过基于 QQ 的小组讨论组，返还给小组成员。

  （2）大学混合学习模式的九个学习活动。

  将上述活动扩展到一般领域，这些活动包括课程引入、课堂讲授、个性化成果设计、小组同步在线讨论、小组临时成果生成、小组临时成果评价、小组面对面讨论、小组系列成果整合、小组系列成果评价。这些活动的具体内容如下所示：

  ① 课程引入。让大学生熟悉课程环境，理解课程的学习方法。教师督促学习者彼此认识，并对他们进行分组处理。

  ② 课堂讲授。教师讲解基础知识，布置作业，拓展课程内容或引入外部相关材料，以此为基础，引导大学生展开基于网络的自主学习。

  ③ 个性化成果设计。教师督促大学生独立完成给定的任务或自行解决既定的问题，任务或问题的设置受到小组共选主题的制约。

④ 小组同步在线讨论。在远程环境下，小组成员讨论和修改个人成果，推选出小组优秀成果，深入讨论小组优秀成果。

⑤ 小组临时成果生成。这是一个成果修改过程。小组优秀成果的执笔人修改小组优秀成果，其他成员修改自己的个人成果。修改后的成果就是小组临时成果。

⑥ 小组临时成果评价。小组之外的其他成员评价小组临时作品，教师或专家需要在最后阶段加入评价人的行列。

⑦ 小组面对面讨论。在课堂上，小组成员罗列并讨论针对小组临时作品的组内意见和组外意见，决定是否拒绝、保留或接受他人的意见。需要改动的地方将被写入反思报告大纲，及时发送给小组临时成果的执笔人。

⑧ 小组系列成果整合。在课下，小组临时成果执笔人完善自己的作品并提交。然后，在课堂上，小组成员在小组临时成果执笔人和教师的指导下，参照小组临时成果，完成个人成果的修改，使得个人成果与小组临时成果达成某种统一。修改后的小组临时成果被称为小组最终成果。

⑨ 小组系列成果评价。在课堂上，小组最终成果的执笔人宣讲小组系列成果，小组成员回答其他小组成员的提问和质疑。在课后，其他小组成员下载、审看、评价小组系列成果。最后，教师将小组得分和评价意见返还给小组成员。

大学混合学习模式以迪克-凯利（Dick&Carey）教学设计框架为形式，在教学要素方面则详细参阅了基于 Nemiro 创新过程模型的 Esperanza 五个关键序列任务。从某种程度上说，这一模式支持下的学习活动不是唯一的和不变的。那些遵循大学混合学习模式的指导，包含五个关键序列任务的学习活动，都是可以接受的。一般来说，研究者对学习活动中某个学习阶段的选取或弃用，可能受到课程所属专业、教师信息技术能力、学习者自我调节学习能力、教学外部条件的影响。这样看来，大学混合学习模式的专业适应性和教学借鉴性是比较自由和灵活的。

2. 大学混合学习模式的有效性

比较研究结果表明，在大学混合学习模式中，随着时间的推移，大学生个人作品成绩和小组作品成绩、学习者所在小组的批判性思维水平获得显著提升。对于大学生作品成绩的提升和批判性思维能力的发展而言，大学混合学习模式比传统教学模式更加优越。这些结论与国外文献保持一致，即在线学习与混合学习优于传统教学。与此同时，一些争议也随着大学混合学习模式的有效性而出现。这些争议主要包括大学生自主学习能力的缺乏，大学生在共同体学习中学术身份的获得，以及大学生对于面对面讨论的偏好。

（1）大学生自主学习能力的缺乏。

通过对主题一"自主学习"中"课程视频的学习情况"的分析，笔者认为，大学生与内容交互存在问题，主要包括两个方面的内容：首先，只有少数大学生完成了与全部课程材料的交互。其次，大学生与课程内容的交互方式存在问题。基于案例的视频学习理应是一个观看、练习、思考、整理、回放的过程，但是，大多数大学生只完成了观看、摘录知识点和练习，没有对基础知识点和技巧进行反思，也忽视了对反思结果的整理。如此看来，大学生与内容交互的学习效果并没有达到笔者的预期。

通过对主题一"自主学习"中"对于课程视频的看法"的分析，笔者发现这一问题与四个小问题有关。这四个小问题包括：① 观念问题。大学生认为讲课的效率更高，基于网络视频的自我学习最多是一种教学辅助。② 时间花费问题。大学生课业压力普遍较重，在白天满课、晚上还有其他作业的情况下，没有精力再来学习视频。③ 大学生自制能力差。有些大学生看过前面的内容，却无法坚持下去；有些大学生看看就睡着了；还有一些大学生认为既然教师上课不提问，那么就没有继续观看的必要了。从某种程度上说，观念问题和时间花费问题也是学习自控力缺乏的一种借口。自主学习或自控学习与学习者的批判性思维能力和合作学习能力相关。大学生自控力的缺乏，势必影响了他们作品成绩的提升和基于讨论的批判性思维水平的发展。

以上问题的解决，需要一个长期的教师与大学生双方努力的实践与适应过程，要求大学混合学习模式必须实现普适化发展。借用大学生本人的一句话来说，就是"它（大学混合学习模式）在考验学生的控制能力的同时，也是在培养学生的自控能力。问题是很多课程都要这样上课"（P02）。有鉴于此，笔者在模式重构中考虑了一种临时性的补偿措施：恢复课堂讲授，将基于网络视频资源的自主学习放到课堂讲授之后。这种迁就大学生自主学习水平的做法表明，本书研究中的大学混合学习模式与基于"以学习者为中心"原则的社会性建构模式之间存在一定的差距。

（2）大学生在共同体学习中学术身份的获得。

由研究问题2可知，大学混合学习模式对于小组作品成绩的提升是有效的。通过对主题四"从作品设计到作品修改的学习过程"中"对于小组作品修改的看法"的分析，笔者注意到80%的大学生均以自己的方式参与了小组作品的修改，例如，至少参加过一次基于合作的小组作品修改、提供建议、全程参与了小组作品的修改工作。但是，通过对主题四"从作品设计到作品修改的学习过程问题"中"合作的问题"的分析，笔者发现小组作品修改过程中的一个主要问题是"小组成员合作存在的问题"。该问题与大学生共同体意识有关，主要包括：小组成员自身的问题，如个性太强，无法与其他成员融合；小组长失职；小组成员之间各持己见，互不妥协；分工多合作少；私下讨论找不到人。

Wegerif认为，个人成功或者失败依赖于他在多大程度上能够跨越共同体一分子感知的阈值。学习者处于阈值之外或者学习者具有较低的共同体意识与三个因素有关，即"学生倦怠""孤独感""不充分的人际交互，学生感觉与其他学生存在价值模式差异"。本书研究中的共同体意识问题与第三种情况更加贴近，即大学生之间可能缺少人际交互。对于这一问题的解决，Brown认为，课程引入部分可以帮助学习者找到彼此之间的相似性。他们可以和这样一些具有相似特点的同伴一起参加讨论并彼此尊重。此外，学习者对于一个共同体的归属感也来自他们与教师之间的连接，他们与同伴之间的连接。课程引入的作用可以被理解为一些交互机会的增多，例如，面对面的茶话会或建议每个学习者在远程建立自己的主页。很明显，以上方法并不适用于本书研究中的大学生。首先，他们几乎每天都生活在一起，彼此之间的交往是面对面的。其次，他们并不缺乏学术交互的机会。实际上，在每个学习单元里，笔者为大学生准备了两次与学习任务有关的讨论活动，即同步在线讨论和面对面讨论，两次讨论都有教师的督促、参与和管理。有鉴于此，笔者认为，国内大学生在共同体意识上的缺失，可能并不是一种情感缺失或交流机会的匮乏，而是小组成员在共同体中的学术职责没有被清晰界定，他们的学术身份也没有被全体成员认可。这一问题的解决思路来自两个特别成功的合作小组给予笔者的启示，这两个小组是第1组和第5组。通过分析第1组和第5组的成员构成，笔者发现这两个小组在合作化任务中呈现出一些共同的特质，即小组成员异质化和小组成员角色化。因此，笔者推断小组成员所代表的不同角色和不同角色所具有的特殊功能，可能促进了小组成员之间在情感上的紧密联系和在学术问题上的频繁交互。如果这一论断被后续的研究所证实，那么如同为在线讨论中的学习者分配角色一样，笔者也可以考虑为小组合作中的成员分配不同的角色。

（3）大学生对于面对面讨论的偏好。

通过对主题三"两种环境下的讨论"中"对于两种讨论的看法"的分析，笔者注意到56%的大学生偏爱面对面讨论，只有28%的大学生说自己喜欢同步在线讨论。在大学生看来，面对面讨论的优势包括：首先，面对面讨论可以进行思想的碰撞。其次，面对面讨论可以传达情感，从而避免被误解。然后，面对面讨论带有强制性，学习者一定能够收到回复。再来，面对面讨论不会延迟和掉线，提问和回复都比较流畅。最后，面对面讨论效率很高，传情达意比较迅速。

国内大学生对于面对面讨论的认同感与国外专家的研究观点有些出入。国外文献的主要观点是：首先，在线讨论比面对面讨论更好，因为在课堂上的发言使得教师或话多的学生主导了讨论进程。其次，与面对面讨论相比，在线讨论产生了更高水平的认知过程，即高阶能力的获得发生在在线讨论之中。在线讨论中学习者所使用的语言也比他们在课堂讨论中所使用的语言更加复杂，因此，从学习者批判性思维发展的视角来看，基于写作的在线讨论，而不是口头形式的面对面讨论更加适合本书研究中的大学混合学习模式。这一观点与笔者的研究结论保持一致，即两种讨论环境下大学生批判性思维水平随着四个学习单元的展开不断提升，但是，相比于面对面讨论的提升效果，同步在线讨论的提升效果更加显著。此外，大学生在批判性思维能力方面的发展也促进了他们个人作品成绩、小组合作作品成绩的提高，尤其是同步在线讨论环境下的反思能力发展对于大学生作品成绩的提升效果更加优越。

一般来说，在线讨论有两种，即同步在线讨论和异步在线讨论。同步在线讨论为学习者提供了通过积极参与来建立个体新知识的能力，与教师和其他学习者进行交互的能力，与共同体成员分享经验和知识的能力。同步环境的好处是可以在一个群组之内开展讨论、头脑风暴、案例分析、即时的项目分析。同步讨论的支持媒体允许即时的反馈、建议的扩展、建构的一致性。同时，这种即时的交互可以解释情绪化的语气和释放学习者的个性魅力。异步讨论在时间上有一个更大的灵活性，允许讨论在师生之间、生生之间和小组之间开展。这一环境鼓励了基于反思的学习和深度学习。从某种程度上说，同步在线讨论和异步在线讨论都可以帮助学习者将语言理解和阐述推向更加复杂的水平。但是，前者与后者相比，对交流与反思的限制性更大一些。Driscoll 认为，聊天室（Chat room）的限制是教育方面的、逻辑上的、技术方面的。教育的限制是指教师和学生要同时上线；逻辑的限制是指当教师想要呈现项目的时候，学习者却无法在线。技术的限制是指需要即时沟通和交流的工具。此外，对于那些有着贫乏的写作能力和缓慢的打字技巧的学习者而言，即时讨论是非常不利的。拼写检查和语法检查的缺乏也是他们所要面临的问题之一。与此同时，由于同步在场的要求，很难控制每个学习者都能同时到达并同时在线。Driscoll 所阐述的同步在线问题也出现在本书研究中。一些大学生对于同步在线学习的诟病就是"F2F 讨论时，大家可能会更加积极一些。而网上有一句没一句的，大家都爱搭不理的"（P19），"在线的约束性不强，可能你提出问题，根本得不到应答"（P23），"在线讨论时，我比较松懈，有时候就不想发言了"（P25）。

从学习者高阶能力培养来看，笔者认为，异步在线讨论因为能够提供充足的时间和灵活的学习方式，确实比同步在线讨论或面对面讨论更加优越，理应成为大学混合学习新模式中的一个学习活动环节。但是，异步在线讨论引入学习领域可能会加剧讨论进程的松散性，即出现有人提问，无人回复的问题。一如大学生在访谈中所提及的那样："在线交流一点也不热情。异步在线讨论更不可行，没有人会回复你。如果真有问题，我舍友当时就能给我答案。"（P06）关于异步在线讨论与大学混合学习模式的整合问题，笔者认为，还需要一些更加深入和细致的研究。

3. 大学生学习的影响因素

学习者的学习（学习成果）受到多种因素的影响，例如，学习者个人情况、学习者的课程满意度、学习者的技术素养等。在本书的研究中，大学生学习成果包括大学生作品成绩、大学生批判性思维水平、大学生共同体意识。其中，大学生作品成绩受到了地域差别和大学生批判性思维水平的影响；大学生批判性思维水平受到了性别、IT 支持学习看法、课程兴趣的影响；大学生共同体意识（学习维度）则是受到了 IT 支持学习看法的影响。

（1）学习者作品成绩的影响因素。

本书研究结果表明，就大学混合学习模式而言，两种讨论环境下大学生批判性思维水平影响了他们的作品成绩，即大学生批判性思维水平越高，他们的个人作品成绩和小组作品成绩越好，特别是同步在线讨论环境下的反思能力发展对于大学生作品成绩的提升效果更加明显。同时，在大学混合模式和传统教学模式中，大学生的推理能力对学习者作品成绩具有一定的影响，即推理能力强的大学生，他们的作品成绩也越好。此外，在大学混和学习模式中，地域差别也影响了大学生作品成绩，即省内大学生的作品成绩优于省外大学生的作品成绩。

首先，同步在线讨论环境而不是面对面讨论环境下大学生批判性思维水平对作品成绩产生了更加深刻的影响。在谈到在线学习时，Driscoll 提到，"这种学习鼓励反思、学习者控制、学习者中心化、对于多样化媒体的使用。它也允许教师将谈话记录保留起来，以便让那些没有参与讨论的学生获得阅读对话的机会。这些媒体，对于有效使用问题来促进批判性思维，对于关注、重新定向和加深讨论，是一种优秀的信息源。"从 Driscoll 的观点出发，笔者认为，在线学习与反思、学习者控制、多媒体使用、观点的回顾等因素有关。其中，学习者控制与他们的批判性思维水平有关，或者说"学习自控力提升了学习者的批判性思维能力和合作学习能力"。

在本书的研究中，那些适应同步在线学习环境的大学生都是自控力较强的学习者，他们积极参与了在线讨论，不断发展了自己的批判性思维能力，而他们对于学习的较高责任感促使他们将讨论中的建议和意见不断整合到自己的个人作品之中，进而不断提升了他们的作品成绩。从这样一些观点出发，笔者认为，在线学习的成效问题，即大学生批判性思维水平是否发展，亦或是大学生作品成绩是否提升，最终可以归结为大学生学习自控能力的问题。在谈到在线学习的教学问题时，Connors 认为，在线环境学习的教学部分应该包括一些能够提升学习者自我调节学习能力的活动。教师需要传授一些有关自我调节学习的策略，促使学生在线程学习中保持适当的节奏和有效安排时间。当学生处理时间管理问题时，他们表达了挫败感。很多人表示说，如果他们知道网络学习的时间消耗是怎样的，他们就会有所准备。因此，笔者认为，与大学生自控学习能力提升有关的教学促进策略分析应该被纳入混合学习研究中。

其次，大学生的推理能力对大学生作品成绩具有一定的影响。学习者的作品设计过程是一个创新过程，同时具备独创性和有效性，而批判性推理是原创性工作有效性的保证。推理对于大学生作品设计具有意义。这种意义在于推理提供了一种思考的方式，即推理允许大学生从有益的个人或集体建议之中汲取有效的信息，加以批判性地审视、选择和整合，用于作品设计中创意和技巧的进一步提升，从而使得这一作品在艺术化要求的前提下，能够被共同体成员和共同体之外的成员所接受。

在本书的研究中，大学生的推理能力对大学生作品成绩的影响，很好地印证了批判性思维与创新之间的连接关系。根据第 2 章中的观点，创新过程基于兴趣、卷入了创作过程、强调设计成果的功能性、有赖于高质量的推理、最终超越了推理的结果。因此，笔者认为，在一个以批判性思维发展为目标的教学模式中，设置一些基于真实任务的创造性学习活动是一个不错的选择。与此同时，在一个旨在培养创新人才的教学模式中，批判性反思能力的提升也必然会成为一个伴随性的学习目标。

（2）大学生批判性思维水平和学习者共同体意识的影响因素。

本书的研究结果表明，IT 支持学习看法影响了同步在线讨论环境下大学生批判性思维水平和大学生共同体意识（学习维度），即大学生接受网络开放学习的程度越高，他们在线讨论中表现出的批判性思维水平越高，他们在小组合作学习中的学有所得感觉越好。性别和课程兴趣影响了面对面讨论环境下大学生批判性思维水平，即女性学习者在面对面讨论中表现出的批判性思维水平较高；大学生对课程的兴趣越高，他们在面对面讨论中表现出的批判性思维水平越高。

首先,IT支持学习看法影响了基于同步在线讨论的反思。IT支持学习看法指的是大学生对于计算机支持学习的体验和感知。学习者先前的计算机体验和在线课程学习增加了学习者使用计算机的自信,这种自信被称作网络效能感。自我效能感是学习者成功的一个重要因素,因此,我们相信那些有着高度计算机效能感(网络效能感)的学习者能够产生比较积极的计算机使用态度,施展更加有效的学习策略,取得更好的学习成绩。

从这一视角出发,笔者认为,那些对于网络学习抱有积极态度、丰富经验、充分自信的大学生,在远程环境的讨论中保持了更好的批判性思维水平发展。由此推知,大学生对于大学混合学习模式中同步在线学习的适应性和有效性,将会随着网络技术的发展,网络技术在国内高等教育领域的深层次应用,如慕课形式被引入日常教学,被不断强化。

其次,课程兴趣促进了面对面讨论中大学生批判性思维的发展。课程兴趣指的是大学生对于这门课程的感兴趣程度。兴趣是一种内部激励因素,与卓越追求、工作驱动力、求胜心有关。这些激励因素可能促进了学习者积极参与任务,勇于接受挑战,勤于学习达成任务的各种技巧,即学习者兴趣影响了学习者个人成果的生成。但是,在本书的研究中,兴趣对于面对面讨论而不是同步在线讨论中大学生批判性思维水平的提升更加有效。对这一情况的解释,还是要谈到同步在线讨论和面对面讨论的区别。

在本书的研究中,相对于面对面讨论的简单、流畅、热烈、富于情感,同步在线讨论存在四大问题:① 基于文本语言的交流增加了学习者的撰写和表达难度,特别是对于学术问题而言;② 同步在线讨论会因为网络异常而出现掉线和延迟;③ 同步在线讨论缺乏控制性,无法约束讨论双方同时到场;④ 同步在线讨论无法传递情感,也比较容易引发误解。与此同时,笔者也关注到同步在线学习的一大优势,即可以随时上网查阅资料,随时将修改过的作品上传。但是,这种连接外部世界的优势、动态化更新和整合作品讨论和作品修改的好处并非不可取代。例如,可以在面对面讨论中加入手机,以此来获取外部材料;也可以在面对面讨论时加入计算机,以此来动态跟踪作品的修改进程。因此,通过对主题三"两种环境下的讨论"中"对于两种讨论的看法"的分析,笔者发现只有28%的大学生偏爱同步在线讨论。由此推知,大学生课程兴趣越强,他们在面对面讨论中的批判性思维水平提升越快。这些大学生在远程环境下的批判性思维水平则可能受到了其他因素的干扰和影响。这些困扰因素的准确界定,还需要未来研究的进一步分析和证实。

6.2 研究现存问题

如前所述,国内混合学习领域在研究方法上存在一些问题,例如,不规范的分组处理、不经过信度和效度检验的工具使用、对于个性访谈数据的粗略处理、量化研究与质性研究相割裂。以此为鉴,本书的研究尽量采用比较规范的研究程序,但是,依然存在一些问题。

6.2.1 教学适应性研究的现存问题

首先,在教学任务的设置上,前三个单元是每个单元一个任务,而第四、五单元只设一个任务。这样的情况固然有教学实际的考虑,但是,从实验研究要求每个单元任务期限等长来看,论文的实验研究部分的确不够严谨。其次,笔者在学习活动中加入同步在线讨论,但是,大学生之间的时常见面(宿舍比较近),势必会削弱他们在同步在线讨论中话语的数量和他们所阐述问题的深度。这一结果可能对大学生的批判性思维水平造成影响。最后,大学生信息的测量,例如,学习方式偏好、IT支持学习看法、技术素养程度、课程兴趣以及职业选择,均来自一张自编问卷。与国外研究中普遍采用的量表施测(一个量表只评估一种变量)相比,笔者设计的问卷略显简单,也可能因此影响了最后的研究结果。

6.2.2 比较研究的现存问题

首先,囿于实验条件,笔者将同一个班级的大学生拆分成两个组,一个是控制组,另一个是实验组。这样的处理比较简单,可能导致两组大学生由于同吃同住的生活条件而产生了比较近似的想法和观点,从而干扰了批判性思维倾向的测量结果。其次,在线视频学习属于比较典型的混合学习活动,但是,在研究中,控制组和实验组的大学生全都收看了相关的教学视频。从某种程度上说,这样的教学设置可能弱化了大学混合学习模式的教学成效。最后,比较研究中的实验课时只有20周,每周2个课时,控制组和实验组每周交替上课。由于不充足的教学课时,课程内容只涉及前三个单元。此种情况可能对比较研究的研究结果造成了一定影响。此外,比较研究施测的因变量,例如,创意作品成绩和批判性思维能力,都属于认知目标中的高阶能力。在短时间里和有限教学内容的情况下,这两种能力的提升幅度是比较有限的。

6.3 未来研究展望

本书关注了旨在发展大学生批判性思维能力的大学混合学习模式的建构与实践。在模式建构方面,笔者提出了一个大学混合学习模式,具体阐述了该模式指导下的九个学习活动阶段。在实证研究方面,笔者考查了大学生对于大学混合学习模式的适应情况,比较了大学混合学习模式与传统教学模式的教学成效。但是,笔者对于大学混合学习模式的教学策略考虑不多,也忽视了该模式在不同专业领域中的实践应用及其成效检验。诸如此类的研究包括 8 个方面,其具体内容如下所示:

(1) 未来研究 1:就大学混合学习模式而言,开展面对面讨论和在线讨论在学习者作品成绩提升与批判性思维水平发展方面的比较研究。

(2) 未来研究 2:分析在线讨论和面对面讨论对于大学生作品成绩的提升作用。

(3) 未来研究 3:就大学混合学习模式而言,开展教师促进策略与学习者促进策略在教学成效方面的比较研究。

(4) 未来研究 4:探讨异步在线讨论实施的可行性。就大学混合学习模式而言,开展异步在线讨论与同步在线讨论在学习成效方面的比较研究。

(5) 未来研究 5:开展小组合作促进策略研究,探讨为小组成员分配角色的可行性。

(6) 未来研究 6:探讨可以提升大学生自主学习能力的教学促进策略。

(7) 未来研究 7:探讨在线环境下大学生批判性思维水平提升的影响因素。

(8) 未来研究 8:将大学混合学习模式的九个学习活动扩展到其他专业领域,并考查这些活动的教学适应性。开展大学混合学习模式与传统教学模式在学习成效方面的比较研究。

参考文献

[1] 陈琦,刘儒德. 教育心理学[M]. 2版. 北京:高等教育出版社,2011.
[2] 车文博. 当代西方心理学新词典[M]. 长春:吉林人民出版社,2001.
[3] M. P. 德里斯科尔. 学习心理学:面向教学的取向[M]. 3版. 王小明,等译. 上海:华东师范大学出版社,2008.
[4] Peggy A. Ertmer, Timothy J. Newby. 行为主义、认知主义和建构主义(下):从教学设计的视角比较其关键特征[J]. 盛群力,译.电化教育研究,2004(4):27-31.
[5] 黄荣怀. 关于协作学习结构化模型研究[D]. 北京:北京师范大学出版社,2000.
[6] 罗清旭,杨鑫辉.《加利福尼亚批判性思维倾向问卷》中文版的初步修订[J]. 心理发展与教育,2001,17(3):47-51.
[7] 德比·米尔曼. 平面设计法则[M]. 胡蓝云,译. 北京:中国青年出版社,2009.
[8] 彭美慈,汪国成,陈基东,等. 批判性思维能力测量表的信效度测试研究[J]. 中华护理杂志,2004,39(9):644-647.
[9] 戴维·H. 乔纳森. 学习环境的理论基础[M]. 郑太年,任友群,译. 上海:华东师范大学出版社,2002.
[10] 邱皓政. 量化研究与统计分析:SPSS中文视窗版数据分析范例解析[M]. 重庆:重庆大学出版社,2009.
[11] 威廉·瑞恩,西奥多·柯诺瓦. 美国视觉传达完全教程[M]. 忻雁,译. 上海:上海人民美术出版社,2008.
[12] 蒂莫西·萨马拉. 设计元素:平面设计样式[M]. 齐际,何清新,译. 南宁:广西美术出版社,2008.
[13] 蒂莫西·萨马拉. 图形、色彩、文字、编排、网络设计参考书[M]. 庞秀云,译. 南宁:广西美术出版社,2014.
[14] 视觉设计研究所. 七日掌握设计配色基础[M]. 于雯竹,陆娜,译. 北京:中国青年出版社,2004.
[15] 莱斯利·P. 斯特弗,杰里·盖尔. 教育中的建构主义[M]. 高文,等译. 上海:华东师范大学出版社,2002.
[16] 斯滕伯格,威廉姆斯. 教育心理学[M]. 张厚粲,译. 北京:中国轻工业出版社,2003.

[17] 金伯利·伊拉姆. 栅格系统与版式设计[M]. 王昊,译. 上海:上海人民美术出版社,2006.

[18] 俞显,张文兰. 混合学习的研究现状和趋势分析[J]. 现代教育技术,2013(7):14-18.

[19] 原研哉. 设计中的设计[M]. 朱锷,译. 济南:山东人民出版社,2006.

[20] 袁振国. 教育研究方法[M]. 北京:高等教育出版社,2000.

[21] 约翰·肖内西,尤金·泽克迈斯特,珍妮·泽克迈斯特. 心理学研究方法[M]. 7版. 张明,等译. 北京:人民邮电出版社,2010.

[22] 王光荣. 维果茨基的认知发展理论及其对教育的影响[J]. 西北师大学报,2004,41(6):122-125.

[23] 王坦. 合作学习的理论基础简析[J]. 课程·教材·教法,2005,25(1):30-35.

[24] 吴彦茹. 混合式学习促进大学生批判性思维能力发展的实证研究[J]. 电化教育研究,2014,35(8):83-88.

[25] 张敏强. 教育与心理统计学[M]. 北京:人民教育出版社,2002.

[26] 赵建华. Web环境下智能协作学习系统构建的理论与方法[D]. 广州:华南师范大学,2002.

[27] 朱薇. 从培养英语专业学生批判性思维能力来提高写作水平[D]. 重庆:四川外国语大学,2012.

[28] 朱秀丽. WGCTA和CCTDI量表在国内护生中的初步应用[D]. 北京:中国协和医科大学,2002.

[29] 朱秀丽,冯卫红,颜琬华. 护理本科生的批判性思维能力测试[J]. 护理研究,2006,20(1):84-86.

[30] 朱秀丽,沈宁. WGCTA和CCTDI量表的信度及效度测定[J]. 护理教育,2004,19(21):56-58.

[31] Allen, I. E. & Seaman, J. Class differences: Online education in the United States[EB/OL]. [2019-11-23]. https://eric.ed.gov/? id=ED529952.

[33] Anderson, T. Getting the mix right again: An updated and theoretical rationale for interaction[J]. International Review of Research in Open and Distance Learning, 2003, 4(2):1-14.

[33] Anderson, T., Rourke, L., Garrison, D. R. & Archer, W. Assessing teaching presence in a computer conferencing environment[J]. Journal of Asynchronous Learning Networks, 2001, 5(2):1-17.

[34] Applebee, A. Curriculum as conversation: Transforming traditions of teaching and learning[M]. Chicago: The University of Chicago Press, 1996.

[35] Baggio, B. G. Integrating social software into blended-learning courses: A delphi study of instructional-design processes[D]. Minneapolis: Capella University, 2008.

[36] Barron, B. Achieving coordination in collaborative problem-solving groups[J]. Journal of the Learning Sciences, 2000, 9(4): 403–436.

[37] Berge, Z. L. Facilitating computer conferencing: Recommendations from the field [J]. Educational Technology, 1995, 15(1): 22–30.

[38] Bradbury-Jones, C., Irvine, F. & Sambrook, S. Phenomenology and participant feedback: convention or contention? [J]. Nurse Researcher, 2010, 17(2): 25–33.

[39] Brooks, J. G. & Brooks, M. G. In search of understanding: The case for constructivist classrooms[M]. Alexandria, VA: Association for Supervision and Curriculum Development, 1993.

[40] Brown, M. J. Constructing knowledge in online discussions supporting theory to practice in special education teacher education[D]. New York: New York University, 2008.

[41] Brown, R. The process of community-building in distance learning classes[J]. Journal of Asynchronous Learning Networks, 2001, 5(1): 18–35.

[42] Burbach, M. E., Matkin, G. S. & Fritz, S. M. Teaching critical thinking in an introductory leadership course utilizing active learning strategies: A confirmatory study[J]. College Student Journal, 2004, 38(3): 482–493.

[43] Chapman, D., Storberg-Walker, J. & Stone, S. Hitting reply: A qualitative study to understand student decisions to respond to online discussion postings. E-Learning, 2008, 5(1): 29–39.

[44] Chickering, A. W. & Ehrmann, S. C. Implementing the seven principles: Technology as lever[J]. AAHE Bulletin, 1996, (1–2):123–153.

[45] Chickering, A. W., & Gamson, Z. F. Seven principles for good practice in undergraduate education[EB/OL]. [2019-11-27]. http://citeseerx.ist.psu.edu/viewdoc/download? doi=10.1.1.229.2517&rep=rep1&type=pdf.

[46] Chyung, S. Y. & Stepich, D. Applying the congruence principle of bloom's taxonomy to designing online instruction[J]. The Quarterly Review of Distance Education, 2003, 4(1): 317–330.

[47] Connors, S. A. A comparison of two graduate program designs: Augmenting face-to-face instruction with online learning and blending online learning with face to face instruction [D]. Washington, D.C.: George Mason University, 2006.

[48] Contreras, L. C. Predicting computer self-confidence from demographic and personality variables[J]. Quarterly Review of Distance Education, 2004, 5(3): 173–181.

[49] Cuypers, S. E. Critical thinking, autonomy, and practical reasoning[J]. Journal of Philosophy of Education, 2004, 38(1): 75–90.

[50] Dennen, V. P. & Wieland, K. From interaction to intersubjectivity: Facilitating

online group discourse processes[J]. Distance Education, 2007, 28(3): 281-297.

[51] Dewey, J. How we think[M]. Boston: D. C. Heath & Co, 1910.

[52] Diestler, S. Becoming a critical thinker: A user friendly manual[M]. Upper Saddle River: Pearson, 2005.

[53] Dirkx, J. M., Mezirow, J. & Cranton, P. Musings and reflections on the meaning, context, and process of transformative learning[J]. Journal of Transformative Education, 2006, 4(2): 123-139.

[54] Donath, L., Spray, R., Thompson, N., Alford, E., Craig, C. & Matthews, M. Characterizing discourse among undergraduate researchers in an inquiry-based community of practice[J]. Journal of Engineering Education, 2005, 94(4): 403-417.

[55] Downes, S. An introduction to connective knowledge[EB/OL]. [2012-7-3]. http://www.downes.ca/cgi-bin/page.cgi?post=33034.

[56] Driscoll, M. Psychology of learning for instruction[M]. Boston: Allyn & Bacon, 1994.

[57] Duncan, A. Thinking beyond silver bullets: Remarks of Secretary Arne Duncan at the building blocks for education: Whole system reform conference in Toronto[EB/OL]. [2019-11-23]. https://www.ed.gov/news/speeches/thinking-beyond-silver-bullets-remarks-secretary-arne-duncan-building-blocks-education-whole-system-reform-conference-toronto.

[58] Dziuban, C. D., Hartman, J. L. & Moskal, P. D. Blended learning[J]. EDUCAUSE: Center for Applied Research, 2004(7): 1-12.

[59] Eduviews: A K-12 Leadership Series. Blended learning: Where online and face-to-face instruction intersect for 21st century teaching and learning[EB/OL]. [2019-11-23]. https://www.docin.com/p-429420326.html.

[60] Ennis, R. H. A taxonomy of critical thinking dispositions and abilities[A]// J. B. Baron & R. J. Sternberg (Eds.). Teaching thinking skills: Theory and practice[C]. New York: W. H. Freeman, 1987: 9-26.

[61] Ennis, R. H. Critical thinking dispositions: Their nature and assessability[J]. Informal Logic, 1996, 18(2): 165-182.

[62] Esperanza, J. B. Instructional design and creativity: The effects of performance tasks on critical thinking[D]. Minneapolis: Capella University, 2012.

[63] Facione, P. A. Critical thinking: A statement of expert consensus for purposes of educational assessment and instruction[EB/OL]. [2019-11-28]. http://www.qcc.cuny.edu/SocialSciences/ppecorino/CT-Expert-Report.pdf.

[64] Facione, N. C. & Facione, P. A. Externalizing the critical thinking in knowledge development and clinical judgment[J]. Nursing Outlook, 1996, 44(3): 129-136.

[65] Fanning, E. Instructional design factors as they relate to the creation of a virtual learning environment[D]. Charlattesville: University Virginia, 2008.

[66] Fosnot, C. T. & Perry, R. S. Constructivism: A psychological theory of learning [A]// C. T. Fosnot (Ed.). Constructivism: Theories, perspective and practice [C]. New York: Teachers College Press, 2005: 8-33.

[67] Frederick, P. A. Using digital game-based learning to support vocabulary instruction for developmental reading students [D]. Fort Lauderdale: Nova Southeastern University, 2009.

[68] Freire, P. Pedagogy of the oppressed[M]. New York: Continuum, 1970.

[69] Fulfillment, P. Instructional design factors as they relate to the creation of a virtual learning environment[D]. Charlattesville: University Virginia, 2008.

[70] Garrison, D. R. & Anderson, T. E-learning in the 21st Century: A framework for research and practice[M]. London: RoutledgeFalmer, 2003.

[71] Garrison, D. R., Anderson, T. & Archer, W. Critical thinking in a text-based environment: Computer conferencing in higher education. Internet and Higher Education[EB/OL]. [2019-11-28]. https://core.ac.uk/download/pdf/58774863.pdf.

[72] Garrison, D. R. & Shale, D. Mapping the boundaries of distance education: Problems in defining the field[J]. The American Journal of Distance Education, 1987, 1(1): 7-13.

[73] Garrison, D. R. & Shale, D. A new framework and perspective [A]// D. R. Garrison & D. Shale (Eds.). Education at a distance: From issues to practice [C]. Malabar: Krieger, 1990: 123-133.

[74] Goleman, D. Social intelligence[M]. New York: Bantam Books, 2006.

[75] Grgurović, M. Technology-enhanced blended language learning in an ESL class: A description of a model and an application of the Diffusion of Innovations theory[D]. Ames: Iowa State University, 2010.

[76] Hatano, G. & Inagaki, K. Sharing cognition through collective comprehension activity[A]// L. B. Resnick, J. M. & Levine, S. D. Teasley (Eds.). Perspectives on socially shared cognition[C]. Washington, DC: American Psychological Association, 1991.

[77] Hew, K. F. & Cheung, W. S. Attracting student participation in asynchronous online discussions: A case study of peer facilitation[J]. Computers& Education, 2008, 51(3): 1111-1124.

[78] Hewitt, J. Toward an understanding of how threads die in asynchronous computer conferences[J]. Journal of the Learning Sciences, 2005, 14(4): 567-589.

[79] Holmberg, B. Guided didactic conversation in distance education[A]// S. D. Keegan & B. Holmberg (Eds.). Distance Education: International perspectives[C]. London:

Croom-Helm, 1983.

[80] Johnson, D. W., Johnson, R. T. & Holubee, E. J. Circles of learning: Cooperation in the classroom[M]. Edina: Interaction Book Company, 1993.

[81] Jonassen, D. H. Designing constructivist learning environments[A]// C. M. Reigeluth (Ed.). Instructional-design theories and models: A new paradigm of instructional theory[C]. Mahwah: Lawrence Erlbaum, 1999.

[82] Jonassen, D. H. & Reeves, T. C. Learning with technology: Using computers as cognitive tools[A]// D. H. Jonassen (Ed.). Handbook of research for educational communications and technology [C]. New York: Macmillan, 1996.

[83] Jonassen, D. H. Objectivism versus constructivism: Do we need a new philosophical paradigm? [J]. Educational Technology: Research and Development, 1991, 39(3): 5 – 14.

[84] Jonassen, D. H. Thinking technology: Toward a constructivist design model[J]. Educational Technology Research and Development, 1994, 34(4), 34 – 37.

[85] Joo, Y. J., Bong, M. & Choi, H. J. Self-efficacy for self-regulated learning, academic self-efficacy, and Internet self-efficacy in web-based instruction[J]. Educational Technology Research and Development, 2000, 48(2): 5 – 17.

[86] Kaasbøll, J. J. Teaching critical thinking and problem defining skills[J]. Education and Information Technologies, 1998, 3(2): 101 – 117.

[87] Kiser K. Is blended best? Thomson learning studies the question[J]. E-Learning, 2002, (6):23 – 30.

[88] Ko, Chia-Yin. The effect of an adaptive online learning support in a undergraduate computer course: An exploration of self-regulation in blended contexts[D]. Seattle: Seattle Pacific University, 2013.

[89] Korkmaz, O. & Karakus, U. The impact of blende learning model on student attitudes towards geography course and their critical thinking dispositions and levels[J]. The Turkish Online Journal of Educational Technology, 2009, 8(4): 51 – 63.

[90] Kreber, C. An analysis of two models of reflection and their implications for educational development[J]. International Journal for Academic Development, 2004, 9(1): 29 – 49.

[91] Larson, D. K. & Sung, C. H. Comparing student performance: Online versus blended versus face-to-face[J]. Journal of Asynchronous Learning Networks, 2009, 13(1): 31 – 42.

[92] Lim, D. H. & Kim, H. J. Motivation and learner characteristics affecting online learning and learning application[J]. Journal of Educational Technology Systems, 2003, 31(4): 423 – 439.

[93] Lim, D. H. & Morris, M. L. Learner and Instructional Factors Influencing Learning Outcomes within a Blended Learning Environment[J]. Educational Technology & Society,

2009, 12(4): 282-293.

[94] Lincoln, Y. S. & Guba, E. G. Naturalistic inquiry[M]. Thousand Oaks: Sage, 1985: 319.

[95] Lipman, M. Critical thinking: What can it be[J]. Educational Leadership, 1987, 46(1): 38-43.

[96] Lipman, M. Thinking in education[M]. Cambridge: Cambridge University Press, 1991.

[97] Marra, R. M. & Klimczak, A. K. Content analysis of online discussion forums: A comparative analysis of protocols[J]. Educational Technology Research and Development, 2004, 52(2): 23-40.

[98] Martin, M. H. Factors influencing faculty adoption of web-based courses in teacher education programs within the state university of New York[D]. Blacksburg: Virginia Polytechnic Institute and State University, 2003.

[99] Mason, M. Critical thinking and learning[J]. Educational Philosophy and Theory, 2007, 39(4): 339-349.

[100] McInnerney, J. & Roberts, T. Online Learning: Social Interaction and the Creation of a Sense of Community[J]. Educational Technology & Society, 2004, 7(3): 73-81.

[101] McPeck, J. Teaching critical thinking[M]. New York: Routledge, 1990.

[102] Mezirow, J. Transformative learning: Theory to practice[J]. New Directions for Adult and Continuing Education, 1997, 74: 5-12.

[103] Mezirow, J. On critical reflection[J]. Adult Education Quarterly, 1998, 48(3): 185-198.

[104] Moore, B. N. & Parker, R. Critical thinking[M]. New York: McGraw-Hill, 2009.

[105] Moore, M. G. Three types of interaction[J]. American Journal of Distance Education, 1989, 3(2): 1-7.

[106] Moseley, D., Elliott, J., Gregson, M. & Higgins, S. Thinking skills frameworks for use in education and training[J]. British Educational Research Journal, 2005, 31(3): 367-390.

[107] Moustakas, C. Phenomenological research methods[M]. London: Sage Publications, 1994.

[108] Nagel, L., Blignaut, A. S. & Cronje, J. C. Read-only participants: A case for student communication in online courses[J]. Interactive Learning Environments, 2009, 17(1): 37-51.

[109] Ndon, U. T. The lived experiences of university faculty who teach using a hybrid instructional model[D]. Milwaukee, IN: University of Wisconsin-Milwaukee, 2006.

[110] Nemiro, J. E. Creativity in Virtual Teams: Key Components for Success[J]. Creativity in Virtual Teams-Business Book Summaries, 2004, 8: 59-84.

[111] Newman, D. R., Webb, B. & Cochrane, C. A content analysis method to measure critical thinking in face-to-face and computer supported group learning[J]. Interpersonal Computing & Technology, 1995, 3(2): 56-77.

[112] Osguthorpe, R. T. & Graham, C. R. Blended learning environments: Definitions and directions[J]. The Quarterly Review of Distance Education, 2003, 4(3): 227-233.

[113] Paavola, S., Lipponen, L. & Hakkarainen, K. Models of innovative knowledge communities and three metaphors of learning[J]. Review of Educational Research, 2004, 74(4): 557-576.

[114] Pagliaro, G. C. Virtual learning communities: How do they transform learning for educators and teaching in the classroom[D]. Minneapolis: Capella University, 2010.

[115] Palloff, R. M. & Pratt, K. Building communities in cyberspace[M]. San Francisco: Josey-Bass, 1999.

[116] Phelan. J. G. A teacher action research study: Enhancing student critical thinking knowledge, skills, dispositions, application and transfer in a higher education technology course[D]. Minneapolis: Capella University, 2012.

[117] Piaget, J. The construction of reality in the child[EB/OL]. [2012-7-3]. http://www.marxists.org/reference/subject/philosophy/works/fr/piaget2.htm.

[118] Piaget, J. Comments on Vygotsky's critical remarks concerning the language and thought of the child, and Judgment and reasoning in the child[EB/OL]. [2012-7-3]. http://www.marxists.org/archive/vygotsky/works/comment/piaget.htm.

[119] Plsek, P. E. Working paper: Models for the creative process[EB/OL]. [2012-7-3]. http://www.directedcreativity.com/pages/WPModels.html.

[120] Rabow, J., Charness, M. A., Kipperman, J. & Radcliffe-Vasile, S. William Fawcett Hill's learning through discussion [M]. Thousand Oaks: Sage Publications, Inc, 1994.

[121] Reigeluth, C. M. Instructional-design theories and models[M]. A new paradigm of instructional theory, Volume II. Mahwah: Erlbaum, 1999.

[122] Reigeluth, C. M. In search of a better way to organize instruction: The elaboration theory[J]. Journal of Instructional Development, 1979, 2(3):8-15.

[123] Richard, L. F. Online discourse: An Analysis of Multiple Problem-solving Episodes Over Time[D]. New Jersey: The State University of New Jersey, 2012.

[124] Richard, L. & Myron, D. The relationship between self-regulation and online learning in a blended learning context[J]. International Review of Research in Open & Distance Learning, 2004, 5(2): 1-16.

[125] Roland, C. Teaching for critical and creative thinking[EB/OL]. [2019-11-28]. http://www.artjunction.org/archives/crit+creat_think.pdf.

[126] Rossett, A., Douglis, F. & Frazee, R. V. Strategies for building blended learning[EB/OL]. [2019-11-23]. http://ablendedmaricopa.pbworks.com/f/Strategies%20Building%20Blended%20Learning.pdf.

[127] Rourke, L. & Anderson, T. Using peer teams to lead online discussions[J]. Journal of Interactive Media in Education, 2002, 1(1): 1-21.

[128] Rovai, A. P. A preliminary look at the structural differences of higher education classroom communities in traditional and ALN courses[J]. JALN, 2002, 6(1): 41-56.

[129] Rovai, A. P. Development of an instrument to measure classroom community[J]. Internet and Higher Education, 2002, 5(3): 197-211.

[130] Rovai, A. P. A practical framework for evaluating online distance education programs[J]. Internet and Higher Education, 2003, 6(2): 109-124.

[131] Rovai, A. P. A constructivist approach to online college learning[J]. Internet and Higher Education, 2004, 7(2): 79-93.

[132] Rovai, A. P. & Baker, J. D. Gender differences in online learning[J]. Quarterly Review of Distance Education, 2005, 6(1): 14-27.

[133] Rovai, A. P. & Hope, J. Blended learning and sense of community: A comparative analysis with traditional and fully online graduate courses[J]. The International Review of Research in Open and Distributed Learning, 2004, 5(2):13.

[134] Ruggiero, V. R. Beyond feelings: A guide to critical thinking[M]. Mountain View: Mayfield, 2001.

[135] Ruth, E. B. The process of community-building in distance learning classes[J]. Journal of Asynchronous Learning Networks, 2001, 5(1): 18-35.

[136] Siemens, G. Connectivism: Learning theory or pastime of the self-amused [EB/OL]. Retrieved Nov 23, 2019, from https://altamirano.biz/conectivismo.pdf.

[137] Simonson, M. R. Evaluating teaching and learning at a distance[A]// T. E. Cyrs(Eds.). New directions for teaching and learning[C]. Hoboken, New Jersey: Wiley Online Library, 1997: 87-94.

[138] Smith, M. Voices from the WELL: The Logic of the Virtual Commons(D). Los Angeles, UCLA, 1992.

[139] Stacey, E. & Gerbic, P. Introduction to Blended Learning Practices[A]// E. Stacey & P. Gerbic (Eds.). Effective blended learning practices: evidence-based perspectives in ICT-facilitated education[C]. Hershey: IGI Global, 2009: 1-19.

[140] Stacy, A. C. A comparison of two graduate program designs: Augmenting face-to-gace instruction with online learning and blending online learning with face-to-face instruction [D]. Fairfax: George Mason University, 2006.

[141] Stover, S. F. Shifting toward learning-centered principles: A faculty development

experiment[D]. Minneapolis: Capella University, 2006.

[142] Suthers, D., Medina, R., Vatrapu, R. & Dwyer, N. Information sharing is incongruous with collaborative convergence: The case for interaction[A]// C. Chinn, G. Erkens & S. Puntambekar (Eds.). The Computer Supported Collaborative Learning (CSCL) conference 2007[C]. New Brunswick: International Society of the Learning Sciences, 2007.

[143] Tang, M. & Byrne, R. Regular versus online versus blended: A qualitative description of the advantages of the electronic modes and a quantitative evaluation[J]. Microchemical Journal, 2007, 4(4): 110-116.

[144] Thomas, W. R. & Macgregor, S. K. Online project-based learning: How collaborative strategies and problem solving processes impact performance[J]. Journal of Interactive Learning Research, 2005, 16(1): 83-107.

[145] U. S. Department of Education [DOE]. Evaluation of evidence-based practices in online learning: A meta-analysis and review of online learning studies[EB/OL]. [2012-7-3]. http://www.2ed.gov/rschstat/eval/tech/evidence-based-practices/finalreport.pdf.

[146] van Manen, M. Researching lived experience: Human science for an action sensitive pedagogy[M]. The Althouse Press, Canada, 1997: 11, 185.

[147] Vaughan, N. Investigating how a blended learning approach can support an inquiry process within a faculty learning community[D]. Calgary: University of Calgary, 2004.

[148] Vygotsky, L. S. Mind and society: The development of higher mental processes [M]. Cambridge: Harvard University Press, 1978:85, 86.

[149] Wanstreet, C. E. The effect of group mode and time in course on frequency of teaching, social, and cognitive presence indicators in a community of inquiry[D]. Columbus: The Ohio State University, 2007.

[150] Wegegrif, R. The social dimension of asynchronous learning networks[J]. Journal of Asynchronous Learning Networks, 1998, 2(1): 34-49.

[151] Wise, A. F., Saghafian, M. & Padmanabhan, P. Towards more precise design guidance: specifying and testing the functions of assigned student roles in online discussions [J]. Education Technology Research and Development, 2012,60(1):55-82.

附录

附录一 AI 创意作品评价量规

评价分项	评价分项描述	成绩
整体感觉 (15 分)	设计理念（5 分） 设计作品通过造型和色彩，向受众传达了某些比较明确的信息。这种信息必须清晰明确，且使人一目了然	
	设计风格（5 分） 设计作品通过可视化元素，呈现出某种风格，具有个性化和富于表现力。同时，构成作品形式特征的各个元素，能够在一定程度上达成统一和保持一致	
	形意合一（5 分） 作品的内容创意与形式创意达成了某种统一，即在设计作品的形式美和产品本身的高品质之间能够建立起一种有效联系	
版面布局 (20 分)	排版设计与内容组织的问题（10 分） 首先，能够利用各种不同的模式进行排版设计。其次，充分关注了内容区域的大小和位置、内容边线的调整以及内容元素之间间隔的调整。这样做的目的是，统一页面的元素，使得整个页面上的内容归属清晰、一目了然。进而，整个版面呈现出整齐划一、井然有序的美感	
	易于阅读的问题（10 分） 从视觉效果上看，能够根据版式设计来区分内容的先后顺序，能够按照阅读顺序来引导受众视线的移动方向。进而，页面内容呈现出比较明显的先后顺序，可以顺畅且有效地引导读者视线的移动	
色彩 (15 分)	中心色（5 分） 中心色的设计是配色的核心，其位置可以在画面中央或者在边角位置，其面积可以不大，但是，必须鲜艳夺目	
	背景色（5 分） 背景色作为背景环抱整体的颜色，其设计也极为关键。即使是小面积的背景色，也能够支配整体画面，且支配色与色彩的强弱无关。背景色对中心色有提升、突出以及引发共鸣的效果	
	补色（5 分） 补色可以是融合色，也可以是强调色 （1）融合色的设计 当主角色游离于其他颜色时，置同系色于游离处，起到融合整体的作用。简而言之，恰当地使用融合色，以缓和色彩对比所带来的视觉对立和冲突	

续表

评价分项	评价分项描述	成绩
	(2) 强调色的设计 适当加入一种在小范围内比较强烈的颜色，可以让画面的整体变得更加鲜明和生动。简而言之，向缺少变化、死气沉沉的色调和画面中加入强调色，会让画面变得活力四射	
AI 插画 (30 分)	路径的平滑程度（10 分） 对象路径上的控制点适量，且在适当放大对象的情况下，对象的轮廓仍然比较光滑和平整	
	要素比例的协调程度（10 分） 插画各组成要素的形态自然、大小适中，且各要素之间的比例关系基本符合现实世界的视觉感受。如果加入了一些基于艺术手法的考量，如对比，那么，这种表现必须非常明确，且能够引发读者对于美的重新定位和思考	
	AI 高级技能的应用（10 分） 这些应用包括复杂路径、封套扭曲、混合、实时上色、实时描摹、Illustrator 效果、Photoshop 效果、AI 透视网格、AI 不透明度蒙版、AI 图层混合模式、AI 渐变网格等	
PS 插图 (10 分) 如果没有插图，PS 插图的所属 10 分，切分为两个 5 分，分别计入 AI 插画的"路径的平滑程度"以及"要素比例的协调程度"	图片的设置与编排（5 分） 图片的设置与编排可以是单张图片的考虑，也可以是多张图片的考虑 (1) 单张图片的情况 能够对图片排列的先后顺序与大小进行有效调整。具体来说，就是将位置重要的图片放大，使它变得显眼；调整图片的位置，以吸引读者的注意；利用出血图片来控制视觉效果 (2) 多张图片的情况 能够充分考虑多个对象的整合问题。具体而言，就是能够根据页面内容，对多张图片进行合理的组合；不仅关注图片之间的逻辑关系，而且能够细致地考虑图片与图片解说文字之间的关系。进而，同时做到图片与版式的统一性、文字的易读性、以及文字与图片整合的美观性	
	图片的效果处理（5 分） 能够利用 Photoshop 软件，采用多种有效方式来修饰美化图片。这些手法包括色彩的改变、构图的重构、基于蒙版和通道的合成、各种滤镜效果的运用等。其中，裁切是最基本的方法	
文字 (10 分)	标题文字（5 分） 能够把字体当作图像来设计，或者嵌入了与页面内容相匹配的适合字体。标题文字的设计具有独特的美感，且与其他元素能够产生形意上的关联	
	正文文字（5 分） 正文文字的设计有两种考虑，即美观性和易读性 (1) 美观性 版面设计中，最多允许使用两种或者三种字体。对于使用了一种字体的情况，能够通过字号来强调画面的重点。对于使用了更多字体的版面设计，能够有效搭配多种文字，即增加了美感，又没有妨碍观众对于信息的正确解读 (2) 易读性 版面设计中，字距、行距以及段距设置比较合理，使得文字的排版清晰可读。同时，也考虑了段落位置、文字栏宽、排版单调的问题	

附录二 批判性思维水平评估模型 （Newman 模型）

R + - Relevance {相关性}

    R + : Relevant statements［+ 与问题相关的思想、观点陈述］

    R - : Irrelevant statements, diversions［- 与问题不相关的思想、观点、陈述；偏离了问题］

I + - Importance {重要性}

    I + : Important points/issues［+ 重要的观点或者问题］

    I - : Unimportant, trivial points/issues［- 不重要的、没有价值的观点或者问题］

N + - Novelty. New information, ideas, solutions {新颖性:新的信息、观点、解决方案}

    NP + : New problem-related information［+ 新的与问题相关的信息］

    NP - : Repeating what has been said［- 重复讲过的话］

    NI + : New ideas for discussion［+ 讨论中的新观点］

    NI - : False or trivial leads［- 虚假的或者没有价值的线索］

    NS + : New solutions to problems［+ 针对问题的新解决方案］

    NS - : Accepting first offered solution［- 接受了首次提出的解决方案］

    NQ + : Welcoming new ideas［+ 欢迎新观点］

    NQ - : Squashing, putting down new ideas［- 排挤、搁置新观点］

    NL + : Learner (student) brings new things in［+ 学习者带来了新事物］

    NL - : Dragged in by tutor［- 被指导者(老师)牵着鼻子走］

O + - Bringing outside knowledge/experience to bear on problem {带来外部的知识或者经验来解决问题}

    OE + : Drawing on personal experience［+ 借鉴了个人经验］

    OC + : Refer to course material［+ 参照课程材料］

    OM + : Use relevant outside material［+ 使用了相关的外部材料］

    OK + : Evidence of using previous knowledge［+ 使用以前知识的证据］

    OP + : Course related problems brought in (e.g. students identify problems from lectures and texts)［+ 带来课程相关问题,例如学生通过讲课内容和教科书来鉴别问题］

    OQ + : Welcoming outside knowledge［+ 欢迎外部知识］

OQ－：Squashing attempts to bring in outside knowledge［－排挤外部知识的引入］

O－：Sticking to prejudice or assumptions［－坚持偏见或者自我假设］

A＋－ Ambiguities：clarified or confused｛模棱两可：澄清或者混淆｝

AC＋：Clear, unambiguous statements［＋清晰的、明确的思想、观点、陈述］

AC－：Confused statements［－混淆的思想、观点、陈述］

A＋：Discuss ambiguities to clear them up［＋讨论模棱两可的表述或观点，使它们变得清楚］

A－：Continue to ignore ambiguities［－继续忽视模棱两可的思想、观点、陈述］

L＋－ Linking ideas, interpretation｛连接思想和解释｝

L＋：Linking facts, ideas and notions［＋连接事实、思想、观念］

L＋：Generating new data from information collected［＋从收集到的信息中获得新的数据］

L－：Repeating information without making inferences or offering an interpretation［－没有进行推断或者提供解释，只是重复信息］

L－：Stating that one shares the ideas or opinions stated, without taking these further or adding any personal comments［－表示同意已经提出的思想或者观点，却不考虑更进一步地阐明它或者在原有基础上增加任何个人评论］

J＋－ Justification｛辩解｝

JP＋：Providing proof or examples［＋提供证据或者例子］

JS＋：Justifying solutions or judgements［＋提供解决方案或者判断的理由］

JS＋：Setting out advantages and disadvantages of situation or solution［＋展示情境或者解决方案的优势和不足］

JP－：Irrelevant or obscuring questions or examples［－无关或者模糊问题或者例子］

JS－：Offering judgements or solutions without explanations or justification［－提供了判断或者解决方案，却没有给出解释或者理由］

JS－：Offering several solutions without suggesting which is the most appropriate［－提供了几种解决方案，却没有建议说哪一个是最适合的］

C＋－ Critical assessment｛批判性的评估｝

C＋：Critical assessment/evaluation of own or others' contributions［＋对于自己或者他人贡献的批判性评估或者评价］

C－：Uncritical acceptance or unreasoned rejection［－非批判性接受或者无理拒绝］

CT＋：Tutor prompts for critical evaluation［＋对于批判性评估的指导者提示］

CT－：Tutor uncritically accepts［－指导者不加批判地接受］

P＋－ Practical utility (grounding)｛实际的效用｝

P＋：Relate possible solutions to familiar situations［＋把可能的解决方案与熟悉的情境联系起来］

P+: Discuss practical utility of new ideas [+ 讨论新思想的实际效用]

P-: Discuss in a vacuum (treat as if on Mars) [- 在真空中讨论(像待在火星上那样处理)]

P-: Suggest impractical solutions [- 建议了不切实际的解决方案]

W+- Width of understanding (complete picture) {理解的宽度(完整的画面)}

W+: Widen discussion (problem within a larger perspective. Intervention strategies within a wider framework) [+ 拓宽讨论(能提出更大视角的问题。在一个更加宽泛框架内的干预策略)]

W-: Narrow discussion (address bits or fragments of situation. Suggest glib, partial, interventions) [- 狭窄地进行讨论(只解决了情境的一部分问题。提出了肤浅的、偏袒的干预策略)]

附录三　课堂共同体意识评价量表（CCS 量表）

学号：　　　性别：　　　年级：　　　学院：　　　专业：

指导语：

下面列出了对"数字图形设计"课程的一系列描述，以题项的形式呈现。每个题项的答案均有五个等级，它们分别是"非常同意""同意""不确定""不同意""非常不同意"。请仔细阅读每一题项，然后，根据你的亲身感受做出回答，即在相应等级答案上面打勾。每个题项只准有一个答案，同时，答案没有正确和错误之分。如果你对于题项实在拿不定主意，可以选择"不确定"。在题项上不要花费太多时间，仅仅遵从你的感觉即可。请完成所有题项，并实事求是作答。

你的诚实回答，对于我们的教学研究至关重要。研究中所涉及的任何个人信息，我们向你郑重承诺，将予以秘密封存和妥善保管；同时，我们向你郑重保证，基于你个人的任何调查结果，将不会对你过去、目前以及未来的学习和生活造成丝毫影响。

答题方法：

我喜欢上课发言。

非常同意	同意	不确定	不同意	非常不同意

问卷题项（共有 10 项内容）：

1．我觉得参与这门课程的同学之间彼此关心。

非常同意	同意	不确定	不同意	非常不同意

2．在学习过程中，我感觉不到一种共同体的合作精神。

非常同意	同意	不确定	不同意	非常不同意

3．我觉得这门课程的学习氛围有家的感觉。

非常同意	同意	不确定	不同意	非常不同意

4．我觉得这门课程让我收获较少。

非常同意	同意	不确定	不同意	非常不同意

5．我觉得其他同学在学习方面没有帮助过我。

非常同意	同意	不确定	不同意	非常不同意

6. 这门课程赋予我很多学习的机会。

| 非常同意 | 同意 | 不确定 | 不同意 | 非常不同意 |

7. 我对参与这门课程的其他同学不够了解。

| 非常同意 | 同意 | 不确定 | 不同意 | 非常不同意 |

8. 我觉得我的教育需求没有得到满足。

| 非常同意 | 同意 | 不确定 | 不同意 | 非常不同意 |

9. 在学习过程中,我相信其他同学愿意支持我。

| 非常同意 | 同意 | 不确定 | 不同意 | 非常不同意 |

10. 我觉得这门课程没有提升我想要学习的渴望。

| 非常同意 | 同意 | 不确定 | 不同意 | 非常不同意 |

注:修订后的中文版 CCS 量表的每个题项与原有 CCS 量表题项的对应关系是:

(1) 题目1—题目1(正向问题)

(2) 题目2—题目5(反向问题)

(3) 题目3—题目7(正向问题)

(4) 题目4—题目12(反向问题)

(5) 题目5—题目14(反向问题)

(6) 题目6—题目16(正向问题)

(7) 题目7—题目17(反向问题)

(8) 题目8—题目18(反向问题)

(9) 题目9—题目19(正向问题)

(10) 题目10—题目20(反向问题)

附录四　学习者信息自编问卷

1. 姓名：_____
2. 性别：_____
3. 来自：_____
   A. 省外　　　　　B. 省内
4. 你最喜欢的学习方式：_____
   A. 教师讲授　　　B. 自主学习　　　C. 合作学习
5. 根据你原有 IT（信息技术）学习经验，谈谈你对 IT 支持学习的看法：_____
   A. 非常不同意　　B. 不同意　　C. 不确定　　D. 同意　　E. 非常同意
6. 你对自己技术素养的评价：_____
   A. 不及格　　　B. 及格　　C. 中等　　D. 良好　　E. 优秀
7. 你对"数字图形设计"课程感兴趣的程度：_____
   A. 非常不感兴趣　　B. 不感兴趣　　C. 不确定　　D. 感兴趣　　E. 非常感兴趣
8. 按照现在的想法，你毕业后希望从事的工作：_____
   A. 教师　　　　　B. 程序设计师　　　　C. 设计师

附录五　个体访谈问题纲要

研究问题6:学习者对于大学混合学习模式中九个学习活动的看法。

一、学习者对在线自主学习阶段的感知

1. 你对自主学习的看法。
（1）你自主学习了吗?
（2）请阐述理由。
2. 你是如何评价这一阶段的教学策略或者学习支持的?
（1）当有问题时,你能够及时得到教师的帮助吗?
（2）当有问题时,你能够及时得到同伴的帮助吗?

二、学习者对课堂案例学习阶段的感知

1. 对课堂讨论的感知如何?
（1）你能适应课堂案例阶段的学习吗?
（2）任务设置得太难或者太简单了吗?
2. 你是如何评价这一阶段的教学策略或者学习支持的?
（1）这一阶段教师提供了充分的支持吗?
（2）还有哪些可以改进的地方?

三、学习者对个性化作品设计阶段的感知

1. 你对自己独立完成任务作品这一活动的看法是怎样的?
2. 你是如何评价这一阶段的教学策略或者学习支持的?
（1）当你遇到问题时,有得到来自教师的帮助吗?
（2）当你遇到问题时,有得到来自同伴的帮助吗?

四、学习者对小组同步在线讨论阶段的感知

1. 你对基于作品选优的小组在线讨论的看法如何?
（1）基于文字书写的讨论,让你觉得吃力吗? 还是你认为面对面的讨论形式更好?
（2）如果你的作品没有入选,你会不会觉得沮丧吗? 换句话说,这一活动会不会挫伤你的积极性?
2. 你是如何评价这一阶段的教学策略或者学习支持的?
（1）你认为教师的在线参与会有助于讨论的过程和结果吗?
（2）教师应该以什么样的角色出现?

五、学习者对小组临时作品生成阶段的感知

1. 你对小组临时作品修改这一活动的感知。

（1）你参与过小组临时作品的修改吗？

（2）你对小组临时作品修改的看法是什么？

2. 你是如何评价这一阶段的教学策略或者学习支持的？

（1）如果上一个问题选择"是"，那么当你修改作品的时候，你能从其他人那里得到帮助吗？

（2）如果上一个问题选择"否"，那么你曾经帮助过组内修改作品的人吗？帮助方式是怎样的？

六、学习者对小组临时作品评价阶段的感知

1. 你愿意为组外别人的作品进行评价吗？你觉得这样的活动对于他们有所助益吗？

2. 通过审看其他小组的最终作品，你觉得自己的意见被尊重了吗？

七、学习者对小组面对面讨论阶段的感知

1. 你对小组 F2F 交互阶段的感知？

（1）你觉得这一活动对于你们的小组作品有帮助吗？具体来说，都有哪些方面的提高？

（2）你认为这一活动对你自己的创意提升有帮助吗？

（3）你认为这一活动对你自己的技巧提高有帮助吗？

2. 你如何评价这一阶段的教学策略或者学习支持？

（1）你希望这一阶段需要教师全程参与吗？

（2）教师应该以什么样的角色出现？

八、学习者对小组终期作品生成阶段的感知

1. 你对小组终期作品修改的感知如何？

（1）你参与了最终作品的修改吗？

（2）具体谈谈你的感受？

2. 你如何评价这一阶段的教学策略或者学习支持？

（1）上一个问题如果选择是，那么当你修改作品的时候，你能从其他人那里得到帮助吗？

（2）上一个问题如果选择否，那么你曾经帮助过组内修改作品的人吗？以何种方式帮助他的？

九、学习者对小组终期作品评价阶段的感知

1. 你对课堂评价环节的感知如何？你觉得这一环节的设置有必要吗？

2. 目前的评价活动有无需要改进的地方？

附录六 批判性思维倾向测量量表(CCTDI-CV)

学号:　　　　性别:　　　　年级:　　　　专业:

指导语:

批判性思维是指提问、理解、分析以及评估事情的能力。它既是一种思维技能,也是一种气质。具有批判性思维倾向的个人对待知识秉持求真、开放、理性以及审慎的态度。养成这样的人格和精神,既体现了我们日益提升的、用以适应和改变世界的思维水平,也凸显了现代科学指引下人文精神的不断传承和发展。

下面列出了对"批判性思维倾向"的一系列描述,以题项的形式呈现。一共70个题项,总共需要20分钟。每个题项的答案均有六个等级,它们分别是"非常同意""同意""基本同意""不太同意""不同意""非常不同意"。每个题项只有一个答案,请仔细阅读每一题项,然后,在相应等级答案上面打勾。

你的诚实回答,对于我们的教学研究至关重要。研究中所涉及的任何个人信息,我们向你郑重承诺,将予以秘密封存和妥善保管;同时,我们向你郑重保证,基于你个人的任何调查结果,将不会对你过去、目前以及未来的学习和生活造成丝毫影响。

答题方法:

我觉得大家都喜欢我。

非常同意	同意	基本同意	不太同意	不同意	非常不同意

问卷题项(共有70项内容):

1. 面对有争议的论题,要从不同的见解中选择其一,是极不容易的。

非常同意	同意	基本同意	不太同意	不同意	非常不同意

2. 对某件事如果有四个理由赞同,而只有一个理由反对,我会选择赞同这件事。

非常同意	同意	基本同意	不太同意	不同意	非常不同意

3. 即使有证据与我的想法不符,我还是会坚持我的想法。

非常同意	同意	基本同意	不太同意	不同意	非常不同意

4. 处理复杂的问题时,我感到惊惶失措。

| 非常同意 | 同意 | 基本同意 | 不太同意 | 不同意 | 非常不同意 |

5. 当我表达自己的意见时，要保持客观是不可能的。

| 非常同意 | 同意 | 基本同意 | 不太同意 | 不同意 | 非常不同意 |

6. 我只会寻找一些支持我看法的事实，而不会去找一些反对我看法的事实。

| 非常同意 | 同意 | 基本同意 | 不太同意 | 不同意 | 非常不同意 |

7. 有很多问题我会害怕去寻找事实的真相。

| 非常同意 | 同意 | 基本同意 | 不太同意 | 不同意 | 非常不同意 |

8. 既然我知道怎样做这决定，我便不会反复考虑其他的选择。

| 非常同意 | 同意 | 基本同意 | 不太同意 | 不同意 | 非常不同意 |

9. 我们不知道应该用什么标准来衡量绝大部分问题。

| 非常同意 | 同意 | 基本同意 | 不太同意 | 不同意 | 非常不同意 |

10. 个人的经验是验证真理的唯一标准。

| 非常同意 | 同意 | 基本同意 | 不太同意 | 不同意 | 非常不同意 |

11. 了解别人对事物的想法，对我来说是重要的。

| 非常同意 | 同意 | 基本同意 | 不太同意 | 不同意 | 非常不同意 |

12. 我正尝试少作主观的判断。

| 非常同意 | 同意 | 基本同意 | 不太同意 | 不同意 | 非常不同意 |

13. 研究外国人的想法是很有意义的。

| 非常同意 | 同意 | 基本同意 | 不太同意 | 不同意 | 非常不同意 |

14. 当面对困难时，要考虑事件所有的可能性，这对我来说是不可能做到的。

| 非常同意 | 同意 | 基本同意 | 不太同意 | 不同意 | 非常不同意 |

15. 在小组讨论时，若某人的见解被其他人认为是错误的，他便没有权利去表达意见。

| 非常同意 | 同意 | 基本同意 | 不太同意 | 不同意 | 非常不同意 |

16. 外国人应该学习我们的文化，而不是要我们去了解他们的文化。

| 非常同意 | 同意 | 基本同意 | 不太同意 | 不同意 | 非常不同意 |

17. 他人不应该强逼我去为自己的意见作辩护。

| 非常同意 | 同意 | 基本同意 | 不太同意 | 不同意 | 非常不同意 |

18. 对不同的世界观(如进化论、有神论)持开放态度，并不是那么重要。

| 非常同意 | 同意 | 基本同意 | 不太同意 | 不同意 | 非常不同意 |

19. 各人有权利发表他们的意见，但我不会理会他们。

| 非常同意 | 同意 | 基本同意 | 不太同意 | 不同意 | 非常不同意 |

20. 我不会怀疑众人都认为是理所当然的事。

| 非常同意 | 同意 | 基本同意 | 不太同意 | 不同意 | 非常不同意 |

21. 当他人只用浅薄的论据去为好的构思护航，我会感到着急。

| 非常同意 | 同意 | 基本同意 | 不太同意 | 不同意 | 非常不同意 |

22. 我的信念都必须有依据支持。

| 非常同意 | 同意 | 基本同意 | 不太同意 | 不同意 | 非常不同意 |

23. 要反对别人的意见，就要提出理由。

| 非常同意 | 同意 | 基本同意 | 不太同意 | 不同意 | 非常不同意 |

24. 我发现自己常评估别人的论点。

| 非常同意 | 同意 | 基本同意 | 不太同意 | 不同意 | 非常不同意 |

25. 我可以算是个有逻辑的人。

| 非常同意 | 同意 | 基本同意 | 不太同意 | 不同意 | 非常不同意 |

26. 处理难题时，首先要弄清问题的症结所在。

| 非常同意 | 同意 | 基本同意 | 不太同意 | 不同意 | 非常不同意 |

27. 我善于有条理地去处理问题。

| 非常同意 | 同意 | 基本同意 | 不太同意 | 不同意 | 非常不同意 |

28. 我并不是一个很有逻辑的人，但却常常装作有逻辑。

| 非常同意 | 同意 | 基本同意 | 不太同意 | 不同意 | 非常不同意 |

29. 要知道哪一个是较好的解决方法，是不可能的。

| 非常同意 | 同意 | 基本同意 | 不太同意 | 不同意 | 非常不同意 |

30. 生活的经验告诉我，处事不必太有逻辑。

| 非常同意 | 同意 | 基本同意 | 不太同意 | 不同意 | 非常不同意 |

31. 我总会先分析问题的重点所在，然后才解答它。

| 非常同意 | 同意 | 基本同意 | 不太同意 | 不同意 | 非常不同意 |

32. 我很容易整理自己的思维。

| 非常同意 | 同意 | 基本同意 | 不太同意 | 不同意 | 非常不同意 |

33. 我善于策划一个有系统的计划去解决复杂的问题。

| 非常同意 | 同意 | 基本同意 | 不太同意 | 不同意 | 非常不同意 |

34．我经常反复思考在实践和经验中的对与错。

| 非常同意 | 同意 | 基本同意 | 不太同意 | 不同意 | 非常不同意 |

35．我的注意力很容易受到外界环境的影响。

| 非常同意 | 同意 | 基本同意 | 不太同意 | 不同意 | 非常不同意 |

36．我可以不断谈论某一问题，但不在乎问题是否得到解决。

| 非常同意 | 同意 | 基本同意 | 不太同意 | 不同意 | 非常不同意 |

37．当我看见新产品的说明书复杂难懂时，我便放弃继续阅读下去。

| 非常同意 | 同意 | 基本同意 | 不太同意 | 不同意 | 非常不同意 |

38．人们说我做决定时过于冲动。

| 非常同意 | 同意 | 基本同意 | 不太同意 | 不同意 | 非常不同意 |

39．人们认为我做决定时犹豫不决。

| 非常同意 | 同意 | 基本同意 | 不太同意 | 不同意 | 非常不同意 |

40．我对争议性话题的意见，大多跟随最后与我谈论的人。

| 非常同意 | 同意 | 基本同意 | 不太同意 | 不同意 | 非常不同意 |

41．我欣赏自己拥有精确的思维能力。

| 非常同意 | 同意 | 基本同意 | 不太同意 | 不同意 | 非常不同意 |

42．需要思考而非全凭记忆作答的测验较适合我。

| 非常同意 | 同意 | 基本同意 | 不太同意 | 不同意 | 非常不同意 |

43．我的好奇心和求知欲受到别人欣赏。

| 非常同意 | 同意 | 基本同意 | 不太同意 | 不同意 | 非常不同意 |

44．面对问题时，因为我能做出客观的分析，所以我的同辈会找我做决定。

| 非常同意 | 同意 | 基本同意 | 不太同意 | 不同意 | 非常不同意 |

45．对自己能够想出有创意的选择，我很满足。

| 非常同意 | 同意 | 基本同意 | 不太同意 | 不同意 | 非常不同意 |

46．做决定时，其他人期待我去制定适当的准则作指引。

| 非常同意 | 同意 | 基本同意 | 不太同意 | 不同意 | 非常不同意 |

47．我的求知欲很强。

| 非常同意 | 同意 | 基本同意 | 不太同意 | 不同意 | 非常不同意 |

48．对自己能够了解其他人的观点，我很满足。

| 非常同意 | 同意 | 基本同意 | 不太同意 | 不同意 | 非常不同意 |

49. 当问题变得棘手时，其他人会期待我继续处理。

| 非常同意 | 同意 | 基本同意 | 不太同意 | 不同意 | 非常不同意 |

50. 我害怕在课堂上提问。

| 非常同意 | 同意 | 基本同意 | 不太同意 | 不同意 | 非常不同意 |

51. 研究新事物能使我的人生更丰富。

| 非常同意 | 同意 | 基本同意 | 不太同意 | 不同意 | 非常不同意 |

52. 当面对一个重要抉择前，我会先尽力搜集一切有关的资料。

| 非常同意 | 同意 | 基本同意 | 不太同意 | 不同意 | 非常不同意 |

53. 我期待去面对富有挑战性的事物。

| 非常同意 | 同意 | 基本同意 | 不太同意 | 不同意 | 非常不同意 |

54. 解决难题是富有趣味性的。

| 非常同意 | 同意 | 基本同意 | 不太同意 | 不同意 | 非常不同意 |

55. 我喜欢去找出事物是如何运作的。

| 非常同意 | 同意 | 基本同意 | 不太同意 | 不同意 | 非常不同意 |

56. 无论什么话题，我都渴望知道更多相关的内容。

| 非常同意 | 同意 | 基本同意 | 不太同意 | 不同意 | 非常不同意 |

57. 我会尽量去学习每一样东西，即使我不知道它们何时有用。

| 非常同意 | 同意 | 基本同意 | 不太同意 | 不同意 | 非常不同意 |

58. 学校里大部分的课程是枯燥无味的，不值得去选修。

| 非常同意 | 同意 | 基本同意 | 不太同意 | 不同意 | 非常不同意 |

59. 学校里的必修科目是浪费时间的。

| 非常同意 | 同意 | 基本同意 | 不太同意 | 不同意 | 非常不同意 |

60. 主动尝试去解决各样的难题，并非那么重要。

| 非常同意 | 同意 | 基本同意 | 不太同意 | 不同意 | 非常不同意 |

61. 最好的论点，往往来自对某个问题的瞬间感觉。

| 非常同意 | 同意 | 基本同意 | 不太同意 | 不同意 | 非常不同意 |

62. 所谓真相，不外乎个人的看法。

| 非常同意 | 同意 | 基本同意 | 不太同意 | 不同意 | 非常不同意 |

63. 付出高的代价（如金钱、时间、精力），便一定能换取更好的意见。

| 非常同意 | 同意 | 基本同意 | 不太同意 | 不同意 | 非常不同意 |

64．当我持开放的态度，便不知道什么是真、什么是假。

非常同意	同意	基本同意	不太同意	不同意	非常不同意

65．如果可能的话，我会尽量避免阅读。

非常同意	同意	基本同意	不太同意	不同意	非常不同意

66．对我自己所相信的事，我是坚信不疑的。

非常同意	同意	基本同意	不太同意	不同意	非常不同意

67．用"比喻"去理解问题，像在公路上驾驶小船。

非常同意	同意	基本同意	不太同意	不同意	非常不同意

68．解决难题的最好方法是向别人问取答案。

非常同意	同意	基本同意	不太同意	不同意	非常不同意

69．事物的本质和它的表象是一致的。

非常同意	同意	基本同意	不太同意	不同意	非常不同意

70．有权势的人所做的决定便是正确的决定。

非常同意	同意	基本同意	不太同意	不同意	非常不同意

附录七 批判性思维能力测量量表(WGCTA)

指导语：

批判性思维是指提问、理解、分析以及评估事情的能力。它既是一种思维技能，也是一种气质。具有批判性思维倾向的个人对待知识秉持求真、开放、理性以及审慎的态度。养成这样的人格和精神，既体现了我们日益提升的、用以适应和改变世界的思维水平，也凸显了现代科学指引下人文精神的不断传承和发展。

下面是一些关于批判性思维能力的习题，分为五个部分，每个部分16道题，一共80道题，总共需要40分钟。请根据每个部分的指导语认真作答。每题答对记一分，总共80分。每个部分的指导语不尽相同，请认真阅读，然后，在答题纸上将你选择的答案涂黑。

你的诚实回答，对于我们的教学研究至关重要。研究中所涉及的任何个人信息，我们向你郑重承诺，将予以秘密封存和妥善保管；同时，我们向你郑重保证，基于你个人的任何调查结果，将不会对你过去、目前以及未来的学习和生活造成丝毫影响。

测验一：推理

指导语：

推理是人们根据已知的事实或假想的情况得出的结论。本测验的目的在于鉴别区分真实推理与非真实推理的能力。选择有以下几种：T：推理绝对正确；PT：推理可能正确；ID：推理缺乏足够资料；PF：推理可能错误；F：推理错误。请仔细阅读下面三段文字及每一段文字后的推理，判断每句陈述能否从文字段落中推理而出，其推理情况如何。然后，在答题卡上，对照题号，将相应推理情况所对应字母的下部方块涂黑。

1946年，美国武装部实施了一项名为"降雪行动"的实验，以便发现哪类军人在严酷的北极气候条件下能最好地耐受和执行任务。体检指标包括体重、年龄、血压。所有参加者均接受了如何在极度寒冷的条件下存活和执行任务的训练课。实验结束后发现，在被认定任务执行好的人和执行不好的人中，有两个因素显著差异：一个因素为是否渴望参与实验，另一个因素为北极条件下如何存活和保护自己的知识和技能水平。所以：

1. 尽管所有人都参加了"降雪行动"的训练课，一些参与者比其他人展示了更强的在北极存活的知识和技能。

2. 美国武装部相信有可能在类似北极的环境中采取军事行动。

3. 参加"降雪行动"的大多数人完全不喜欢这种经历。

4. 作为一个小组,发现在严酷的北极模拟条件下斯堪的维亚籍人比拉丁籍人更能高效地执行任务。

5. 体重和血压正常的参与者在北极演习中较其他参与者更显著高效地执行了任务。

在过去的一个月内,美国纽约市的布朗先生被第六次带到了纽约市地方法院,因他将游泳池开到凌晨一点,受到指控。他再一次承认了他的罪行,并和以前的每一次一样被处以最高的罚款 500 美元。所以:

6. 在某些晚上,布朗先生将他的游泳池开到凌晨一点以后,即使要冒着被处以 500 美元罚款的危险,也对他有利。

7. 布朗先生的游泳馆受地方法院的管制,必须遵从纽约市法律的约束。

8. 布朗先生再三地无视凌晨一点游泳池必须关门的法律,是希望能取消这一法律。

9. 500 美元的最高罚款足以有效地促使纽约市的游泳馆于凌晨一点以前关闭。

10. 在过去的一个月中,仅有一个星期布朗先生每晚都遵守法定的关门时间。

不久前,一些人聚集在市中心听新上任的商业立法委员会的主席演说。主席说:"我不是要求而是请求中央工会的代表们,从现在开始,担负起他们在提高市民的社会福利待遇方面应负的所有责任。我不是要求而是请求他们加入商业立法委员会。"现场的中央工会的所有代表都热情地鼓掌。三个月后,中央工会的所有代表均加入了商业立法委员会。这些代表与其他委员会的代表们一起共事,充分表达他们的想法,积极参与提高市民福利待遇的工作,帮助立法委员会实现此项工作中预期的目标。所以:

11. 通过在商业立法委员会工作中的接触,中央工会代表与其他委员会代表之间就许多观点有了进一步的了解。

12. 工会代表加入商业立法委员会,极大地降低了该城市的工人管理纠纷。

13. 由于他们的积极参与,在每一次商业立法委员会的会议中,工会代表都能解决许多矛盾。

14. 大多数工会代表对接受商业立法委员会的邀请感到遗憾。

15. 一些商业立法委员会的成员开始意识到他们的主席邀请工会代表加入商业立法委员会是不明智的。

16. 新上任的主席在演说中暗示了中央工会还没有承担起他们在提高市民福利待遇方面应负的全部责任。

测验二:假设的认可

指导语:

假设是人们预先假定或认为是理所当然的事情。以下是五句陈述,每一句陈述紧跟着几个假设,对每一个假设,你将决定它是合理假设,还是非合理假设。如果你认为给定的假设是不合理的,那么就在答题卡上,对照题号,将右面的方块涂黑,反之,就将左面的方块涂黑。本测验旨在评价从陈述中认定假设是否合理的能力。

"从长远意义来讲,原子能的多项开发利用,将对人类是有利的。"所以:

17. 人们将发现更多、更有益的应用原子能的方法。

18. 原子能的多项开发利用,需要大量的、长期的财政投资。

19. 原子能的使用预示着严重的环境危机。

"泽尼斯是个令人向往的城市,它的税收最低。"所以:

20. 低税收意味着有效的城市管理。

21. 在决定去哪里居住时,避开高税收很重要。

22. 泽尼斯的大多数居民对他们目前的城市管理很满意。

"我们已经习惯了在一种非自然和危险的高压下生活,我们习惯了受机器节律的制约,而不是依据我们自然的生物节律生活。"所以:

23. 我们有能力抵制被推向一种非自然和危险的高压生活。

24. 我们已采用的生活方式与人类本来的生活方式不协调。

25. 快节奏的生活并不能帮助我们达到我们的目标。

"我将去南美旅行,为预防伤寒,旅行前,我将去内科医生那里接种抗伤寒疫苗。"所以:

26. 如果我没有接种疫苗,我将得伤寒。

27. 通过接种抗伤寒疫苗,我将减少患伤寒的机会。

28. 伤寒在南美比在我居住的地方更常见。

29. 内科医生将给我接种疫苗,以预防我在南美旅行时得伤寒。

"如果战争是不可避免的,趁现在我们有优势,我们最好发动一场防备性战役。"所以:

30. 战争是不可避免的。

31. 如果我们现在打仗,我们将比以后被迫打仗时更有可能取得胜利。

32. 如果我们现在不发动一场防备性战役,我们将在以后由敌人发起的任何战役中失利。

测验三:演绎

指导语:

在这个测试中,每题都包括几个描述,随后有几个建议性的推论。如果你认为推论来自陈述,则将左面的方块涂黑,如果你认为结论不是来自陈述,即使从常识的角度考虑,你认为这个结论是正确的,也要将右面的方块涂黑。本测验的目的在于判断推论是否来源于所给信息的能力。

能进行科学思维的人不会相信占星学家的预示。尽管如此,仍有许多人相信甚至依赖于占星学家提供的占星术。所以:

33. 不相信占星术的人则能科学地思考。

34. 许多人的想法不科学。

35. 一些能科学思考的人相信占星学家。

交响乐团的所有成员喜欢演奏古典音乐。并且,交响乐团的所有成员花了很长时间练习。所以:

36. 演奏古典音乐的音乐家不介意花很长时间练习。

37. 一些花很长时间练习的音乐家喜欢演奏古典音乐。

水稻和芹菜适宜生长在很潮湿的环境中,而裸麦和棉花则更适宜在相对干燥的环境里生长。水稻和棉花适宜在热气候下生长,而芹菜和裸麦适宜在冷气候下生长。在美国蒂姆巴图地区,气候炎热而潮湿。所以:

38. 在蒂姆巴图,炎热和潮湿的条件都不适合芹菜的生长。

39. 在蒂姆巴图,炎热和潮湿的条件更加适合种植水稻而不是芹菜、棉花和裸麦。

40. 蒂姆巴图的气候条件总体来说不适合棉花和裸麦的生长。

试图戒烟的大部分人发现戒烟是件非常困难或者根本不可能实现的事。尽管如此,越来越多渴望戒烟的人却在不断地坚持戒烟。所以:

41. 只有强烈戒烟愿望的吸烟者才能戒掉烟。

42. 强烈的戒烟愿望能帮助某些人彻底戒烟。

在一个城市里,有五所学校,共有52个班。每一个班有10~40个学生,所以:

43. 在一个城市里,至少有两个班的学生人数相同。

44. 在这个城市里,大多数班级至少有15个学生。

45. 在这些学校里至少有550名学生。

有些俄国人喜欢控制世界。所有的俄国人不断地追求更美好的生活。所以:

46. 那些喜欢控制世界的人,不断追求更美好的生活。

47. 那些为了追求更美好生活的人喜欢控制世界。

48. 如果俄国人控制了世界,他们保证能过上更美好的生活。

测验四:解释或说明

指导语:

下面的每一小段描述后,有几个建议性的结论,假定每段描述是真实的,判断每一个结论是否从给定的陈述中推理而来。如果你认为提出的结论是从陈述中推理而来(即使不是绝对的),则将左面的方块涂黑,反之,就将右面的方块涂黑。本测验的目的是测试处理信息的能力、确定所给陈述的结论是否正确的能力。

过去2000年的历史显示,战争的发生越来越频繁且破坏性越来越严重。而在这两方面表现得最为严重的是20世纪。所以:

49. 人类在维护和平的能力方面还没有很大进展。

50. 如果近代历史的发展趋势继续下去,我们预料21世纪会爆发更多的战争。

51. 战争变得越来越频繁和具有破坏力,是因为世界的自然资源变得越来越珍贵。

美国钢铁公司于1902年创立时,它是美国最大的公司,它的产量是国内同行业其他公司总产量的两倍。现在美国钢铁公司的产量是美国总钢铁产量20%。所以:

52. 1902年,美国钢铁公司的产量至少占美国钢铁总产量的66%。

53. 现在,美国国内其他钢铁公司的总产量是美国钢铁公司产量的三倍多。

54. 现在,美国钢铁公司的产量低于1902年的产量。

帕特心境较差,朋友很少,在公司里感到不自在,总的来说很不愉快。一个朋友建议帕特去拜访能够帮助人们改善个性的知名心理专家巴德文博士。帕特接受了这个建议,经过巴德文博士三个月的治疗,帕特结交了许多朋友,变得轻松愉快多了。所以:

55. 没有巴德文博士的治疗,帕特的境况不会有所改善。

56. 帕特生活的改变发生在巴德文博士的治疗开始之后。

57. 如果没有朋友的建议,帕特不会知道巴德文博士。

在严格执行出勤法规的学校里,发现只有15%的学生,在整个学期内完全出勤。然而,在那些兼卖报纸的学生中,同一学期中有25%的人完全出勤。所以:

58. 兼卖报纸的学生比没有兼卖报纸的学生在同一学期内更有可能完全出勤。

59. 在严格执行出勤法规的学校里,并没有制止85%的学生在学期内逃学。

60. 如果让逃学者去卖报纸,他们上学率将会提高。

61. 引起这个学校低上学率的主要原因是疾病和外伤。

晚上,我通常很快就能入睡。但是每个月有两个晚上,我会喝咖啡,每当这样的晚上,我躺在床上都很清醒,会辗转反侧好几个小时。所以:

62. 我的问题主要是心理问题,我认为咖啡会令我清醒,所以它应验了。

63. 晚上喝咖啡后,我不能立即睡着是因为咖啡过分刺激了我的神经系统。

64. 当我想即刻入睡的晚上,最好不要在晚上喝咖啡。

测验五:论述的评价

指导语:

在对一个重要问题做决定时,需要能够区别论点针对性的强弱,针对性较强的论点必须是重要的、与问题直接相关的;针对性较弱的论点与问题不相关、不重要或仅与问题的次要方面相关。下面是几个问题,每一个问题后紧跟着几个论证。这个测验的目的在于判定识别论证的强弱能力、论点与问题是相关的还是非相关的能力。如果你认为论证性较强,就将左面的方块涂黑,反之,就将右面的方块涂黑。

一个强有力的劳工团体能提高美国人民的福利待遇吗?所以:

65. 不能。一个强有力的工党将使私有经营者对冒险的商业投资失去兴趣,实质上会产生大范围的失业。

66. 能,当今共和党和民主党间的区别,并不比自由党与保守党间的区别大。

67. 不能,工党已经在一些重要的工业领域组织了罢工。

在美国,那些反对我们政府某些政策的团体,也应该享受无限制的出版和言论自由吗?所以:

68. 应该,一个追求民主的国家在言论,包括批评的言论方面是不受限制的。

69. 不应该,反对我们政府执政形式的国家,在他们的领土上不允许支持我们的观点自由发表。

70. 不应该,如果给予反对团体足够的出版和言论自由,将引起严重的内部纠纷,使我们的政府发生动摇,最终将导致我们民主制度的失败。

美国国防部是否应该提前公布每一个科研发展项目的重要意义,让公众对他们将要实施的科学研究项目有所了解?所以:

71. 不应该,如果广为宣传的科研发展项目失败的话,一些人会对政府进行批评。

72. 应该,只有具有如此知情权的公众才会支持政府,利用他们上交的税款,实施重要的科研发展项目。

73. 不应该,从国家安全和国防的角度考虑,国防部有必要保守一些军事发展的秘密。

法庭上,当诉讼双方,一方是富人,另一方是穷人时,陪审团能公正地做出裁决吗?所以:

74. 不能,因为富人更有可能已经在法庭外解决官司。

75. 不能,陪审团的同情心影响着他们的裁决,大多数陪审团成员对穷人比对富人更富有同情心。

76. 不能,陪审团裁决时受到辩护律师技巧的影响,而富人比穷人更能请得起好律师。

上课时间,是否可以允许公立学校的学生在自己的教堂里接受宗教教育?所以:

77. 不可以,上课时间,公立学校的学生去自己的教堂,将严重干扰教学秩序,而且会产生不同宗教信仰学生之间的摩擦。

78. 可以,宗教教育将帮助消除道德空虚、软弱及对他人缺乏关爱,所有这些都是我们国家目前所出现的问题。

79. 可以,宗教教育对于维护我们的民主价值观非常重要。

80. 不可以,上课时间,宗教教育将违背我们宪法规定的宗教和国家分开的政策,那些渴望接受这种教育的学生完全可以在课余的时间自由行动。